# प्रस्तावना

आज अर्थशास्त्र आधे से अधिक गणितीय मॉडलों, साध्यों समीकरणों तथा सूत्रों में बँध गया है। पूर्व में केवल सांख्यिकी का ही प्रयोग अर्थशास्त्री ऐच्छिक रूप से करते थे, परंतु आज सांख्यिकी अर्थशास्त्र हेतु अनिवार्य हो गया है। इसके अतिरिक्त, अर्थमिति भी विकास मॉडलों में पूर्ण विकसित हो रही है। अर्थशास्त्र के अधिकांश अध्ययन के लिए गणितीय और सांख्यिकीय तरीकों की समझ की आवश्यकता होती है। गणितीय अर्थशास्त्र को अर्थशास्त्र के उप–क्षेत्र के रूप में सर्वोत्तम रूप से परिभाषित किया गया है जो अर्थशास्त्र और आर्थिक सिद्धांतों के गणितीय पहलुओं की जाँच करता है।

जी.पी.एच. की प्रस्तुत पुस्तक ***'अर्थशास्त्र में गणितीय विधियाँ–II (बी.ई.सी.सी.–104)'*** में अर्थशास्त्र के क्षेत्र में प्रयोग की जाने वाली गणितीय विधियों का वर्णन किया गया है। इसमें अनेक चरों का फलन, अवकल समीकरण, रैखिक बीजगणित और बहुचर अभीष्टीकरण आदि विषयों पर चर्चा की गई है।

प्रस्तुत पुस्तक की विषय–सामग्री के विस्तृत एवं जटिल उपबंधों को तर्कपूर्ण एवं संप्रभावी ढंग से संक्षेप में प्रस्तुत किया गया है। पुस्तक की भाषा उपयुक्त, सरल एवं प्रवाहपूर्ण रखने का प्रयत्न किया गया है। पुस्तक के प्रत्येक अध्याय के प्रारंभ में अध्याय की भूमिका दी गई है जिससे छात्रों को अध्याय को समझने में सरलता होगी। हमारी पुस्तक की सबसे बड़ी और महत्त्वपूर्ण विशेषता यही है कि इसके अंतर्गत आपको सैम्पल तथा गेस पेपर दिए जाते हैं जो आपकी परीक्षा को न केवल सरल बनाते हैं बल्कि आपको परीक्षा में अच्छे अंक प्राप्त करने में भी सहायक होते हैं। पुस्तक में प्रश्न पत्रों के प्रारूप को आपके सामने बिल्कुल उसी प्रकार प्रस्तुत किया गया है जैसा आपके सामने परीक्षा केंद्र में प्रस्तुत होता है, जो आपको अपने आप में एक अलग प्रकार का आत्मविश्वास बढ़ाने में सहायक होगा।

आगामी संस्करण में आपके सुझावों को यथास्थान साभार सम्मिलित किया जाएगा। अतः अपने सुझाव निःसंकोच हमें हमारी **Email : feedback@gullybaba.com** पर या सीधे प्रकाशन के पते पर लिखें और हमें अपने सुझावों से अनुग्रहित करें।

प्रकाशक (GPH) अपने कार्यरत सहायकों व लेखकों का सहृदय आभार प्रकट करता है, जिनके सहयोग और प्रयासों के कारण ही इस पुस्तक का प्रकाशन संभव हो पाया है।

हम आपकी सफलता की कामना करते हैं।

# Topics Covered

## अध्याय–1 — अनेक चरों का फलन (Functions of Several Variables)

1. बहुचरीय फलन–I (Multivariate Calculus-I)
2. बहुचरीय फलन–II (Multivariate Calculus -II)

## अध्याय–2 — अवकल समीकरण (Differential Equations)

3. प्रथम कोटि अवकल समीकरण (First-Order Differential Equations)
4. द्वितीय कोटि अवकल समीकरण (Second-Order Differential Equations)

## अध्याय–3 — रैखिक बीजगणित (Linear Algebra)

5. सदिश एवं सदिश बितान (Vectors and Vector Spaces)
6. आव्यूह और निर्धारक (Matrices and Determinants)
7. रैखिक आर्थिक प्रतिमान (Linear Economic Models)

# अर्थशास्त्र में गणितीय विधियाँ-II

## (Mathematical Methods in Economics-II)

बी.ई.सी.सी.-104

*For*

**Bachelor of Arts (Honours) Economics**

## नए पाठ्यक्रम पर आधारित

## CHOICE BASED CREDIT SYSTEM (CBCS)

***Useful For***

Delhi University (DU), IGNOU, Berhampur University (Odisha), University of Kashmir, Sambalpur University (Odisha), University of Kalyani (West Bengal), Gurukula Kangri Vishwavidyalaya (Uttarakhand), Himachal Pradesh University, Cooch Behar Panchanan Barma University (West Bengal), Ranchi University, University of Culcutta, Pune University, University of Mumbai, Andhra University, School of Open Learning (DU), Gondwana University (Maharashra), Babasaheb Bhimrao Ambedkar University (Lucknow), Dr. Babasaheb Ambedkar Marathwada University (Aurangabad), University of Madras, Netaji Subhas Open University (Kolkata), Odisha State Open University, all other Indian Universities.

Closer to Nature We use Recycled Paper

GPH BOOK®

**गुल्लीबाबा पब्लिशिंग हाउस प्रा. लि.**

आई.एस.ओ. 9001 एवं आई.एस.ओ. 14001 प्रमाणित कं.

Published by:
## GullyBaba Publishing House Pvt. Ltd.

**Regd. Office:**
2525/193, 1st Floor, Onkar Nagar-A,
Tri Nagar, Delhi-110035
(From Kanhaiya Nagar Metro Station Towards Old Bus Stand)
Call: 9991112299, 9312235086
WhatsApp: 9350849407

**Branch Office:**
1A/2A, 20, Hari Sadan,
Ansari Road, Daryaganj,
New Delhi-110002
Ph.011-45794768
Call & WhatsApp:
8130521616, 8130511234

**E-mail:** hello@gullybaba.com, **Website:** GullyBaba.com

**New Edition**

**ISBN:** 978-93-90479-26-9

**Author:** Gullybaba.com Panel

**Copyright© with Publisher**
All rights are reserved. No part of this publication may be reproduced or stored in a retrieval system or transmitted in any form or by any means; electronic, mechanical, photocopying, recording or otherwise, without the written permission of the copyright holder.

**Disclaimer:** Although the author and publisher have made every effort to ensure that the information in this book is correct, the author and publisher do not assume and hereby disclaim any liability to any party for any loss, damage, or disruption caused by errors or omissions, whether such errors or omissions result from negligence, accident, or any other cause.
If you find any kind of error, please let us know and get reward and or the new book free of cost.
The book is based on IGNOU syllabus. This is only a sample. The book/author/publisher does not impose any guarantee or claim for full marks or to be passed in exam. You are advised only to understand the contents with the help of this book and answer in your words.
All disputes with respect to this publication shall be subject to the jurisdiction of the Courts, Tribunals and Forums of New Delhi, India only.

## HOME DELIVERY of GPH Books

You can get GPH books by VPP/COD/Speed Post/Courier.
You can order books by Email/SMS/WhatsApp/Call.
For more details, visit gullybaba.com/faq-books.html
Our packaging department usually dispatches the books within 2 days after receiving your order and it takes nearly 5-6 days in postal/courier services to reach your destination.

**Note:** Selling this book on any online platform like Amazon, Flipkart, Shopclues, Rediff, etc. without prior written permission of the publisher is prohibited and hence any sales by the SELLER will be termed as ILLEGAL SALE of GPH Books which will attract strict legal action against the offender.

# अध्याय–4
## बहुचर अभीष्टीकरण
## (Multivariate Optimisation)

8. संरोधहीन अभीष्टीकरण
   (Unconstrained Optimisation)
9. संरोधित अभीष्टीकरण : समीकरणीय संरोध
   (Constrained Optimisation with equality Constraints)
10. द्वैतता
    (Duality)

## विषय-सूची

1. अनेक चरों का फलन — 1
   (Functions of Several Variables)
2. अवकल समीकरण — 39
   (Differential Equations)
3. रैखिक बीजगणित — 69
   (Linear Algebra)
4. बहुचर अभीष्टीकरण — 133
   (Multivariate Optimisation)

## प्रश्न पत्र

(1) सैम्पल पेपर-I (हल सहित) — 191
(2) सैम्पल पेपर-II (हल सहित) — 194
(3) गेस पेपर-I — 197
(4) गेस पेपर-II — 200
(5) दिसम्बर 2020 — 203
(6) दिसम्बर 2021 (हल सहित) — 206

# अध्याय 1

## अनेक चरों का फलन

### भूमिका

फलन की संकल्पना के अंतर्गत निर्भर चर एक से अधिक स्वतंत्र चरों का फलन होता है। इन स्वतंत्र चरों को फलन के निर्धारक कहा जाता है। इस अध्याय में अनेक चरों के फलन के बारे में विस्तारपूर्वक वर्णन किया गया है। इसमें एक या सभी स्वतंत्र चरों में परिवर्तनों के निर्भर चर पर प्रभावों, अवकलन गणित की आंशिक अवकलज, सकल अवकलन तथा सकल अवकलज जैसे अवधारणाओं के बारे में बताया गया है। बहुचर अवकलन का गणित और व्यष्टि एवं समष्टि अर्थशास्त्र में चर्चित संकल्पनाओं के अनुप्रयोगों पर विचार किया गया है।

## 1.1 बहुचर फलन
### 1.1.1 दो स्वतंत्र चरों का फलन

एक चर के फलनों [$y = f(x)$] में एक चर केवल एक स्वतंत्र चर पर निर्भर होता है। वास्तविक जीवन में हमारा सामना ऐसी स्थितियों से होता है जहाँ एक से अधिक स्वतंत्र चर किसी निर्भर चर को प्रभावित करते हैं। एक ऐसे फलन से जिसमें एक निर्भर चर, मान लीजिए z, दो स्वतंत्र चरों x और y का फलन है। इसे हम $z = f(x, y)$ द्वारा व्यक्त करते हैं।

यह इस प्रकार परिभाषित किया जा सकता है, प्रांत D पर, दो वास्तविक चरों x एवं y का फलन एक ऐसा नियम है जो प्रांत D के प्रत्येक बिंदु (x, y) से एक विशिष्ट संख्या $f(x, y)$ संबद्ध करता है। इस फलन में x और y फलन $f$ के स्वतंत्र चर कहलाते हैं तथा z निर्भर चर कहलाता है। फलन $f$ का प्रांत, स्वतंत्र चरों के सभी संभव क्रमित युग्मों का समुच्चय होता है तथा परिसर प्रांत के सभी अवयवों के संगत निर्भर चर के मानों का समुच्चय होता है। किसी–किसी संदर्भ में z अंतर्निहित तथा x और y बहिर्जात चर भी कहलाते हैं।

हम $f(x, y)$ को त्रिविमीय स्थान (three-dimensional space) में तीन परस्पर लम्बवत् अक्ष Ox, Oy और Oz बना कर एक आरेख के रूप में चित्रित कर सकते हैं। नीचे दिए रेखाचित्र 1.1 में हमने त्रिविमीय स्थान में एक पृष्ठ को चित्रित किया है तथा इस पृष्ठ पर एक बिंदु $(x_0, y_0, z_0)$ को दर्शाया है।

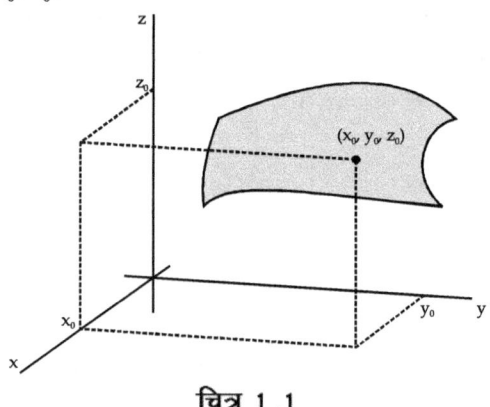

चित्र 1.1

माना कि यह पृष्ठ, फलन $z = f(x, y)$ द्वारा प्राप्त हुआ है तथा इसे xy तल के बिंदुओं (x, y) के संगत z के मानों को आरेखित करके बनाया गया है।

### 1.1.2 स्तर वक्र

यदि फलन $z = f(x, y)$ दिया गया है तो इस फलन का त्रिविमीय अथवा त्रिआयामी स्थान में आलेख बनाया जा सकता है। हम इस फलन के आलेख तथा x y – तल के

समानांतर विभिन्न तलों के प्रतिच्छेदन की कल्पना कर सकते हैं। फलन के आरेख तथा x y – तल के समानांतर विभिन्न तलों के प्रतिच्छेदन से हमें विभिन्न वक्र प्राप्त होंगे जिनका प्रक्षेपण (projection) हम x y – तल पर कर सकते हैं। यदि हमने तल $z = k$ लिया था तो इसके द्वारा x y – तल पर प्राप्त प्रेक्षपण को फलन $f$ का ऊँचाई k का स्तर वक्र या परिरेखा (contour) कहते हैं। यह परिरेखा या स्तर वक्र उन बिंदुओं का समुच्चय है जो समीकरण $f(x, y) = k$ को संतुष्ट करते हैं।

एक मानचित्र पर विचार कीजिए। यह अक्षांश और देशांतर (latitudes and longitudes) के अनुसार विभिन्न स्थलों की अवस्थिति को दर्शाता है। यहाँ पर किसी भी स्थल की भौगोलिक विशेषता (मान लीजिए ऊँचाई) दिखाने के लिए हम उक्त ऊँचाई विशेष वाले सभी स्थानों को जोड़ते हुए समस्तर बोधक रेखाएँ खींच सकते हैं। मानचित्र में ऊँचाई को समुद्र तल के सापेक्ष अथवा उन्नयन (elevation) दर्शाया जाता है। इस प्रकार एक द्विआयामी मानचित्र (two-dimensional map) में, जहाँ दिशा, अंतर, क्षेत्रफल आदि ही सहज स्पष्ट होते हैं, हम समस्तर वक्रों को अंकित कर ऊँचाई का तीसरा आयाम भी दिखा सकते हैं।

हम इसी विचार का प्रयोग दो स्वतंत्र चरों के फलन के रेखांकन (diagrammatical representation) में करते हैं। ऐसे फलन के रेखांकन को द्विआयामी मानचित्र में अंकित तीसरे आयाम द्वारा दिखाया जा सकता है – यह क्षैतिज तल x-y तल के समानांतर तलों के समुच्चय के रूप में होगा। हम तलों तथा रेखाचित्र के प्रतिच्छेदन बिंदुओं का x-y तल पर प्रेक्षण कर सकते हैं।

यहाँ हम एक तल के समीकरण की चर्चा कर रहे हैं – क्योंकि इसके तीन आयाम x-y-z हैं। अतः xy- तल के समानांतर तल को $z = c$ द्वारा दिखाया जाएगा। यह वास्तव में उस तल का $z = c$ ऊँचाई वाली रेखा से प्रतिच्छेदन का प्रक्षेप ही होगा। हम जानते हैं कि $z = f(x, y)$, अतः यह प्रक्षेपण c ऊँचाई पर फलन $f$ का स्तर वक्र (level curve) कहलाता है। इसलिए यह स्तर वक्र इस समीकरण को संतुष्ट करने वाले बिंदुओं का समूह होगा–

$$f(x, y) = c$$

इस प्रकार एक स्तर वक्र उन बिंदुओं को मिलाता है जिनके फलन मान समान हों। हमारे उपर्युक्त उदाहरण में स्तर वक्र उन बिंदुओं को मिलाता है जिनके $f$ मान c के समान हों। यह ऐसे बिंदुओं का पथ है, अर्थात् उन x और y के संयोजनों से जुड़ा है, जिन पर z का मान स्थिरांक c के समान रहता है।

### 1 .1 .3 व्यापक बहुचर फलन

माना n चरों की एक सूची $(x_1, x_2, \ldots x_n)$ है। यहाँ चर x का निदेशन पादांक $i = 1, 2, \ldots, n$ द्वारा किया जा सकता है। यह ऐसे n-चरों का समूह है जहाँ प्रत्येक $x_i$ एक वास्तविक

संख्या है। इसे एक "सदिश" (vector) कहा जाता है। एक सदिश एक क्रमित n-युग्म (tuple) होता है।

माना सदिश $x = (x_1, x_2, ... x_n)$ दिया गया है। माना कि कोई चर $z$ इस सदिश के सभी n चरों का फलन है। यह फलन इस प्रकार निरूपित किया जा सकता है—

$z = f(x_1, x_2, ..., x_n)$.

अतः आयामों की संख्या n + 1 हो गई है। किंतु n के 2 से अधिक होने पर आयामों की कुल संख्या 3 से अधिक हो सकती है — फिर फलन का रेखांकन संभव नहीं रहेगा। अतः हमें फलन का संकल्पनात्मक एवं अमूर्त चिंतन करना होगा। जब एक रेखा को दो आयामों में व्यापन किया जाता है तो हमें एक तल (plane) प्राप्त होता है। उससे अधिक आयाम संख्या हो जाने पर संभावित आकृति को "अतितल" (hyperplane) का नाम दे सकते हैं। उच्च आयामी सतह (general surface in higher dimensions) को "अति सतह" (hypersurface) कहा जा सकता है। ध्यान रखें कि फलन $z = f(x, y)$, जिसे $z = f(x_1, x_2)$ द्वारा भी व्यक्त किया जा सकता है, वस्तुतः $z = f(x_1, x_2, ..., x_n)$ का एक विशेष स्वरूप ही है जहाँ n = 2 है।

## 1.2 आंशिक अवकलज

सरलता की दृष्टि से, हम दो स्वतंत्र चरों के फलन से आरंभ करेंगे। माना फलन है $y = f(x_1, x_2)$ जब हम इस प्रकार का कोई फलन $y = f(x_1, x_2)$, दो स्वतंत्र चरों के साथ, लेते हैं तो y में परिवर्तन इन दोनों को स्वतंत्र मानते हुए $x_1$ अथवा $x_2$ अथवा दोनों में परिवर्तन के परिणामस्वरूप जाँचा जा सकता है। इस प्रकार, यदि हम केवल $x_1$ बदलते हैं तो यह $x_2$ को प्रभावित नहीं करेगा बल्कि केवल y को करेगा। $x_2$ को अचर मानते हुए, y में परिवर्तन की दर $x_1$ के संदर्भ में y का आंशिक अवकलज ज्ञात कर प्राप्त की जा सकती है। इसी प्रकार, यदि $x_2$ अकेला बदलता है तो y में परिवर्तन की दर $x_2$ के संदर्भ में y के आंशिक अवकलज से प्राप्त की जा सकती है।

एक सोपान आगे चलकर और यह मानकर कि $x_1$ और $x_2$ परस्पर संबद्ध हैं, यदि हम $x_1$ को बदल देते हैं तो $x_1$ में परिवर्तन के परिणामस्वरूप $x_2$ में भी परिवर्तन होगा (बेशक $x_2$ बाह्यजात रूप से परिवर्तित न हो)। इस प्रकार, जब कभी हम पराश्रित चर को बदलते हैं तो y दो तरीकों से प्रभावित होता है—प्रथम, सीधे $x_1$ में परिवर्तन द्वारा और दूसरे, परोक्षतः $x_1$ में परिवर्तन के माध्यम से $x_2$ में परिवर्तन द्वारा। इस स्थिति में, $x_1$ में किसी परिवर्तन के कारण y की परिवर्तन दर $x_1$ के संदर्भ में y के पूर्ण अवकलज द्वारा मापी जाती है।

**आंशिक अवकलज : परिभाषा**—आंशिक अवकलज को किसी बहुचर फलन का अवकलज कहा जाता है जब स्वतंत्र चरों में से किसी एक को ही परिवर्तित होने दिया जाए, अन्य चर स्थिर रहें।

उदाहरण के लिए, इस द्विचर फलन पर विचार करें—$U = f(x_1, x_2)$

यदि हम केवल $x_1$ को ही परिवर्तित होने देते हैं, $x_2$ को स्थिर रखते हुए, तो U की परिवर्तन दर, $x_1$ के संदर्भ में, U का आंशिक अवकलज कहलाएगा।

माना $x_1$ में परिवर्तन $\Delta x_1$ है, जहाँ $x_2$ स्थिर है। U में अनुकूल परिवर्तन होगा $\Delta U$. तब अंतर भागफल निम्नवत् दर्शाया जाएगा—

$$\frac{\Delta U}{\Delta x_1} = \frac{f(x_1 + \Delta x_1, x_2^0) - f(x_1, x_2^0)}{(x_1 + \Delta x_1) - x_1}$$

यदि हम इस अंतर भागफल के प्रतिबंधक मान को $\Delta x_1 \to 0$, के रूप में प्राप्त करने का प्रयास करते हैं तो हमें $x_1$ के संदर्भ में U का आंशिक अवकलज प्राप्त होता है, इसे $\frac{\partial U}{\partial x_1}, \frac{\partial f}{\partial x_1}$ अथवा $f_1$ द्वारा दर्शाया जाता है।

इस प्रकार, $f_1 = \lim_{\Delta x_1 \to 0} \frac{\Delta U}{\Delta x_1} = \lim_{\Delta x_1 \to 0} \frac{f(x_1 + \Delta x_1, x_2^0) - f(x_1, x_2^0)}{\Delta x_1}$

इसी प्रकार] $f_2 = \lim_{\Delta x_2 \to 0} \frac{\Delta U}{\Delta x_2} = \lim_{\Delta x_2 \to 0} \frac{f(x_1^0, x_2 + \Delta x_2) - f(x_1^0, x_2)}{\Delta x_2}$.

### 1.2.1 प्रथम कोटि आंशिक अवकलज

हम फलन $z = f(x_1, x_2, ..., x_n)$ पर विचार करते हैं। माना कि चर $x_i (i = 1, 2, ..., n)$ सभी परस्पर स्वतंत्र हैं, इनमें से किसी भी एक में परिवर्तन का शेष चरों पर कोई प्रभाव नहीं होता। मान लीजिए, कि $x_1$ में कुछ परिवर्तन $\Delta x_1$ हुआ है किंतु $x_2, x_3, ... x_n$ सभी अपरिवर्तित (स्थिर) (remain unchanged - fixed) रहे हैं और परिणामस्वरूप z में $\Delta z$ के समान परिवर्तन आया है। अतः हम अनुपात (quotient) $\frac{\Delta z}{\Delta x_1}$ को कुछ इस प्रकार लिख सकते हैं—

$$\frac{\Delta z}{\Delta x_1} = \frac{f(x_1 + \Delta x_1, x_2, ..., x_n) - f(x_1, x_2, ..., x_n)}{\Delta x_1}$$

यदि जैसे-जैसे $\Delta x_1 \to 0$, हम $\frac{\Delta z}{\Delta x_1}$ की परिसीमा आंकलित करें तो वह परिसीमा z का $x_1$ के अनुसार आंशिक अवकलज कहलाएगी। हम "आंशिक" शब्द का प्रयोग यही स्पष्ट करने के लिए करते हैं कि अन्य स्वतंत्र चरों को अपरिवर्तित रखा गया है। हम प्रत्येक स्वतंत्र चर के अनुसार इसी प्रकार के आंशिक अवकलज आंकलित कर सकते हैं। आंशिक अवकलज ज्ञात करने की विधि को ही आंशिक अवकलन (partial differentiation) कहा जाता है।

हम जानते हैं कि अवकलज को अक्षर (चिह्न) (symbol) *d* द्वारा परिसूचित किया जाता है। इसलिए $y = f(x)$ की दशा में हम y का x के अनुसार अवकलज $\frac{dy}{dx}$ द्वारा दिखा पा रहे थे। आंशिक अवकलजों को चिह्न $\partial$ (डेल) द्वारा इंगित किया जाता है। यह निम्न केस वाले ग्रीक अक्षर "डेल्टा" $\delta$ का रूपांतरण (variation) है। अतः हम आंशिक अवकलज को $\frac{\partial z}{\partial x_1}$ द्वारा दिखा सकते हैं। इसे हम z का $x_1$ के अनुसार आंशिक अवकलज कहेंगे। सामान्यीकृत स्वरूप में $\frac{\partial}{\partial x_1}z$ द्वारा iवें x के अनुसार z का आंशिक अवकलज दर्शा सकते हैं। यहाँ $\frac{\partial}{\partial x_1}$ भाग को एक "गणितीय संकारक" (mathematical operator) चिह्न कहते हैं – यह इंगित करता है कि किसी फलन का $x_i$ के अनुसार अवकलन किया जा रहा है। यहाँ पर $x_i = (i = 1, 2, ..., n)$ का फलन z है। अतः आंशिक अवकलज को हम $\frac{\partial f}{\partial x_i}$ द्वारा भी व्यक्त कर सकते हैं। हम जानते हैं कि जहाँ $y = f(x), \frac{dy}{dx}$ को $f'(x)$ द्वारा भी दर्शाया गया था। कई बार आंशिक अवकलजों $\frac{\partial f}{\partial x_i}$ को $f_i$ द्वारा भी दर्शा दिया जाता है।

यदि फलन को $z = f(x, y, w, v)$ द्वारा निरूपित किया गया हो तो आंशिक अवकलज $f_x, f_y, f_w, f_v$ या $f_1, f_2, f_3, f_4$ द्वारा भी दिखाए जा सकते हैं।

संक्षेप में, यदि हमें $z = f(x_1, x_2, ..., x_n)$ दिया गया है तो हम $x_3$ के अनुसार z का अवकलज इनमें से किसी भी चिह्न द्वारा इंगित कर सकते हैं–

$$\frac{\partial z}{\partial x_3} \text{ अथवा } \frac{\partial f}{\partial x_3} \text{ अथवा } \frac{\partial}{\partial x_3} f \text{ अथवा } f_3$$

सरलता के लिए हम स्वतंत्र चरों की संख्या दो मान लेते हैं। यहाँ आंशिक अवकलज ज्ञात करते समय दो बातों का ध्यान रखना होगा – जब एक स्वतंत्र चर के अनुसार अवकलन करते हैं तो दूसरे चर को स्थिरांक (constant) माना जाता है और एक स्थिरांक का अवकलज तो शून्य के समान होता है। यह भी ध्यान रहें कि यदि किसी चर को स्थिरांक से गुणा किया गया हो तो इस गुणनफल का इस चर के अनुसार अवकलज भी उक्त स्थिरांक से गुणित हो जाएगा। उदाहरण के लिए–

($d[cx]/dx = cdx/dx$; और $d[cx^2]/dx = 2cx$)

अनेक चरों का फलन 7

यही नहीं अवकलन के योग, अंतर, गुणन एवं भजनफल नियम आंशिक अवकलज पर भी उसी रूप में लागू होते हैं।

### 1.2.2 द्वितीय कोटि आंशिक अवकलज

माना एक फलन निम्न प्रकार है–

$z = f(x, y)$

इस फलन में हमें दो प्रथम कोटि के आंशिक अवकलज प्राप्त होते हैं–

$f_x = \frac{\partial f}{\partial x}$ और $f_y = \frac{\partial f}{\partial y}$

प्रायः प्रथम कोटि के आंशिक अवकलज स्वयं भी x और y के फलन होते हैं, अर्थात्

$f_x = g(x, y)$ और

$f_y = h(x, y)$

अर्थात् हम g और h फलनों को भी x और y के अनुसार अवकलित कर सकते हैं – किंतु ध्यान दें कि $f_x$ स्वयं भी एक आंशिक अवकलज है और इसे x और y के अनुसार आगे अवकलित किया जा सकता है। यही बात $fy$ पर भी लागू है।

हमारे पास $\frac{\partial}{\partial x} g(x, y)$ है और हम g(x, y) का के अनुसार अवकलन कर सकते हैं।

इसी प्रकार $f_y = h(x, y)$ को भी x और y के अनुसार अवकलित किया जा सकता है–

आइए, हम $f_x = g(x, y)$ का अवकलन करते हैं–

हमें $\frac{\partial f_x}{\partial x} = \frac{\partial}{\partial x}\left(\frac{\partial z}{\partial x}\right)$ प्राप्त होता है।

दाहिने पक्ष को हम लिखते हैं– $\frac{\partial^2 z}{\partial x^2}$

फलन z (या फलन $f$) का x के अनुसार द्वितीय कोटि आंशिक अवकलज लिख सकते हैं–

$f_{xx}$ अथवा $\frac{\partial fx}{\partial x}$ अथवा $\frac{\partial fx}{\partial x}$ अथवा $\frac{\partial}{\partial x}\left(\frac{\partial z}{\partial x}\right)$

इसी प्रकार, हम z का y के अनुसार द्वितीय कोटि आंशिक अवकलज भी आंकलित कर सकते हैं। इससे हमें मिलता है– $f_{yy} = \frac{\partial}{\partial y} f_y$ अथवा $\frac{\partial^2 z}{\partial y^2} \frac{\partial}{\partial y}\left(\frac{\partial z}{\partial y}\right)$

यह $f_y$ की y में परिवर्तन के प्रति परिवर्तन दर दिखाता है, जबकि x का मान स्थिर रखा गया हो।

यह भी ध्यान रखें कि $f_x$ y का फलन है, और $f_y$ भी x का फलन हैं अतः

$f_x = g(x, y)$ और $f_y = h(x, y)$

इसलिए हमें दो और द्वितीय कोटि आंशिक अवकलज प्राप्त हो सकते हैं–

(1) $fxy = \frac{\partial}{\partial x}\left(\frac{\partial z}{\partial y}\right)$

यहाँ पहले z का y के अनुसार अवकलन किया गया है और फिर उस अवकलज का x के अनुसार अवकलन किया है–

(2) $fyx = \frac{\partial}{\partial y}\left(\frac{\partial z}{\partial x}\right)$

यहाँ पहले z का x के अनुसार और फिर उस अवकलज का y के अनुसार अवकलन किया गया है।

यहाँ हम दो बातें कह सकते हैं–

(1) $f_{xy}$ को by $\frac{\partial^2 z}{\partial y \partial x}$ द्वारा तथा $f_{xy}$ को by $\frac{\partial^2 z}{\partial y \partial x}$ द्वारा भी दर्शाया जा सकता है।

(2) अवकलज का अनुक्रम दाहिने से बाईं और (←). दिखाते हैं। उदाहरण के लिए, $f_{xy}$ का अर्थ है कि पहले z का y के अनुसार अवकलन करें और फिर उस अवकलज को x के अनुसार अवकलित करें। इसी प्रकार $f_{yx}$ का अर्थ होगा पहले z का x के अनुसार अवकलन होगा तथा फिर उस अवकलज का y के अनुसार अवकलन किया जाएगा। ये $f_{xy}$ तथा $f_{yx}$ त्रियक आंशिक अवकलज (cross-partial derivatives) कहे जाते हैं।

**यंग की प्रमेय (Young's Theorem)**

यदि किसी सतत् फलन के आंशिक अवकलज भी सतत् फलन हों तो $f_{xy} = f_{yx}$। यही यंग का प्रमेय है। हम इसे इस प्रकार भी व्यक्त कर सकते हैं–

त्रियक आंशिक अवकलज के क्रम का कोई महत्त्व नहीं है। इस बात से कोई अंतर नहीं पड़ता है कि हमने किसी फलन को पहले x और फिर y के अनुसार अवकलित किया है या कि पहले y और बाद में x के अनुसार। सांकेतिक रूप में

$f_{xy} = f_{yx}$

## 1.3 संपूर्ण अवकल तथा संपूर्ण अवकलज

### 1.3.1 संपूर्ण अवकल

फलन $y = f(x_1, x_2)$ के पूर्ण अवकल से हम $x_1$ और $x_2$ दोनों में परिवर्तन के कारण y में पूर्ण परिवर्तन को मापते हैं (जहाँ $x_1, x_2$ को परस्पर स्वतंत्र या अनाश्रित माना जाता है)।

तथापि, y के पूर्ण अवकल द्वारा मापा गया परिवर्तन वास्तविक परिवर्तन का एक रेखीय अनुमान मात्र होता है। $x_2$ को स्थिर रखते हुए $x_1$ में किसी लघु परिवर्तन के कारण y की परिवर्तन दर $f_1$ के रूप में दर्शाई जाती है। यदि $x_1$ में परिवर्तन की मात्रा $dx_1$ हो तो $x_1$ में किसी परिवर्तन के कारण y में मापा गया परिवर्तन केवल $f_1, dx_1$ के बराबर होगा। इसी प्रकार, यदि $x_2$ में परिवर्तन की मात्रा $dx_2$ हो तो $x_2$ में किसी परिवर्तन के कारण y में मापा गया परिवर्तन $f_2$ और $dx_2$ होगा। यदि dy, y में पूर्ण बदलाव इंगित करता है, जब $dx_1$ द्वारा $x_1$ तथा $dx_2$ द्वारा $x_2$ में बदलाव होता है, तब हम लिख सकते हैं–

$$dy = f_1\, dx_1 + f_2\, dx_2$$

इसे फलन $y = f(x_1, x_2)$ का पूर्ण अवकल कहा जाता है।

**अवकलों के विषयक नियम**

मान लीजिए कि $z = g(x, y)$ और $w = f(x, y)$ द्वारा x तथा y चरों के दो फलन दर्शाएँ जा रहे हैं और k एक स्थिरांक है।

(1) $dk = 0$ (स्थिर फलन नियम)

(2) $d(w \pm z) = dw \pm dz$ (योग अंतर नियम)

$$= (f_x dx + f_y dy) \pm (g_x dx + g_y dy)$$

(3) $d(wz) = w.dz + zdw$

$w(g_x dx + g_y dy) + z(f_x dx + f_y dy)$ (गुणन नियम)

(4) $$d\left(\frac{w}{z}\right) = \frac{z.dw - wdz}{z^2}$$

$$= \frac{z(f_x dx + f_y dy) - w(g_x dx + g_y dy)}{z^2}$$ (अनुपात नियम)

(5) $d(kz^n) = knz^{n-1}dz$ (घातांकीय फलन नियम)

(6) शृंखला नियम

यदि $z = z(u)$ और तब $u = u(x)$ तब

$$dz = d(z(u)) = \frac{d}{du}(z)du$$

यहाँ du द्वारा u में कोई आया परिवर्तन नहीं बल्कि u का अवकल दर्शाया गया है। हमें दिया गया है–

$$du = d(u(x)) = \frac{d}{dx}(u)dx$$

अतः

$$dz=\left[\frac{d}{du}(z)\right]\left[\frac{d}{dx}(u)dx\right]$$

**1 .3 .2 संपूर्ण अवकलज**–संपूर्ण अवकलज की सहायता से हम उस चर में किसी भी परिवर्तन के कारण पराश्रित चर की परिवर्तन दर को मापते हैं जिस पर वह निर्भर हो, जब इन चरों में से किसी को भी स्थिर न माना जाता हो।

माना $y = f(x_1, x_2)$ जैसे कि $x_1 = g(t)$ और $x_2 = h(t)$

तब हम लिख सकते हैं– $\frac{dy}{dt}=\frac{\partial y}{\partial x_1}.\frac{dx_1}{dt}+\frac{\partial y}{\partial x_2}.\frac{dx_2}{dt}=f_1\frac{dx_1}{dt}+f_2\frac{dx_2}{dt}$

यही t के संदर्भ में y का पूर्ण अवकलज होता है।

उपर्युक्त परिणाम को किसी n–चर उदाहरण के लिए आसानी से विस्तारित किया जा सकता है, जैसे–$y = f(x_1, x_2, -----, x_n)$

यदि $x_1 = x_1(t), x_2 = x_2(t), ..., x_n = x_n(t)$

तब, $\frac{dy}{dt}=\frac{dx_1}{dt}+f_2\frac{dx_2}{dt}+...+f_n\frac{dx_n}{dt}.$

## 1 .4 बहुचर फलनों के लिए श्रृंखला नियम

एक स्वतंत्र चर वाले फलन का श्रृंखला नियम "फलन के फलन" के नियम पर आधारित है। मान लीजिए कि z यहाँ y का फलन है तथा y स्वयं ही x का फलन है। हम अब इस प्रकार भी लिख सकते हैं $z = f(y(x))$. । हम जानते हैं कि इस दशा में z का x के अनुरूप अवकलज ज्ञात करने के लिए हम पहले z का y के अनुसार अवकलन करेंगे तथा उसे y के x के अनुसार अवकलज से गुणा कर देंगे। अर्थात् हम इस प्रकार लिख सकते हैं–

$$\frac{dz}{dx}=\frac{dz}{dy}\frac{dy}{dx}$$

ऐसी ही प्रक्रिया आंशिक अवकलजों के संदर्भ में अपनाई जाती है। एक श्रृंखला नियम आंशिक अवकलजों के लिए भी उपलब्ध है।

## 1 .5 अंतर्निहित फलन तथा अंतर्निहित फलन प्रमेय

मान लीजिए कि $z = f(x)$ इसका अधिक स्पष्ट स्वरूप है– $z = 9x^3$। यहाँ z को x का एक स्पष्ट फलन कह सकते हैं। किंतु यदि हम फलन को इस प्रकार लिख दें– $f(z, x) = 0$ तो यह z को x से जोड़ने वाला एक अंतर्निहित फलन बन जाएगा। अतः हम उपर्युक्त स्पष्ट फलन को इस रूप में अंतर्निहित फलन $z - 9x^3 = 0$ द्वारा दिखा सकते हैं।

हम एक व्यापक बहुचर फलन को स्पष्ट रूप से $z = f(x_1, x_2, \ldots x_n)$ दर्शाते हैं – इसका अंतर्निहित स्वरूप होगा $f(z, x_1, x_2, \ldots, x_n) = 0$। कई बार हमें $f(x_1, x_2, \ldots, x_n) = 0$ स्वरूप के समीकरण मिल जाते हैं। यह वस्तुतः एक अंतर्निहित फलन का निरूपण ही है उसे हम $x_1 = f(x_2, x_3, \ldots x_n)$ द्वारा दिखा सकते हैं।

एक स्पष्ट फलन को हम सदैव अंतर्निहित रूप प्रदान करने के लिए $f(.)$ को समीकरण के बाईं ओर ले जा सकते हैं। किंतु, एक अंतर्निहित फलन को सदैव स्पष्ट फलन में परिवर्तित करना संभव नहीं होता।

एक फलन $f(x_1, x_2) = k$ पर ध्यान दें। यह एक स्तर वक्र का ही समीकरण है। यह एक अंतर्निहित फलन भी है। इस समीकरण को दो अज्ञात चरों में हल किया जा सकता है तथा एक अज्ञात को दूसरे अज्ञात में इस प्रकार लिख सकते हैं–

$$x_2 = x_2(x_1)$$

इसे पूर्ववर्ती अंतर्निहित फलन में प्रतिस्थापित किया जा सकता है–

$$f(x_1, x_2(x_1)) = k$$

किसी भी स्तर वक्र का ढाल $\frac{dx_2}{dx_1}$ अवकलज होता है किंतु अवधारणात्मक दृष्टि से यह तभी सत्य होगा जबकि हमने अंतर्निहित फलन में $x_2$ को $x_1$ के फलन के रूप में परिभाषित किया हो। हमारा फलन $x_2 = x_2(x_1)$ पूर्ण रूप से परिभाषित है। अतः हम $\frac{dx_2}{dx_1}$ का आंकलन सर्वसमिका $f(x_1, x_2(x_1)) \equiv k$ के अवकलन द्वारा कर सकते हैं, जहाँ $x_1$ शृंखला नियम का प्रयोग हमें प्रदान करेगा–

$$\frac{\partial f}{\partial x_1}\frac{dx_1}{dx_1} + \frac{\partial f}{\partial x_2}\frac{dx_2}{dx_1} = \frac{\partial k}{\partial x_1} = 0$$

अथवा $f_1 + f_2 \frac{dx_2}{dx_1} = 0$

यदि हम यह मान लें कि $x_2 \neq 0$, तो

$$\frac{dx_2}{dx_1} = \frac{-f_1}{f_2}$$

इसका अभिप्राय है कि स्तर वक्र का किसी भी बिंदु पर ढाल उसके दोनों अवकलजों के उसी बिंदु पर मानों अनुपात के समान होगा। आइए, अब एक व्यापक बहुचर फलन पर विचार करें। हमें छिया गया अंतर्निहित फलन $f(x_1, x_2, \ldots x_n) = 0$ है। अतः फलन $x_i$ में jवें निर्धारक का iवें निर्धारक के अनुसार आंशिक अवकलज होगा $\frac{\partial x_j}{\partial x_i}$। इसे पाने के लिए पहले हम संपूर्ण

अवकल $f_1 dx_1 + f_2 dx_2 + ... + f_n dx_n = 0$ ज्ञात करते हैं। उसके बाद उसे $dx_i$ द्वारा विभाजित कर देते हैं, अर्थात् $f_1 \dfrac{dx_1}{dx_i} + f_2 \dfrac{dx_2}{dx_i} + ... + f_j \dfrac{dx_j}{dx_i} + ... + f_i + ... + f_n \dfrac{dx_n}{dx_i} = 0$

$dx_i$ तथा $dx_j$ के अतिरिक्त अन्य सभी अवकलों को शून्य मान लेने पर—

$f_j \dfrac{dx_j}{dx_i} + f_i = 0$

$\Rightarrow \dfrac{dx_j}{dx_i} = -\dfrac{f_i}{f_j}$

## 1.6 समघात तथा समस्थित फलन

माना दो चरों x और y के फलन F अर्थात् F(x, y) दिया गया है। यह फलन r कोटि का समघात फलन होगा यदि इसके परिसर में सभी x और y के लिए—

$F(\lambda x, \lambda y) = \lambda^r F(x, y)$.

हम इस परिभाषा को n-चरों के फलन तक परिवर्धित कर सकते हैं। मान लीजिए कि $z = f(x_1, x_2, ..., x_n)$ है। तो फिर $f$ एक r कोटि का समघात फलन होगा यदि $f(\lambda x_1, \lambda x_2, ..., \lambda x_n) = \lambda^r f(x_1, x_2, ..., x_n)$. है।

यदि F(x, y) रैखिक समघात फलन (linearly homogeneous) (प्रथम कोटि समघात) फलन तभी हो पाएगा जबकि

$F(x, y) = y f\left(\dfrac{x}{y}\right)$

जहाँ $f\left(\dfrac{x}{y}\right) = F\left(\dfrac{x}{y}, 1\right)$

दिया है—

$F(x, y) = y f\left(\dfrac{x}{y}\right)$, हमारे पास है—

$F = (\lambda x, \lambda y) = \lambda y f\left(\dfrac{\lambda x}{\lambda y}\right) = \lambda y f\left(\dfrac{x}{y}\right) = \lambda F(x, y)$

माना F(x, y) एक रैखिक समघात फलन (प्रथम कोटि समघात) है। अतः $F(\lambda x, \lambda y) = \lambda F(x, y)$, किसी भी $\lambda$ हेतु

रखें $\lambda=\frac{1}{y}$ फिर हमें मिलता है–

$$F\left(\frac{x}{y},1\right)=\frac{1}{y}F(x,y)$$

अत: $yF\left(\frac{x}{y},1\right)=F(x,y)$

किंतु $F\left(\frac{x}{y},1\right)=f\left(\frac{x}{y}\right)$.

अत: $F(x,y)=yf\left(\frac{x}{y}\right)$

**एक समघात फलन का अवकलन**

समघात फलनों की एक बहुत बड़ी विशेषता उनके अवकलन से जुड़ी होती है।

हमारे पास r कोटि का समघात फलन $f(x,y)$ है तो फिर–

$$f(\lambda x,\lambda y)\lambda^r f(x,y)$$

इसका x के अनुसार अवकलन करने पर हम पाते हैं–

$\lambda f_x(\lambda x,\lambda y)\lambda^r f_x(x,y)$, जहाँ $f_x=\frac{\partial f}{\partial x}$

यदि दोनों ओर $\lambda$ से विभाजन कर दें तो हमें मिलता है–

$$f_x(\lambda x,\lambda y)=\lambda^{r-1}f_x(x,y)$$

यहाँ फलन $f_x$ एक $(r-1)$ कोटि का समघात फलन है। यह बात फलन $f_y$ पर भी लागू होती है जहाँ $f_y$ उक्त फलन $f$ का y के अनुसार आंशिक अवकलज है। वस्तुत: यह बात किसी भी बहुचर समघात फलन पर इसी रूप में लागू होगी।

अर्थात् यदि कोई फलन r कोटि का समघात फलन है तो उसका प्रत्येक प्रथम कोटि आंशिक अवकलज एक $r-1$ कोटि का समघात फलन होगा।

**यूलर का समीकरण (Euler's equation)**

माना कि $z=f(x,y)$ एक r कोटि का समघात फलन है। इसके संदर्भ में निम्न परिणाम एक सर्वसमिका स्वरूप में मान्य होता है–

$$x\frac{\partial z}{\partial x}+y\frac{\partial z}{\partial y}=rz$$

हम इसे अंतर्निहित अवकलन और श्रृंखला नियम का प्रयोग कर सिद्ध कर सकते हैं।

माना कि हमारा समघात फलन है–

$$f(\lambda x, \lambda y) = \lambda^r f(x, y) \quad ...(i)$$

इस फलन (i) के बाईं ओर के भाग का $\lambda$ के अनुसार आंशिक अवकलज निम्न प्रकार है–

$$\frac{\partial f(\lambda x, \lambda y)}{\partial \lambda x}\frac{\partial \lambda x}{\partial \lambda} + \frac{\partial f(\lambda x, \lambda y)}{\partial \lambda y}\frac{\partial \lambda y}{\partial \lambda}$$

$$= xf_{\lambda x} + yf_{\lambda y} \quad ...(ii)$$

अब (i) के दाहिने पक्ष का $\lambda$ के अनुसार आंशिक अवकलज निम्न प्रकार है–

$$\frac{\partial \lambda^r}{\partial \lambda} f(x, y) + \lambda^r \frac{\partial f(x, y)}{\partial \lambda}$$

$$= r\lambda^{r-1} f(x, y) + 0 \quad ...(iii)$$

$$= r\lambda^{r-1} f(x, y)$$

हम जानते हैं कि एक समीकरण का बायाँ पक्ष दाहिने के समान होता है। अतः समीकरण (ii) = समीकरण (iii)। अतः हम पाते हैं–

$$xf_{\lambda x} + yf_{\lambda y} = r\lambda^{r-1} f(x, y)$$

किंतु $\lambda$ तो कोई भी अंक हो सकता है। मान लीजिए कि यह इकाई है इसी प्रतिस्थान से हमें प्राप्त होता है। यूलर का प्रमेय, अर्थात्

$$xf_x = yf_y = rf(x, y), \text{i.e.}\ x\frac{\partial z}{\partial x} + y\frac{\partial z}{\partial y} = rz'$$

इस संकल्पना को दो अधिक स्वतंत्र चरों के फलनों पर परिवर्धित किया जा सकता है।

**समस्थिति फलन (Homothetic Functions)**

मान लीजिए कि y = f(x) तथा x = g(w)। फिर तो हम लिख सकते हैं – y = f[g(w)] = h(w)। हम इस संयुक्त फलन के विचार को बहुचर फलनों तक विस्तृत कर सकते हैं।

यदि f(x, y) एक समघात फलन हो तो कोई भी फलन g[f(x, y)] एक समस्थिति फलन होगा यदि g' घनात्मक हो। अन्य शब्दों में कहा जाए तो किसी समघात फलन का धनात्मक एकदिश फलन एक समस्थिति फलन होता है।

## 1.7 वक्र स्तरों एवं आंशिक अवकलनों के अर्थशास्त्र में अनुप्रयोग

यदि फलन $Z = f(x, y)$ में n स्वतंत्र चर हों तो इसे $z = f(x_1, x_2, \ldots, x_n)$ के रूप में लिखा जा सकता है।

# अनेक चरों का फलन

अर्थशास्त्र में ऐसे फलनों के अनुप्रयोगों को समझने के लिए हमें ऐसी स्थितियों के बारे में चिंतन करने की आवश्यकता है जिनमें एक चर, एक से अधिक चरों पर निर्भर होता है। उदाहरण के लिए किसी वस्तु x की माँग अनेक कारकों पर निर्भर हो सकती है जैसे कि इस वस्तु की अपनी कीमत ($P_x$), संबंधित वस्तु की कीमत ($P_z$), उपभोक्ता की मौद्रिक आय (M) उसकी रुचि, आदतों/स्वभावों, फैशन (अर्थात् उपभोक्ता की व्यक्तिगत वरीयताओं/अभिरुचियों) इत्यादि पर निर्भर करती है। अतः, हम किसी माँग फलन (demand function) से $D_x = f(P_x, P_z, M, T ...)$ के रूप में व्यक्त कर सकते हैं।

इसी प्रकार, हम उत्पादन फलन को $Q = f(L, K)$ के रूप में व्यक्त कर सकते हैं जहाँ Q का प्रयोग उत्पाद की मात्रा के लिए, L श्रम के लिए तथा K पूँजी के लिए किया गया है। ये कुछ अर्थशास्त्रीय स्थितियों के उदाहरण हैं जिनमें बहुचरीय फलनों का उपयोग किया गया।

द्विचरीय फलनों के संदर्भ में उदाहरण के लिए उत्पादन फलन $Q = f(L, K)$ हम यह मान लेते हैं कि उत्पादन के प्रक्रम में केवल श्रम (L) तथा पूँजी (K) ही आगत निवेश कारक हैं। इसी प्रकार, किसी उपयोगिता फलन (utility function), $u = f(x, y)$ में हम यह मान लेते हैं कि उपयोगिता फलन (u) केवल दो वस्तुओं x और y की उपभोग की गई मात्रा पर ही निर्भर करती है। आंशिक अवकलजों की सहायता से हम यह पहचान कर सकते हैं कि दो दी गई वस्तुएँ परस्पर प्रतिस्पर्धी (competitive) हैं अथवा पूरक (complementary)।

उदाहरण के लिए, उत्पादन पर विचार करते हैं जहाँ किसी वस्तु का उत्पादन दो कारकों श्रम और पूँजी पर निर्भर करता है। मान लीजिए, हम श्रम को L से तथा पूँजी को K से व्यक्त करते हैं, तो हमारा उत्पादन फलन

$Q = f(L, K)$

माना कि हमारे पास आगत दो न होकर अनेक हैं। मान लीजिए कि आगतों की संख्या n है। मान लीजिए हम n आगतों के संग्रह को एक n-युग्म ($x_1, x_2, ... x_n$) से व्यक्त करते हैं। इस स्थिति में उत्पादन फलन के

$Q = f(x_1, x_2, ....., x_n)$

के रूप में लिखा जा सकता है।

इसी प्रकार एक उपयोगिता फलन जिसमें U एक उपभोक्ता द्वारा दो वस्तुओं X और Y के उपभोग द्वारा प्राप्त उपयोगिता को दर्शाता है। निम्न रूप में लिखा जा सकता है—

$U = f(X, Y)$

पुनः यदि हमारे पास n वस्तुएँ $Y_1, Y_2, ..., Y_n$ हैं और इन वस्तुओं की उपभोग की गई मात्राएँ ($y_1, y_2, ..., y_n$) से व्यक्त की जाएँ तो उपयोगिता फलन को

$U = f(y_1, y_2, ..., y_n)$ द्वारा व्यक्त किया जाएगा।

अंत में हम एक उदाहरण समष्टिगत अर्थशास्त्र से लेते हैं। मान लीजिए, मुद्रा की माँग $M^d$, ब्याज दर r तथा आय Y का फलन है। इसे $M^d = g(r, Y)$ के रूप में व्यक्त किया जा सकता है।

इन सभी फलनों में एक निर्भर चर एक से अधिक स्वतंत्र चरों पर निर्भर करता है।

हम जानते हैं कि एक स्तर वक्र एक ऐसा वक्र है जिसमें निर्भर चर किसी विशिष्ट स्तर पर स्थिर रहता है। यदि हमें एक फलन $z = f(X, Y)$ दिया है, तो हम यह कल्पना कर सकते हैं कि त्रिविमीय निर्देशांक तल (three-dimensional space) में इस फल के आलेख को x y – तल के समानांतर विभिन्न क्षैतिज तल प्रतिच्छेदित करते हैं। इन तलों और फलन के आलेख के प्रतिच्छेदन को हम x y – तल पर प्रक्षेपित कर सकते हैं। यदि तल $z = k$ और फलन के आलेख के प्रतिच्छेदन के x y – तल पर प्रक्षेपण से प्राप्त वक्र को फलन $f$ का ऊँचाई $k$ का स्तर वक्र या परिरेखा (contour or level) कहते हैं। यह परिरेखा या स्तर वक्र उन बिंदुओं का संग्रह है जो समीकरण $f(x, y) = k$ को संतुष्ट करते हैं।

अर्थशास्त्र (Economics) में अनुप्रयोग के लिए, सरल उत्पादन फलन $Q = f(L, K)$ पर विचार किया जाता है। यदि हम इसे एक आलेख के रूप में चित्रित करना चाहें, तो हम L और K को x-y तल में लेंगे और उत्पाद (output) Q को ऊर्ध्वाधर अक्ष (vertically) अर्थात् z-अक्ष पर लेंगे। इस प्रकार उत्पादन फलन का आलेख एक पर्वत या एक गुंबद के आकार का होगा। स्तर वक्र पर विचार करने के लिए मान लीजिए कि उत्पादन फलन Q का मान किसी स्तर k पर स्थिर है। अतः, उत्पादन फलन $f(L, K) = k$ होगा जहाँ k एक अचर (constant) है। उत्पादन फलन $f(L, K) = k$ का आलेख उस पर्वत या गुंबद की ऊँचाई पर एक "स्लाईस" (slice) होगी। दूसरे शब्दों में इसकी व्याख्या इस प्रकार भी की जा सकती है, ऊपर दिए गए उत्पादन फलन का एक स्तर वक्र उन सभी बिंदुओं का बिंदुपथ है जो श्रम और पूँजी के उन सभी संयोजनों को दर्शाता है जिनके लिए उत्पादन k के बराबर होगा। श्रम और पूँजी के संयोजन जो एक विशिष्ट उत्पादन का स्तर देते हैं, एक ही स्तर वक्र पर स्थित होंगे। व्यष्टिगत अर्थशास्त्र के सिद्धांतों का अध्ययन करते हुए हमारा स्तर वक्र से परिचय समोत्पाद वक्र (isoquant) के रूप में होता है। अतः, एक उत्पादन फलन (दो कारकों वाले) प्रत्येक समोत्पाद वक्र एक अलग स्तर वक्र है।

इसी प्रकार सामान्य उपयोगिता फलन $U = f(X, Y)$ लीजिए।

यदि उपयोगिता का स्तर एक दिए हुए स्तर, मान लीजिए $\bar{U}$ पर स्थिर हो, तो स्तर वक्र, X और Y के ऐसे सभी संयोजनों का बिंदु पथ होगा जो उपयोगिता का एक ही स्तर $\bar{U}$ देते हैं। अर्थशास्त्र में उपभोक्ता सिद्धांतों के संदर्भ में स्तर वक्रों से आपका परिचय उदासीनता वक्र (indifference curves) के रूप में आया होगा। अतः एक उपयोगिता फलन (दो वस्तुओं वाले) के लिए, प्रत्येक उदासीनता वक्र एक अलग स्तर वक्र है, जो उपयोगिता का एक अलग स्तर दर्शाता है।

# अनेक चरों का फलन

यदि हम ऊपर किए उत्पादन फलन को लें और यह देखने का प्रयास करें कि यदि हम आगत पूँजी को अचर मानते हुए आगत श्रम (labour input) में एक इकाई की वृद्धि करें तो हमें श्रम का सीमांत उत्पाद प्राप्त होगा। अतः यदि हमें उत्पादन $Q = f(L, K)$ दिया गया है तो हम श्रम का सीमांत उत्पाद (marginal product of labour) $\frac{\partial Q}{\partial L}$ होगा।

इसी प्रकार हम $\frac{\partial Q}{\partial K}$ की भी व्याख्या कर सकते हैं।

अब उपयोगिता फलन $U = f(X, Y)$ पर विचार करें।

यहाँ यदि $Y$ को अचर मानते हुए, $X$ में एक इकाई की वृद्धि की जाती है, तो उपयोगिता में परिवर्तन जोकि $X$ की सीमांत उपयोगिता को दर्शाएगा जोकि $\frac{\partial U}{\partial X}$ के बराबर होगी।

इसी प्रकार, $Y$ की सीमांत उपयोग $\frac{\partial U}{\partial Y}$ से प्राप्त की जा सकती है।

## व्यष्टि अर्थशास्त्र के आधारभूत सिद्धांत से लिए कुछ सरल उदाहरण

मान लीजिए, $x_1 = -8p_1 + 3p_2 + 11$ तथा $x_2 = 2p_1 - 3p_2 + 17$ दो वस्तुओं $X_1$ और $X_2$ के दिए गए माँग फलन हैं। इन वस्तुओं की कीमतों में परिवर्तन के फलस्वरूप माँग पर होने वाला प्रभाव ज्ञात कीजिए।

वैकल्पिक रूप से, इस उदाहरण में हम आंशिक सीमांत माँग (Partial Marginal Demands – PMD) ज्ञात करना चाहते हैं। इसके लिए चार संभावनाएँ हैं–

(1) $X_1$ की आंशिक सीमांत माँग जब $X_1$ की कीमत परिवर्तित होती है तथा अन्य चर स्थिर रहते हैं $= \frac{\partial x_1}{\partial p_1} = -8$

(2) $X_1$ की आंशिक सीमांत माँग जब $X_2$ की कीमत परिवर्तित होती है तथा अन्य चर स्थिर रहते हैं $= \frac{\partial x_1}{\partial p_2} = 3$

(3) $X_3$ की आंशिक कीमत माँग जब $X_2$ की कीमत परिवर्तित होती है तथा अन्य चर स्थिर रहते हैं $= \frac{\partial x_2}{\partial p_2} = -3$

(4) $X_2$ की आंशिक सीमांत माँग जब $X_2$ की कीमत परिवर्तित होती है तथा अन्य चर स्थिर रहते हैं $= \frac{\partial x_2}{\partial p_1} = 2$

**व्याख्या–**

(1) $\frac{\partial x_1}{\partial p_1} = -8$ यह दर्शाता है कि जब $X_2$ को स्थिर रखा जाए तो $X_1$ की कीमत में एक इकाई वृद्धि से $X_1$ की माँग 8 इकाई से कम हो जाती है।

(2) $\frac{\partial x_1}{\partial p_2} = 3$ यह दर्शाता है कि जब $X_1$ को स्थिर रखा जाए तो $X_2$ की कीमत में एक इकाई वृद्धि से $X_1$ की माँग 3 इकाई से अधिक हो जाती है।

(3) $\frac{\partial x_2}{\partial p_2} = -3$ यह दर्शाता है कि जब $X_1$ को स्थिर रखा जाए तो $X_2$ की कीमत में एक इकाई वृद्धि से $X_2$ की माँग 3 इकाई से कम हो जाती है।

(4) $\frac{\partial x_2}{\partial p_1} = 2$ यह दर्शाता है कि जब $X_1$ को स्थिर रखा जाए तो $X_1$ की कीमत में एक इकाई वृद्धि से $X_1$ की माँग 2 इकाई से अधिक हो जाती है।

[ध्यान दें कि $X_1$ की कीमत $p_1$ तथा $X_2$ की कीमत $p_2$ है और $X_1$ की माँग $x_1$ तथा $X_2$ की माँग $x_2$ है।]

दो वस्तुएँ x और y पूरक कहलाती हैं जब, अन्य सभी कारकों को स्थिर रखते हुए, एक वस्तु (जैसे कि पेट्रोल) की कीमत में वृद्धि के फलस्वरूप दूसरी वस्तु (जैसे कि कार) की माँग कम हो जाए। इस स्थिति में दोनों वक्र अर्थशास्त्र ऋणात्मक होने चाहिए, अर्थात्

$$= \frac{\partial x_1}{\partial p_2} < 0; \qquad \frac{\partial x_2}{\partial p_1} < 0$$

दूसरी ओर, दो वस्तुएँ X और Y प्रतिस्पर्धी (या वैकल्पिक) वस्तुएँ कहलाती है। यदि शेष सभी कारकों के स्थिर रहते, एक वस्तु (जैसे कि कॉफी) की कीमत में वृद्धि होने से दूसरी वस्तु (जैसे कि चाय) की माँग में वृद्धि हो जाए। इस स्थिति में दोनों वज्र आंशिक अवकलज धनात्मक होने चाहिए, अर्थात्

$$= \frac{\partial x_1}{\partial p_2} > 0; \qquad \frac{\partial x_2}{\partial p_1} > 0$$

**उदाहरण–**

दो वस्तुओं $x_1$ और $x_2$ के माँग फलन $x_1 = \frac{10}{p_1^2 p_2}; x_2 = \frac{150}{p_1 p_2^2}$ हैं जहाँ $p_1$ और $p_2$ क्रमशः वस्तुओं की कीमतें तथा $x_1$ और $x_2$ उनकी माँग हैं।

पहले माँग फलन से हम प्राप्त करते हैं– $\frac{\partial x_1}{\partial p_2} = \frac{10}{p_1^2} \cdot \frac{\partial}{\partial p_2}\left(\frac{1}{p_2}\right) = \frac{-10}{p_1^2 p_2^2} < 0$

दूसरे माँग फलन से हम प्राप्त करते हैं– $\frac{\partial x_2}{\partial p_1} = \frac{150}{p_2^2} \cdot \frac{\partial}{\partial p_1}\left(\frac{1}{p_1}\right) = \frac{-15}{p_1^2 p_2^2} < 0$

क्योंकि दोनों $\frac{\partial x_1}{\partial p_2}$ तथा $\frac{\partial x_2}{\partial p_1}$ ऋणात्मक हैं अतः वस्तुएँ पूरक हैं।

**उदाहरण–**

वस्तुओं $x_1$ और $x_2$ की प्रकृति ज्ञात कीजिए जबकि उनके माँग फलन

$x_1 = p_1^{-0.4} e^{0.2p_2}$ और $x_2 = p_2^{-0.6} e^{0.5p_1}$

हैं, जहाँ $p_1$ और $p_2$ क्रमशः $X_1$ और $X_2$ की कीमतें तथा $x_1$ और $x_2$ उनकी माँग को निरूपित करते हैं।

$$\frac{\partial x_1}{\partial p_2} = p_1^{-0.4} e^{0.2p_2} \times 0.2 = 0.2x_1 > 0$$

$$\frac{\partial x_2}{\partial p_1} = p_2^{-0.6} . e^{0.5p_1} \times 0.5 = 0.5p_2^{-0.6} e^{0.5p_1} = .5x_2 > 0$$

क्योंकि दोनों आंशिक अवकलज धनात्मक हैं, अतः वस्तुएँ $x_1$ और $x_2$ पूरक हैं।

**आंशिक लोच का अनुप्रयोग (Application to Partial Elasticities - PE)**

माँग की लोच के सूत्र को ध्यान में रखते हुए हम माँग फलनों $x_1 = f_1(p_1, p_2)$ और $x_2 = f_2(p_1, p_2)$ की चार प्रकार की आंशिक लोच ज्ञात कर सकते हैं। यहाँ $x_1$ और $x_2$ वस्तुओं $X_1$ और $X_2$ की माँग और $p_1$ तथा $p_2$ उनकी कीमतों को निरूपित करते हैं। ये इस प्रकार है–

(क) $x_1$ की $p_1$ के सापेक्ष माँग की लोच $= e_{11} * \frac{\partial x_1}{\partial p_1} \times \frac{p_1}{x_1}$

(ख) $x_1$ की $p_2$ के सापेक्ष माँग की लोच $= e_{12} \frac{\partial x_1}{\partial p_1} \times \frac{p_2}{x_1}$

(ग) $x_2$ की $p_2$ के सापेक्ष माँग की लोच $= e_{22} \frac{\partial x_2}{\partial p_2} \times \frac{p_2}{x_2}$

(घ) $x_2$ की $p_1$ के सापेक्ष माँग की लोच $= e_{21} \frac{\partial x_2}{\partial p_1} \times \frac{p_1}{x_2}$

**टिप्पणी**– $e_{11}$ और $e_{22}$ दोनों माँग की आंशिक लोच कहलाती हैं तथा $e_{12}$ और $e_{21}$ दोनों माँग की आंशिक लोच कहलाती हैं।

**उपयोगिता फलन के अनुप्रयोग (Application to Utility Function)**

हम जानते हैं कि किसी भी दिए गए फलन का पहला अवकलज उसका सीमांत फलन (marginal function) कहलाता है अर्थात् सीमांत फलन $\frac{d}{d_x}$ (संपूर्ण) यदि दिया हुआ फलन दो स्वतंत्र चरों का फलन है तो हमें दो सीमांत फलन प्राप्त होंगे जोकि आंशिक अवकलजों $\frac{\partial u}{\partial x}, \frac{\partial u}{\partial j}$ इत्यादि ज्ञात करके प्राप्त किए जा सकते हैं।

**उत्पादन फलन के अनुप्रयोग (Application to Production Function)**

एक उत्पादन फलन कुल उत्पाद (Total Product - TP) को निरूपित करता है। अतः, सीमांत उत्पाद, कुल उत्पाद के एक घटक के प्रथम आंशिक अवकलज के बराबर होगा, जबकि दूसरे घटक को अचर मान लिया जाएँ।

(क) श्रम (L) का सीमांत उत्पाद $(\text{MPL}) = \frac{\partial}{\partial L}(\text{TP})$

(ख) पूँजी (K) का सीमांत उत्पाद $(\text{MPK}) = \frac{\partial}{\partial K}(\text{TP})$

**यूलर का प्रमेय (Euler Theorem)**—यह प्रमेय प्रथम कोटि आंशिक अवकलजों के मध्य एक संबंध को दर्शाता है। यदि P *f*(L, K) को कारकों, श्रम (L) और पूँजी (K), का एक उत्पादन फलन है, तो यूलर की प्रमेय के अनुसार—

$$L \cdot \frac{\partial P}{\partial L} + K . \frac{\partial P}{\partial K} = P$$

$$L \cdot MP_L + K . MP_K = P$$

इसे उत्पादन निर्वातन अथवा थकावट प्रमेय (product exhaustion theorem) अथवा जोड़ने की समस्या (adding-up problem) भी कहते हैं। जो यह बतलाता है कि—

यदि उत्पादन के सभी कारकों/साधनों को उनके सीमांत उत्पाद के अनुसार भुगतान किया जाता है तो कुल उत्पाद पूर्णतया समाप्त अथवा निवार्तित हो जाता है।

अर्थात् $P - (L \cdot MP_L + KMP_K) = 0$ होगा।

## 1.8 संपूर्ण अवकलों, संपूर्ण अवकलजों तथा शृंखला नियम के अर्थशास्त्र में अनुप्रयोग

संकेतन संबंधी (notational) दो बिंदुओं के संदर्भ में, प्रथम बिंदु फलनों के संकेतन से संबंधित है। मान लीजिए, हमें एक फलन z = f(x, y) दिया है। हम इसे z = z(x, y) के रूप

में भी लिख सकते हैं। अतः, फलन $z = f(x, y)$ को f के स्थान पर z से भी व्यक्त किया जा सकता है। $z = z(x, y)$ यह दर्शाता है कि z एक चर जो x और y पर निर्भर है। हम कभी–कभी z और x तथा y के बीच के संबंध को बिना समानता चिह्न (equality sign) '=' का प्रयोग किए भी कर सकते हैं अर्थात् यदि केवल $z(x, y)$ लिखा हो तो हम इसे एक फलन के रूप में मान सकते हैं जिसमें चर z चरों x और y पर निर्भर करता है। अतः हम मौद्रिक माँग (money demand) $M^d$ को $M^d (r, y)$ के रूप में लिख सकते हैं जहाँ r ब्याज की दर तथा Y आय है। यह संकेतन दर्शाता है कि मौद्रिक माँग ब्याज की दर तथा आय का एक फलन है।

दूसरे बिंदु आंशिक अवकलजों के संकेतन से संबंधित हैं। एक फलन $U = f(x, y)$ लीजिए। x के सापेक्ष U का आंशिक अवकलज को जिसे सामान्यतः $\frac{\partial U}{\partial x}$ से व्यक्त किया जाता है, $U_x$ भी लिखा जा सकता है। इसी प्रकार y के सापेक्ष U के आंशिक अवकलज को $\frac{\partial U}{\partial x}$ भी $U_Y$ लिखा जा सकता है। इसी प्रकार एक फलन $f(x, y)$ के आंशिक अवकलजों को $f_x$ तथा $f_y$ से भी व्यक्त किया जा सकता है। इसी संदर्भ में, कभी–कभी आंशिक अवकलजों के लिए एक और प्रकार का संकेतन भी किया जा सकता है। मान लीजिए कि हमें एक फलन $U = (x_1, x_2)$ दिया है इस स्थिति में हम $x_1$ और $x_2$ के सापेक्ष U के आंशिक अवकलजों को व्यक्त करने के लिए $Ux_1$ तथा $Ux_2$ अथवा $U_1$ तथा $U_2$ अथवा $f_1$ और $f_2$ कोई भी संकेतन का प्रयोग कर सकते हैं।

**एक बचत फलन**

$S = S(Y, i)$ पर विचार करें जिसमें S बचत को, Y आय को तथा I ब्याज की दर को दर्शाता है। हम यह मान लेते हैं कि यह फलन संतत (continuous) हैं और इसके आंशिक अवकलज भी अस्तित्व रखते हैं। इस बचत फलन के लिए, $\frac{\partial S}{\partial Y}$ बचत की सीमांत प्रवृत्ति (marginal propensity) होती है। यदि Y में dY के बराबर परिवर्तन हो तो इसके फलस्वरूप S में होने वाला परिवर्तन लगभग $\frac{\partial S}{\partial Y}dY$ के बराबर होगा। इसी प्रकार, यदि di, I में होने वाला परिवर्तन है, तो इसके परिणामस्वरूप S में होने वाला परिवर्तन $\frac{\partial S}{\partial i}di$ होगा। अतः, Y और I में होने वाले परिवर्तनों के फलस्वरूप S में होने वाला परिवर्तन $dS = \frac{\partial S}{\partial Y}dY + \frac{\partial S}{\partial i}di$ होगा। ऊपर दिए गए संकेतन के अनुसार हम इस समीकरण को $dS = S_y dY + S_i di$ के रूप में लिख सकते हैं।

यहाँ dS बचत फलन का संपूर्ण अवकल है। किसी फलन के संपूर्ण अवकल ज्ञात करने के प्रक्रम को संपूर्ण अवकलज विधि कहते हैं।

ऊपर दिए बचत फलन में, यह संभव है कि परिवर्तन केवल आय में ही हो जबकि ब्याज दर स्थिर रहे। ऐसी स्थिति में $di = 0$ होगा तथा बचत फलन का संपूर्ण अवकल

$$dS = \frac{\partial S}{\partial Y} dY + 0 = \frac{\partial S}{\partial Y} dY \text{ हो जाएगा।}$$

दोनों पक्षों को dy से विभाजित करने पर हम प्राप्त करते हैं—

$$\left(\frac{dS}{dY}\right)_{i=\bar{i}} = \frac{\partial S}{\partial Y}$$

हम आंशिक अवकलज $\frac{\partial S}{\partial Y}$ की व्याख्या दो अवकलों dS तथा dY के अनुपात के रूप में कर सकते हैं यदि बचत फलन का दूसरा चर I स्थिर रहे। हमारे पास ऐसी स्थिति भी हो सकती है जिसमें Y में परिवर्तन न हो, केवल I में हो। इस स्थिति में हम प्राप्त करते हैं—

$$\left(\frac{dS}{di}\right)_{Y=\bar{Y}} = \frac{\partial S}{\partial i}$$

माना हमें n स्वतंत्र चरों वाला एक फलन दिया गया है। नीचे दिए गए उपयोगिता फलन $U = f(x_1, x_2,..., x_n)$ पर विचार करें। संकेतन प्रणाली के अनुसार हम इसे $U = U(x_1, x_2,..., x_n)$ के रूप में भी लिख सकते हैं।

U का संपूर्ण अवकलज करने पर हम U का नीचे दिया संपूर्ण अवकल प्राप्त करते हैं—

$$dU = \frac{\partial U}{\partial x_1} dx_1 + \frac{\partial U}{\partial x_2} dx_2 + ... + \frac{\partial U}{\partial x_n} dx_n$$

इसे हम इस प्रकार भी लिख सकते हैं—

$$dU = U_1 dx_1 + U_2 dx_2 + ... U_n dx_n = \sum_{i=1}^{n} U_i dx_i$$

अंत में, संपूर्ण अवकल के एक अनुप्रयोग के रूप में हम संपूर्ण अवकल के नियमों में से एक नियम का उपयोग करेंगे। यह नियम है—

$$d(u \pm v) = du \pm dv$$

इसका एक उदाहरण लेने के लिए, आधारभूत समष्टिगत अर्थशास्त्र (basic macroeconomic) के एक संवृत्त अर्थव्यवस्था के लिए राष्ट्रीय आय समीकरण: $Y = C + I + G$ पर विचार कीजिए, जहाँ Y आय है, C सामूहिक निजी उपभोग है, I निवेश है तथा G सरकारी खर्च है। अत: Y का आंशिक अवकलज $dY = dC + dI + dG$ होगा।

अब मान लीजिए कि निजी निवेश I ब्याज दर r का फलन है, तो हम पाते हैं कि

$$dY = dC = \frac{\partial I}{\partial r} dr + dG$$

होगा।

अब बचत फलन $S = S(Y, i)$ पर विचार करें।

माना फलन के दोनों चर मौद्रिक पूर्ति M पर निर्भर हैं। अब हम बचत फलन को $S = S(Y(M), i(M))$ के रूप में लिख सकते हैं।

मौद्रिक आपूर्ति के फलस्वरूप बचत में किस प्रकार परिवर्तन होता है, इसके लिए हम M के सापेक्ष S का सापेक्ष M का संपूर्ण अवकलज ज्ञात करते हैं। इससे हम प्राप्त करते हैं—

$$\frac{dS}{dM} = \frac{\partial S}{\partial Y} \frac{dY}{dM} + \frac{\partial S}{\partial i} \frac{di}{dM}$$

माना M, S को केवल Y और i के माध्यम से प्रभावित करता है तथा वह (M), S को स्वतंत्र रूप से प्रभावित नहीं करता। परंतु, ऐसी स्थितियाँ हो सकती हैं जिनमें एक फलन में स्वतंत्र चर स्वयं भी किसी चर पर निर्भर हों और वह चर निर्भर चर को स्वतंत्र रूप से प्रभावित करता हो। इसका एक उदाहरण देखने के लिए, हम एक उत्पादन फलन—

$Q = Q(L, K, t)$

पर विचार करते हैं। इसमें उत्पादन केवल पूँजी तथा श्रम उत्पाद इत्यादि साधनों पर निर्भर नहीं करता अपितु इसमें एक तीसरा स्वतंत्र चर, समय भी है जिसे t से व्यक्त किया गया है। उत्पादन फलन में समय की उपस्थिति यह दर्शाती है कि वस्तु का उत्पादन समय के साथ प्रभावित होता है और इसके कारक प्रौद्योगिकी/तकनीक का विकास, कौशल में वृद्धि इत्यादि हो सकते हैं। ये कारक उत्पादन फलन को बदल देते हैं। समय t की उपस्थिति से उत्पादन फलन गतिक हो जाता है, यह स्थिर नहीं रहता। साथ ही पूँजी और श्रम भी समय के साथ परिवर्तित होते हैं तथा हम पाते हैं कि $K = K(t)$ तथा $L = L(t)$ हो जाता है। अतः, उत्पादन फलन को

$Q = Q(L(t), K(t), t)$

के रूप में लिखा जा सकता है।

समय के सापेक्ष उत्पादन में परिवर्तन की दर ज्ञात करने के लिए हम, t के सापेक्ष Q के संपूर्ण अवकलज का प्रयोग करते हैं जो कि

$$\frac{dQ}{dt} = \frac{\partial Q}{\partial L} \frac{dL}{dt} + \frac{\partial Q}{\partial K} \frac{dK}{dt} + \frac{\partial Q}{\partial t}$$

द्वारा व्यक्त किया जा सकता है।

इसे, वैकल्पिक संकेतन का प्रयोग करके निम्न प्रकार से भी व्यक्त किया जा सकता है—

$$\frac{dQ}{dt} = Q_L L'(t) + Q_k K'(t) + Q_t$$

ऊपर लिया गया उदाहरण श्रृंखला नियम के एक उदाहरण के रूप में भी माना जा सकता है। हम जानते हैं कि श्रृंखला नियम लगाने के लिए फलन का प्रत्येक स्वतंत्र चर स्वयं भी दो चरों का फलन होना चाहिए। माना हमें एक फलन $Z = f(x, y)$ ज्ञात है और x तथा y में से प्रत्येक r और s का फलन है। अतः हम इस फलन को–

$z = f(x(r, s), y(r, s))$ से व्यक्त कर सकते है।

हम अर्थशास्त्र के संदर्भ में ऐसे उदाहरणों का निर्माण कर सकते हैं। मान लीजिए, एक व्यक्ति उपयोगिता (संतुष्टि) प्राप्त करता है, वह प्रसन्न होता है जब उसके दो बच्चे A और B की उपयोगिता प्राप्त करते हैं भोजन (जिसे हम F से व्यक्त करते हैं) का उपभोग करके तथा कपड़ों द्वारा जिसे हम C से व्यक्त करते हैं। मान लीजिए, $U^A$ Aका उपयोगिता फलन है तथा $U^B$, B का उपयोगिता फलन है। मान लीजिए, U इस व्यक्ति का उपयोगिता फलन है।

अतः हम इसे इस प्रकार लिख सकते हैं–

$$U = f\lfloor U^A(F, C), U^B(F, C)\rfloor$$

यहाँ हमने दोनों बच्चों द्वारा उपभोग किए गए भोजन तथा कपड़ों की मात्राओं के बीच कोई अंतर नहीं किया है।

मान लीजिए, हम यह जानना चाहते हैं कि यदि कपड़ों के उपभोग में परिवर्तन हो तो इस व्यक्ति की उपयोगिता में किस प्रकार का परिवर्तन होता। यह ज्ञात करने के लिए हम $\frac{dU}{dC}$ ज्ञात करते हैं। $\frac{dU}{dC}$ का मान समीकरण

$$\frac{dU}{dC} = \frac{\partial U}{\partial U^A}\frac{dU}{dC} + \frac{\partial U}{\partial U^B}\frac{dU}{dC}$$

द्वारा ज्ञात किया जा सकता है।

इसी प्रकार, $\frac{dU}{dC}$ के द्वारा समझा जा सकता है कि व्यक्ति के बच्चों के भोजन की मात्रा के उपभोग में परिवर्तन के सापेक्ष इस व्यक्ति की उपयोगिता में किस प्रकार का बदलाव होगा।

### 1.9 अर्थशास्त्र में अंतर्निहित फलनों के अनुप्रयोग

यदि हमें एक फलन f(x, y) दिया हो और हम यह प्राप्त करते हैं कि इस फलन में x और y अंतर्निहित रूप से संबंधित हैं। इस अंतर्निहित फलन को संशोधित करने के लिए हम फलन एक तीसरे चर z को समाविष्ट करते हैं जोकि x और y का एक, एकल मान फलन $z = g(x, y)$ है। $z = k$ के लिए (जहाँ k एक चर है), हमें एक स्तर वक्र मिलता है। स्तर वक्र अर्थशास्त्र

में प्रयुक्त होने वाले उदासीनता वक्रों तथा सम उत्पाद वक्रों के समान होते हैं। जैसे-जैसे x और y भिन्न मान लेते हैं, (यह आवश्यक नहीं है कि x और y एक दूसरे से स्वतंत्र ही हों), z में होने वाला परिवर्तन संपूर्ण अवकलज $dz = g_x dx + g_y dy$ द्वारा प्राप्त किया जा सकता है। यहाँ $g_x$, z के x के सापेक्ष आंशिक अवकलज को निरूपित करता है। इसी प्रकार हम $g_y$ की व्याख्या भी कर सकते हैं।

यदि x और y के मान ऐसे हों कि z का 0 हो जाए, तो $dz = g_x dx + g_y dy = 0$ होगा।

अतः $\dfrac{dy}{dx} = \dfrac{g_x}{g_y}$ होगा।

अंतर्निहित प्रणाली के अवकलन का प्रयोग अर्थशास्त्र में करने हेतु एक उत्पादन फलन $Q = f(L, K)$ पर विचार करें। यह एक समउत्पाद वक्र कुल को जन्म देता है। एक विशिष्ट समउत्पाद वक्र का समीकरण $f(L, K) = c$ होगा, जहाँ c एक अचर है। इसका संपूर्ण अवकलज ज्ञात करने पर हम पाते हैं—

$f_L dL + f_K = 0$.

यह समीकरण, बिंदु (L, K) से गुजरने वाले समोत्पाद वक्र के साधनों dL और dK में होने वाले परिवर्तनों के मध्य अनुमानित संबंध को दर्शाता है। यह संबंध समोत्पाद वक्र पर स्थित सभी बिंदुओं के लिए सत्य है। अतः, बिंदु (L, K) से गुजरने वाले समोत्पाद वक्र की स्पर्श रेखा ढाल $\dfrac{dK}{dL} = -\dfrac{f_L}{f_K}$ है। इस समीकरण के बाएँ पक्ष $\dfrac{dK}{dL}$ को तकनीकी प्रतिस्थापन (technical substitution) की सीमांत दर (marginal rate) कहते हैं। यह श्रम के लिए पूँजी के प्रतिस्थापन की सीमांत दर को दर्शाता है।

इस समीकरण के दाएँ पक्ष में विद्यमान $f_L$ और $f_k$ क्रमशः श्रम और पूँजी के सीमांत उत्पाद हैं।

अतः पूँजी और श्रम के बीच तकनीकी प्रतिस्थापन की सीमांत दर, श्रम और पूँजी के सीमांत उत्पादों के अनुपात के योज्य व्युत्क्रम के बराबर होती है।

हम इसी प्रकार का प्रयोग उपभोक्ता सिद्धांत में भी कर सकते हैं। एक उदासीनता वक्र (indifference curve) $U = f(x, y)$ लीजिए। प्रत्येक उदासीनता वक्र पर, उपयोगिता स्थिर/अचर होती है। अतः, मान लीजिए कि एक विशिष्ट उदासीनता वक्र के लिए, उपयोगिता एक निश्चित स्तर $\overline{U}$ पर है।

इस स्थिति में, इस फलन का संपूर्ण अवकल $d\overline{U} = f_x dx + f_y dy = 0$ होगा।

इससे हम पाते हैं कि $\dfrac{dy}{dx} = -\dfrac{f_x}{f_y}$ है।

इस समीकरण का बायाँ पक्ष $\frac{dy}{dx}$, x के लिए y के प्रतिस्थापन की सीमांत दर कहलाता है। दायाँ पक्ष x की सीमांत उपयोगिता तथा y की सीमांत उपयोगिता का अनुमान है।

समष्टिगत अर्थशास्त्र में अन्तर्निहित फलनों के एक अनुप्रयोग के लिए एक संवृत्त अर्थव्यवस्था पर विचार कीजिए। इसका आधारभूत लेखांकन समीकरण दर्शाता है कि कुल आय, कुल निजी उपभोग, कुल निजी निवेश तथा सरकारी व्यय का योग होता है। अर्थात्

$Y = C + I + G.$

माना, उपभोग आय का एक वर्धमान फलन है तथा निवेश आय का एक वर्धमान फलन और ब्याज दर r का एक ह्रासमान फलन है। सरकारी व्यय को एक बर्हिजात फलन (exogenous) माना जाता है। अतः, इन समीकरणों को इस प्रकार लिखा जा सकता है–

$Y = C(Y) + I(Y, r) + G$

$0 < C' < 1$

$I_Y > 0$

$I_r < 0$

हम एक ऐसी अर्थव्यवस्था भी ले सकते हैं जिसमें मुद्रा की बर्हिजात आपूर्ति, M, मुद्रा की माँग L के बराबर है, जहाँ L आय का एक वर्धमान तथा ब्याज दर r का एक ह्रासमान फलन है।

हम मुद्रा बाजार के लिए निम्नलिखित संतुलन शर्त को इस प्रकार लिख सकते हैं–

$M = L(Y, r)$

अब हमारे पास दो समीकरण हैं–एक वस्तु बाजार के लिए तथा एक मुद्रा बाजार के लिए। सरकारी व्यय को छोड़कर, हम सिर्फ मुद्रा आपूर्ति को ही वास्तविक बर्हिजात चर मान सकते हैं।

## 1.10 अर्थशास्त्र में समघात फलनों तथा यूलर प्रमेय के अनुप्रयोग

माना एक उत्पादन फलन F है जिसमें उत्पादन Q, दो साधनों श्रम (L) तथा पूँजी/(K) का एक फलन है। अर्थात् $Q = F(L, K)$ है। यह उत्पादन फलन घात r का समघात फलन कहलाता है, यदि फलन के डोमेन में प्रत्येक L और K के लिए–

$$F(\lambda L, \lambda K) = \lambda^r F(L, K)$$

हो।

इस परिभाषा को हम n-साधनों/आगतों $x_1, x_2, ..., x_n$ वाले उत्पादन फलन के लिए भी विस्तारित कर सकते हैं। यहाँ Q केवल श्रम तथा पूँजी का फलन न होकर n आगतों का फलन होगा। मान लीजिए कि–

$z = f(x_1, x_2, ..., x_n)$. तब $f$ घात r का समघात फलन कहलाता है यदि

$f(\lambda x_1, \lambda x_2, ..., \lambda x_n) = \lambda^r f(x_1, x_2, ..., x_n)$ हो। यहाँ r उत्पादन फलन के पैमाने के प्रतिफल का निर्धारण करता है। F(x, y) एक रैखिक समघात फलन अर्थात् घात 1 का एक समघात फलन कहलाता है यदि और केवल यदि $F(x,y) = yf\left(\dfrac{x}{y}\right)$ हों, जहाँ $f\left(\dfrac{x}{y}\right) = F\left(\dfrac{x}{y}, 1\right)$ है।

हमें दिया है—

$F(x, y) = yf\left(\dfrac{x}{y}\right)$, we have

$F = (\lambda x, \lambda y) = \lambda y f\left(\dfrac{\lambda x}{\lambda y}\right) = \lambda y f\left(\dfrac{x}{y}\right) = \lambda F(x, y)$

अब हमें दिया है कि $f(x, y)$ एक रैखिक समघात फलन है अर्थात् घात 1 का समघात फलन है। अतः प्रत्येक $\lambda$ के लिए

$F(\lambda x, \lambda y) = \lambda F(x, y)$, for any $\lambda$

इसमें $\lambda = \dfrac{1}{y}$ रखने पर हम पाते हैं कि

$F\left(\dfrac{x}{y}, 1\right) = \dfrac{1}{y} F(x, y)$

अतः $yF\left(\dfrac{x}{y}, 1\right) = F(x, y)$

लेकिन $F\left(\dfrac{x}{y}, 1\right) = f\left(\dfrac{x}{y}\right)$.

अतः $F(x, y) = yf\left(\dfrac{x}{y}\right)$

## एक समघात फलन का अवकलन (Differentiation of a Homogeneous Function)

समघात फलनों का एक अत्यंत महत्त्वपूर्ण गुणधर्म उनके अवकलन से संबंधित है। मान लीजिए, $f(x, y)$ एक घात r का समघात फलन है। अतः

$f(\lambda x, \lambda y) = \lambda^r f(x, y)$ होगा।

x के सापेक्ष इसका अवकलन करने पर हम पाते हैं कि–

$\lambda f_x(\lambda x, \lambda y) = \lambda^r f_x(x, y)$, जहाँ $f_x = \dfrac{\partial f}{\partial x}$ है।

यदि हम इस वर्गीकरण को $\lambda$ से भाग करें तो हम पाते हैं कि

$f_x(\lambda x, \lambda y) = \lambda^{r-1} f_x(x, y)$

होगा।

उपर्युक्त समीकरण यह दर्शाता है कि फलन $f_x$ घात $r - 1$ का एक समघात फलन है। यह परिणाम $f_y$ के लिए भी सत्य है जहाँ $f_y$, $f$ का Y के सापेक्ष आंशिक अवकलज है। यह परिणाम किसी भी बहुचरीय समघात फलन के लिए सत्य होगा।

अतः घात r के किसी भी समघात फलन का प्रत्येक आंशिक अवकलज r - 1 घात का समघात फलन होगा।

**यूलर का समीकरण (Euler's equation)**

यह समघात फलनों का एक अत्यंत महत्त्वपूर्ण गुणधर्म है। माना कि $z = f(x, y)$ एक घात r का समघात फलन है। तो निम्नलिखित संबंध सदैव सत्य होगा–

$$x\frac{\partial z}{\partial x} + y\frac{\partial z}{\partial y} = rz$$

हम यूलर के समीकरण को अंतर्निहित अवकलन तथा श्रृंखला नियम के प्रयोग में सत्य सिद्ध करते हैं।

मान लीजिए, हमें एक समघात फलन–

$$f(\lambda x, \lambda y) = \lambda^r f(x, y) \quad \text{...(a)}$$

दिया है।

आइए, हम समीकरण (a) के बाएँ पक्ष का $\lambda$ के सापेक्ष आंशिक अवकलज करें। इस प्रकार हम पाते हैं कि–

$$\frac{\partial f(\lambda x, \lambda y)}{\partial \lambda x}\frac{\partial \lambda x}{\partial \lambda} + \frac{\partial f(\lambda x, \lambda y)}{\partial \lambda y}\frac{\partial \lambda y}{\partial \lambda}$$

$$= x f_{\lambda x} + y f_{\lambda y} \quad \text{...(b)}$$

आइए, अब हम समीकरण (a) के दाएँ पक्ष का भी $\lambda$ के सापेक्ष आंशिक अवकलज करें। इस प्रकार हम पाते हैं कि–

$$\frac{\partial \lambda^r}{\partial \lambda} f(x, y) + \lambda^r \frac{\partial f(x, y)}{\partial \lambda}$$

$$= \begin{matrix} r\lambda^{r-1} f(x, y) + 0 \\ r\lambda^{r-1} f(x, y) \end{matrix} \quad \text{...(c)}$$

क्योंकि समीकरण (a) के लिए बायाँ पक्ष = दायाँ पक्ष है, अतः समीकरण (b) = समीकरण (c) होगा।

अतः हम पाते हैं कि—

$xf_{\lambda x} + yf_{\lambda y} = r\lambda^{r-1} f(x, y)$

अब, क्योंकि $\lambda$ को भी संख्या ले सकता है। मान लीजिए, $\lambda = 1$ है। पिछले समीकरण में रखने पर हम प्राप्त करते हैं। यह यूलर का प्रमेय है।

$xf_x + yf_y = rf(x, y)$, i.e. $x\dfrac{\partial z}{\partial x} + y\dfrac{\partial z}{\partial y} = rz'$

उपर्युक्त समीकरण प्रमेय को दो से अधिक चरों वाले फलनों पर भी लगाया जा सकता है। अर्थशास्त्र में यूलर के प्रमेय का एक महत्त्वपूर्ण अनुप्रयोग इस प्रकार है—

घात 1 वाले एक समघात उत्पादन फलन पर विचार करें। दूसरे शब्दों में, यह उत्पादन फलन पैमाने के समान प्रतिफल को दर्शाता है। नीचे दिए गए सरल उत्पादन फलन को लीजिए—

$Q = f(L, K)$

यदि हम फलन $z = f(x, y)$ के लिए यूलर के प्रमेय सत्य है, तो यदि $z$ एक घात 1 का समघात फलन है तो यूलर के प्रमेय के अनुसार $x\dfrac{\partial z}{\partial x} + y\dfrac{\partial z}{\partial y} = z$ होगा।

अब, आइए हम $z$ के स्थान पर $Q$, $x$ के स्थान पर तथा $y$ के स्थान पर $k$ लें। इसमें हमें ऊपर दिया पैमाने के समान प्रतिफल वाला उत्पादन फलन प्राप्त होगा और यूलर के प्रमेय के अनुसार हम पाएँगे कि

$L\dfrac{\partial Q}{\partial L} + K\dfrac{\partial Q}{\partial K} = Q$

होगा।

इस समीकरण के बाएँ पक्ष में $\dfrac{\partial Q}{\partial L}$ श्रम का सीमांत उत्पाद है और $\dfrac{\partial Q}{\partial K}$ पूँजी का सीमांत उत्पाद है। यदि प्रत्येक श्रमिक को उसके श्रम की सीमांत उत्पाद के बराबर वेतन मिलें और पूँजी की प्रत्येक इकाई को उसके पूँजी के सीमांत उत्पाद के बराबर किराया मिले तो $L\dfrac{\partial Q}{\partial L}$ सभी श्रमिकों द्वारा प्राप्त कुल वेतन होगा और $K\dfrac{\partial Q}{\partial K}$ पूँजी से कुल आमदनी होगी। अतः प्राप्त समीकरण का बायाँ पक्ष उत्पादन के सभी साधन द्वारा प्राप्त कुल आमदनी को दर्शाएगा। यह

दाएँ पक्ष के बराबर होगा जो कि केवल Q अर्थात कुल उत्पाद को दर्शाता है। अतः हम पाते हैं कि यदि पैमाने का समान प्रतिफल अभिभावी हो (जोकि होगा, यदि उत्पादन के साधनों की कुल आमदनी कुल उत्पाद के बराबर होगी) अतः कुछ शेष नहीं बचेगा तथा अतिरिक्त सामान्य लाभ नहीं होंगे। उत्पादन का पूर्णतया निर्वातन हो जाता है। यह प्रसिद्ध उत्पादन–निर्वातन प्रमेय (product-exhaustion theorem) है जिसके अनुसार यदि उत्पादन फलन पैमाने का समान प्रतिफल दर्शाता हो तथा प्रत्येक साधन का भुगतान उसके सीमांत उत्पाद के बराबर हो तो साधनों को किया भुगतान पूरे उत्पाद को निर्वातित कर देता है। यह ध्यान रखना चाहिए कि यह परिणाम तभी सत्य होगा जब उत्पादन फलन पैमाने का समान प्रतिफल प्रदर्शित करता हो। जी.पी.एच. की पुस्तकों का मुख्य उद्देश्य ज्ञान के साथ-साथ अच्छे नम्बर दिलाना है।

### हल सहित उदाहरण

**प्रश्न 1.** फलन $f(x,y) = x^3y + y^4$ का आंशिक अवकलन कीजिए।

**उत्तर–** इसे $x$ के अनुसार आंशिक रूप से अवकलित करने पर हम पाते हैं–

$$\frac{\partial f}{\partial x} = \frac{\partial}{\partial}(x^3y) + \frac{\partial}{\partial x}(y^4)$$

यहाँ दाहिनी ओर का प्रथम चर $3x^2y$ है तथा दूसरा पद शून्य है (क्योंकि $y$ एक स्थिरांक है – इसीलिए स्थिरांक का घात चार भी स्थिरांक रहेगा)।

अतः $\dfrac{\partial f}{\partial x} = 3x^2y$

इसी प्रकार

$$\frac{\partial f}{\partial y} = \frac{\partial}{\partial y}(x^3y) + \frac{\partial}{\partial y}(y^4) = x^3y + 4y^3$$

**प्रश्न 2.** फलन $z = f(x_1, x_2) = 4x_1^2 + x_1x_2 + 3x_2^2$ का अवकलन कीजिए।

**उत्तर–** आंशिक अवकलज करते समय ध्यान रखें कि $x_1$ के अनुसार अवकलन करते समय $x_2$ को स्थिरांक माना गया है। यदि $x_2$ एक योज्य स्थिरांक (additive constant) होता तो यह अवकलन में विलुप्त (शून्य) हो जाता – किंतु गुणक स्थिरांक (multiplicative constant) के रूप में यह बचा रहता है, जैसे कि दूसरे पद में।

अतः हम पाते हैं–

$$\frac{\partial z}{\partial x_1} = f_1 = 8x_1 + x_2$$

इसी प्रकार $x_2$ के अनुसार अवकलन करते हुए हम $x_1$ को स्थिरांक मानते हैं और हम पाते हैं—

$$\frac{\partial z}{\partial x_2} = f_2 = x_1 + 6x_2$$

**प्रश्न 3.** $z = f(w, v) = (w + 4)(3w + 2v)$ का अवकलन करें।

**उत्तर—** हम गुणन नियम द्वारा आंशिक अवकलज प्राप्त कर सकते हैं हाँ $w$ के अनुसार अवकलन करते समय $v$ को स्थिरांक मानना होगा।

अतः हम पाते हैं—

$$f_w = (w+4)(3) + (3w+2v)(1) = 2(3w+v+6)$$

इसी प्रकार $v$ के अनुसार अवकलन में $w$ को स्थिरांक माना जाता है और हम पाते हैं—

$$f_v = (w+4)(2) + 0(3w+2v) = 2(w+4)$$

**प्रश्न 4.** अवकल $du$ ज्ञात करें जब $u = 3x^3 + 2y^2 + y^3$

**उत्तर—** संपूर्ण अवकल $du$ इस पदबंध द्वारा दिया जाएगा—

$$du = f_x d_x + f_y d_y = 9x^2 d_x + (uy + 3y^2) d_y$$
$$= 9x^2 d_x + y(u + 3y) d_y$$

**प्रश्न 5.** $y$ के इन फलनों के संपूर्ण अवकल ज्ञात करें।

(क) $u = \dfrac{x^2 - y^2}{x^2 + y^2}$

(ख) $w = e^{x^2 - y^2}$

(ग) $u = \log(x^2 + y^2)$

**उत्तर—** (क) $u = \dfrac{x^2 - y^2}{x^2 + y^2}$, अनुपात नियम द्वारा

$$= \frac{z(f_x dx + f_y dy) - w(g_x dx + g_y dy)}{z^2}$$

$$=\frac{\left(x^2+y^2\right)d\left(x^2-y^2\right)-\left(x^2-y^2\right)d\left(x^2+y^2\right)}{\left(x^2+y^2\right)^2}$$

$$=\frac{\left(x^2+y^2\right)\left(2xdx-2ydy\right)-\left(x^2-y^2\right)\left(2xdx-2ydy\right)}{\left(x^2+y^2\right)^2}$$

$$=\frac{4xy^2dx-4x^2\,ydy}{\left(x^2+y^2\right)^2}$$

**(ख) $w=e^{x^2-y^2}$**

रखें $u=x^2-y^2$ ताकि $w=e^u$ and $dw=e^u du$ (1)

तथा $du=d\left(x^2\right)-d\left(y^2\right)=2xdx-2ydy$ (2)

हमें (1) और (2) से प्राप्त होता है–

$$dw=e^{x^2-y^2}.\left(2xdx=2ydy\right)=2xe^{x^2-y^2}dx-2ye^{x^2-y^2}dy$$

**(ग) $u=\log\left(x^2+y^2\right)$**

यहाँ इस सूत्र का प्रयोग करके देखें–

$$du=f_x dx+f_y dy=\frac{1\times xx}{\left(x^2+y^2\right)}dx+\frac{1\times 2y}{\left(x^2+y^2\right)}dy$$

$$=\frac{2x}{x^2+y^2}dx+\frac{2y}{\left(x^2+y^2\right)}dy$$

$$=\frac{2xdx+2ydy}{\left(x^2+y^2\right)}+\frac{2\left(xdu+ydy\right)}{\left(x^2+y^2\right)}$$

**प्रश्न 6. $w=f(x, y, z)$ का अवकलन कीजिए जहाँ x, y तथा z तीनों ही r एवं s के फलन हैं।**

**उत्तर–** $$\frac{\partial w}{\partial r}=\frac{\partial w}{\partial x}\frac{\partial x}{\partial r}+\frac{\partial w}{\partial y}\frac{\partial y}{\partial r}+\frac{\partial w}{\partial z}\frac{\partial z}{\partial r}$$

और

$$\frac{\partial w}{\partial s} = \frac{\partial w}{\partial x}\frac{\partial x}{\partial s} + \frac{\partial w}{\partial y}\frac{\partial y}{\partial s} + \frac{\partial w}{\partial z}\frac{\partial z}{\partial s}$$

प्रश्न 7. फलन $u = f(x, y, z)$ का अवकलन करें जिसमें y तथा z स्वयं x पर निर्भर हैं – अर्थात् $y = y(x), z = z(x)$.

उत्तर– $\dfrac{du}{dx} = \dfrac{\partial u}{\partial x} + \dfrac{\partial u}{\partial y}\dfrac{\partial y}{\partial x} + \dfrac{\partial u}{\partial z}\dfrac{\partial z}{\partial x}$

प्रश्न 8. फलन $u = f(x, y, z)$ का अवकलन करें जिसमें x निर्भर हैं t पर, y निर्भर हो x पर तथा z निर्भर हो y पर; अर्थात् $x = x(t), y = y(x), z = z(y)$.

उत्तर– $\dfrac{du}{dt} = \dfrac{\partial u}{\partial x}\dfrac{\partial x}{\partial t} + \dfrac{\partial u}{\partial y}\dfrac{\partial y}{\partial x}\dfrac{\partial x}{\partial t} + \dfrac{\partial u}{\partial z}\dfrac{\partial z}{\partial y}\dfrac{\partial y}{\partial x}\dfrac{\partial x}{\partial t}$

यहाँ y पर z निर्भर करता है जबकि y स्वयं x पर निर्भर जोकि t पर निर्भर है। अत: z और y भी t पर निर्भर हो जाते हैं।

प्रश्न 9. फलन $w = f(x, y, z)$ का अवकलन कीजिए जहाँ $x = x(r, s)$, $y = (r)$ तथा $z = z(y)$ है।

उत्तर– $\dfrac{\partial w}{\partial r} = \dfrac{\partial w}{\partial x}\dfrac{\partial x}{\partial r} + \dfrac{\partial w}{\partial y}\dfrac{\partial y}{\partial r} + \dfrac{\partial w}{\partial z}\dfrac{\partial z}{\partial y}\dfrac{\partial y}{\partial r}$

और

$$\frac{\partial w}{\partial s} = \frac{\partial w}{\partial x}\frac{\partial x}{\partial s}$$

प्रश्न 10. मान लीजिए हमें माँग फलन $x_1 = p_1^{-1.5} p_2^{.4}$ तथा $x_2 = p_1^{.6} p_2^{-.7}$ दिए हैं। प्रत्यक्ष आंशिक लोच के साथ अप्रत्यक्ष आंशिक लोच दोनों प्रकार की माँग की लोच ज्ञात कीजिए। ($x_1$ और $x_2$ की माँग हैं $p_1, p_2$ की कीमत हैं $X_1$ और $X_2$ क्रमश:)

उत्तर– (क) प्रत्यक्ष आंशिक लोच

$$e_{11} = \frac{\partial x_1}{\partial p_1} \times \frac{p_1}{x_1} = -1.5 p_1^{-2.5} p_2^{.4} \times \frac{p_1}{p_1^{-1.5} p_2^{.4}} = \frac{-1.5 p^{-1.5} p_2^{.4}}{p^{-1.5} \cdot p_2^{.4}} = -1.5$$

$$e_{22}=\frac{\partial x_2}{\partial p_2}\times\frac{p_2}{x_2}=-.7p_1^{.6}.p_2^{-1.7}\times\frac{p_2}{p_1^{.6}p_2^{0.7}}=\frac{-.7p_1^{.6}\times p_2^{.7}}{p_1^{.6}\times p_2^{.7}}=-.7$$

**(ख) अप्रत्यक्ष (Cross) आंशिक लोच**

$$e_{12}=\frac{\partial x_1}{\partial p_2}\times\frac{p_2}{x_1}=\frac{.4\times p_1^{-.5}\times p_2^{-.6}\times p_2}{p_1^{-1.5}\,p_2^{.4}}=\frac{.4p_1^{-1.5}\times p_2^{.4}}{p_1^{-1.5}\,p_2^{.4}}=.4$$

**प्रश्न 11. एक वस्तु x की माँग, मौद्रिक आय (M) और कीमत $p_x$ के फलन $x=.9M^{1.1}p^{-0.7}$ द्वारा व्यक्त की गई है। माँग की कीमत लोच तथा आय लोच ज्ञात कीजिए।**

**उत्तर–** हमें माँग फलन $x=.9M^{1.1}p_x^{-0.7}$ दिया गया है। $[x=f(M,p_x)]$

(क) माँग की कीमत लोच $=\frac{\partial x}{\partial p_x}\times\frac{p_x}{x}$

$$=-.7\times.9M^{1.1}\times p_x^{-1.7}\times\frac{p_x}{.9M^{1.1}\,p_x^{-0.7}}=-.7$$

(ख) माँग की आय लोच $=\frac{\partial x}{\partial M}.\frac{M}{x}$

$$.9M^{.1}\times1.1p_x^{-0.7}\times\frac{M}{.9M^{1.1}\,p_x^{-0.7}}=1.1$$

**प्रश्न 12. नीचे दिए गए माँग फलन के लिए, माँग की कीमत लोच तथा आय लोच ज्ञात कीजिए जबकि उपभोक्ता की आय (m) = 500 रुपए, वस्तु x की कीमत ($p_x$) = 10 रुपए और वस्तु z की कीमत ($p_z$) = 15 रुपए है तथा माँग फलन $x=800-\frac{p_x^2}{5}+\frac{p_z}{60}+\frac{m}{10}$ है।**

**उत्तर–** माँग की वज्र/अप्रत्यक्ष लोच $=\frac{\partial x}{\partial p_z}\times\frac{p_z}{x}$ है

जहाँ $=\frac{\partial x}{\partial p_z}=0-0+\frac{1}{60}+0=\frac{1}{60}$.

$x=800-\frac{10}{5}+\frac{15}{60}+\frac{500}{10}$ (m = 500, $p_x$ = 10, $p_z$ = 15 के लिए)

$$=800-2+\frac{1}{4}+50=848.25$$

अतः माँग की वज्र/अप्रत्यक्ष लोच $=\frac{1}{60}\times\frac{15}{848.25}=\frac{1}{3393}$

(ख) माँग की आय लोच $\frac{\partial x}{\partial m}.\frac{m}{x}$, है, जहाँ

$\frac{\partial x}{\partial m}=-0+0+\frac{1}{10}=\frac{1}{10}, m=500$ और

x = 848.25 (है जोकि पहले ही ज्ञात किया जा चुका है)

अतः $e_m=\frac{1}{1\not{0}}\times\frac{50\not{0}}{848.25}=\frac{50}{848.25}=.0589$

**प्रश्न 13. मान लीजिए u = (x + 7) (y + 2) एक उपयोगिता फलन है। दो वस्तुओं x और y के सापेक्ष सीमांत उपयोगिताएँ ज्ञात कीजिए यदि यह दिया है कि x की 5 और y की 3 इकाइयों का उपभोग किया गया है।**

**उत्तर–** हमें उपयोगिता फलन u = (x + 7) (y + 2) दिया है।

(क) x के सापेक्ष सीमांत उपयोगिता $x=\frac{\partial u}{\partial x}=y+2$

$x = 5, y = 3, Mu_x = y + 2 = 3 + 2 = 5$

(ख) x के सापेक्ष सीमांत उपयोगिता $y=\frac{\partial u}{\partial y}=x+7$

$x = 5, y = 3, Mu_y = x + 7 = 5 + 7 = 12$

**प्रश्न 14. यदि उपयोगिता फलन $u=ax+by+c\sqrt{xy}$ है, तो वस्तुओं x और y की सीमांत उपयोगिताओं का अनुपात ज्ञात कीजिए।**

**उत्तर–** हमें उपयोगिता फलन $u=ax+by+c(xy)^{1/2}$ दिया है।

$$Mu_x=\frac{\partial u}{\partial x}=a+\frac{cy}{2\sqrt{xy}}=\frac{2a\sqrt{xy}+cy}{2\sqrt{xy}}$$

$$Mu_y=\frac{\partial u}{\partial y}=b+\frac{cx}{2\sqrt{xy}}=\frac{2b\sqrt{xy}+cx}{2\sqrt{xy}}$$

इसलिए सीमांत उपयोगिताओं का अनुपात होगा—

$$Mu_s = \frac{Mu_x}{Mu_y} = \frac{2a\sqrt{xy}+cx}{2\sqrt{xy}} \div \frac{2b\sqrt{xy}+cx}{2\sqrt{xy}}$$

$$= \frac{2a\sqrt{xy}+cy}{2b\sqrt{xy}+cx}$$

**प्रश्न 15.** हमें एक उत्पादन फलन $P = 2(LK)^{1/2}$ दिया है जहाँ P कुल उत्पाद है तथा L श्रम तथा K पूँजी उत्पादन के कारक हैं—
(i) दोनों कारकों के लिए सीमांत उत्पाद ज्ञात कीजिए।
(ii) दर्शाइए कि यह उत्पादन फलन यूलर की प्रमेय को संतुष्ट करता है।
(iii) श्रम के लिए भुगतान क्या होना चाहिए यदि श्रम की 5 इकाइयों का उपयोग किया गया जबकि पूँजी को 20 पर स्थिर रखा जाए।

**उत्तर—** हमें $TP : P = 2.L^{1/2} K^{1/2}$ दिया गया है।

(i) $\therefore MP_L = \frac{\partial P}{\partial L} = 2 \times \frac{1}{2} L^{-\frac{1}{2}} \times K^{\frac{1}{2}} = \left(\frac{K}{L}\right)^{\frac{1}{2}}$

तथा $MP_L = \frac{\partial P}{\partial K} = 2 \times \frac{1}{2} L^{\frac{1}{2}} K^{-\frac{1}{2}} = \left(\frac{K}{L}\right)^{\frac{1}{2}}$

(ii) यूलर की प्रमेय के अनुसार—

$L.MP_L + KMP_K = P$

होना चाहिए। इस उदाहरण में दिए उत्पादन फलन के लिए

अथवा $L.\left(\frac{K}{L}\right)^{\frac{1}{2}} + K.\left(\frac{L}{K}\right)^{\frac{1}{2}} = L^{\frac{1}{2}}K^{\frac{1}{2}} + K^{\frac{1}{2}}.L^{\frac{1}{2}} = 2L^{\frac{1}{2}}.K^{\frac{1}{2}} = P$

प्राप्त होता है।
अतः, यह उत्पादन फलन यूलर की प्रमेय को संतुष्ट करता है।

(iii) जब L = 5 तथा K = 20 है, तो $MP_L = \left(\frac{K}{L}\right)^{\frac{1}{2}} = \left(\frac{20}{5}\right)^{\frac{1}{2}} = (4)^{\frac{1}{2}} = 2$ होगा।

**प्रश्न 16.** एक उत्पादन फलन $Ax^{1/3} y^{1/3}$ दिया है, जहाँ x का प्रयोग श्रम तथा y का प्रयोग पूँजी के लिए किया गया है। निम्नलिखित प्रश्नों के उत्तर दीजिए।

**(क) प्रत्येक कारक का व्यवहार क्या होगा?**

**(ख) पैमाने के प्रतिफल (returns to scale) की प्रकृति क्या है?**

**(ग) ज्ञात कीजिए कि कुल उत्पाद समाप्त होता है या नहीं?**

**उत्तर**– हमें उत्पादन फलन $PF: P = Ax^{1/3}.y^{1/3}$ दिया गया है।

(क) उत्पादन के किसी भी साधन के सीमांत उत्पाद की प्रकृति/व्यवहार से हमारा आशय उस साधन के सीमांत उत्पाद के परिवर्तन के दर से अर्थात्

$$\frac{\partial}{\partial x}(MP_x) \text{and} \frac{\partial}{\partial y}(MP_y)$$

(i) $MP_x = \frac{\partial P}{\partial x} = A.\frac{1}{3}x^{-\frac{2}{3}}y^{\frac{1}{3}} = \frac{1}{3}.Ax^{-\frac{2}{3}}y^{\frac{1}{3}}$

अतः परिवर्तन की दर $MP_x = \frac{\partial}{\partial x}(MP_x) = \frac{\partial}{\partial x}\left(\frac{1}{3}Ax^{-\frac{2}{3}}y^{\frac{1}{3}}\right)$

$$= \frac{1}{3} \times \frac{-2}{3} + A \times x^{\frac{-5}{3}} \times y^{\frac{1}{3}} = \frac{-2}{9}Ax^{\frac{-5}{3}}.y^{\frac{1}{3}} < 0$$

इससे हमें ज्ञात होता है कि यदि साधन x की मात्रा बढ़ती है, तो इसकी सीमांत दर MP घटती है, यदि y को स्थिर रखा जाए।

(ii) $MP_y = \frac{\partial P}{\partial y} = A.\frac{1}{3}x^{\frac{1}{3}}y^{-\frac{2}{3}} = \frac{1}{3}.Ax^{\frac{1}{3}}y^{-\frac{2}{3}}$

अतः परिवर्तन की दर $MP_y = \frac{\partial}{\partial y}(MP_y) = \frac{\partial}{\partial y}\left(\frac{1}{3}Ax^{\frac{1}{3}}y^{\frac{-2}{3}}\right)$

$$= \frac{1}{3} \times \frac{-2}{3} \times A \times x^{\frac{1}{3}}y^{\frac{-5}{3}} = \frac{-2}{9}Ax^{\frac{1}{3}}y^{\frac{-5}{3}} < 0$$

इससे हमें यह ज्ञात होता है कि यहाँ भी ऋणात्मक चिह्न दर्शाता है कि उत्पादन के साधन y की मात्रा बढ़ती है, तो इसकी सीमांत दर MP घटती है, यदि x को स्थिर रखा जाए।

(ख) पैमाने के प्रतिफल की जाँच करने के लिए हम दोनों साधनों को एक निश्चित समान अनुपात, मान लीजिए λ* से बढ़ाते हैं। अतः हमें नया उत्पादन फलन $\hat{P} = \lambda^{\frac{2}{3}}, Ax^{\frac{1}{3}}.y^{\frac{1}{3}} = \lambda^{\frac{2}{3}}.$ P प्राप्त होता है।

क्योंकि λ की घात $\frac{2}{3} < 1$ है, इसलिए दोनों साधनों में 20% की वृद्धि से, कुल उत्पादन P में होने वाली आनुपातिक वृद्धि 20% से कम होगी। यह उत्पादन फलन पैमाने के घटते हुए प्रतिफल को दर्शाता है।

(ग) आइए, अब हम जाँच करें कि यह उत्पादन फलन यूलर के प्रमेय को संतुष्ट करता है या नहीं, अर्थात् सभी साधनों x और y का भुगतान उनके सीमांत उत्पाद के अनुसार होता है तो कुल उत्पाद समाप्त होता है अथवा नहीं या दूसरे शब्दों में–

TP – (साधन x का भुगतान + साधन y का भुगतान) = 0

अब साधन x का भुगतान $y = y.MP_y = y.\frac{1}{3}Ax^{\frac{1}{3}}.y^{\frac{-2}{3}}$

तथा साधन y का भुगतान $y = y.MP_y = y.\frac{1}{3}Ax^{\frac{1}{3}}.y^{\frac{-2}{3}}$

$= \frac{1}{3}Ax^{\frac{1}{3}}.y^{\frac{1}{3}} = \frac{1}{3}P.$

अतः साधनों x और y का कुल भुगतान $= \frac{1}{3}P + \frac{1}{3}P = \frac{2}{3}P < P$

अतः इस उदाहरण में कुल उत्पाद का निर्वातन नहीं होता। शृंखला नियम समाप्त नहीं होती है।

**प्रश्न 17. मान लीजिए कि $Q = AL^aK^b$ एक प्रदत्त उत्पादन फलन है। श्रम (L) और पूँजी (K) के सापेक्ष उत्पादन की लोच ज्ञात कीजिए।**

**उत्तर**– दिया गया प्रदत्त उत्पादन फलन– $Q = AL^aK^b$

(i) उत्पादन की श्रम लोच– $e_L = \frac{\partial Q}{\partial L}.\frac{L}{Q}$

$= A.a\,L^{a-1}K^6 \times \frac{L}{AL^a \times K^b} = \frac{a.A.L^aK^b}{AL^aK^b} = a.$

(जोकि उत्पादन फलन में साधन L की घात के बराबर है।)

(ii) उत्पादन की पूँजी लोच– $e_K = \frac{\partial Q}{\partial K}.\frac{K}{Q}$

$= A.bL^aK^{b-1} \times \frac{L}{AL^aK^b} = \frac{b.A.L^aK^b}{AL^aK^b} = b.$

(जोकि उत्पादन फलन में साधन K की घात के बराबर है।)

□□

# अध्याय 2
## अवकल समीकरण

### भूमिका

अवकल गुणांक (differential Coefficient) एक दिए हुए फलन के अनेक गुणधर्मों (Properties) को जानने में हमारी सहायता करता है। यह अवकल गणित (Differential Calculus) का विषय क्षेत्र है। अवकल समीकरण गत्यात्मक प्रक्रियाओं के विश्लेषण में उपयोगी होते है, ये प्रक्रियाएँ समयानुसार चलती हैं। सतत् गत्यात्मक प्रक्रियाओं के लिए उपयोगी अवकल समीकरणों में अवकलजों का उपयोग किया जाता है। इस अध्याय में प्रथम कोटि अवकल समीकरण और द्वितीय कोटि समीकरण के बारे में चर्चा की गई है। इसके अतिरिक्त इसमें अर्थशास्त्र में अनुप्रयोग की भी चर्चा की गई है।

## 2.1 अवकल समीकरण की व्याख्या

अवकलन समीकरण वह समीकरण होता है जिसमें आश्रित तथा स्वतंत्र चलराशियाँ होती हैं तथा आश्रित चर मूल्यों के एक या एक से अधिक स्वतंत्र चरमूल्यों के सापेक्ष में विभिन्न गुणांक होते हैं।

उदाहरण के लिए— $F(x, y^1, y^{11} \ldots\ldots\ldots y^{(n)}) = 0$

अथवा $F\left\{x, f(x), \dfrac{dy}{dx}, \dfrac{d^2y}{dx^2} \ldots\ldots\ldots\right\} = 0$

एक अवकलन समीकरण का क्रम उस समीकरण में शामिल विभिन्न गुणांकों का उच्चतम क्रम होता है। कोई भी समीकरण एक रेखीय कहलाएगा जब आश्रित चल राशियों के गुणांक प्रथम कोटि के हों, अन्यथा वह गैर रेखीय (non-linear) कहलाएगा।

**परिभाषा**—अंतराल I पर परिभाषित वास्तविक अथवा संमिश्र मान फलन $y = \phi(x)$ को अवकल समीकरण $g(x, y, y', \ldots\ldots\ldots, y^{(n)}) = 0$ का हल या समाकल कहा जाता है यदि $\phi(x)$, n बार अवकलनीय हो और यदि I के सभी x के लिए $x, \phi(x), \phi'(x), \ldots\ldots\ldots, \phi^{(n)}(x)$ इस समीकरण को संतुष्ट करते हों।

उदाहरण के लिए, प्रथम कोटि अवकल समीकरण $\dfrac{dy}{dx} = 2y - 4x$ का अंतराल I = $\{x : -\infty < x < \infty\}$ में हल $y = 2x + 1$ है। $y' = 2$ और $2y - 4x = 2(2x + 1) - 4x = 2 = y'$ मालूम करके इसकी जाँच की जा सकती है।

उदाहरण के लिए, सीमांत आय $(MR) = \dfrac{dR}{dx}$ अर्थात् कुल आय फलन का अवकलज (Differential) सीमांत आय होता है।

$MR = \dfrac{dR}{dx}$ जहाँ R कुल आय फलन और x उत्पादन की मात्रा है।

$\dfrac{dR}{dx} = f(x)$

इस समीकरण में स्वतंत्र चर मूल्य x तथा आश्रित चर मूल्य R का x के सापेक्ष अवकलज $\dfrac{dR}{dx}$ है, यह समीकरण अवकलन समीकरण कहलाता है।

यदि अवकलन समीकरण के दोनों पक्षों का समाकलन (integration) कर दिया जाए तब आश्रित चर मूल्य और स्वतंत्र चर मूल्य के बीच फलनात्मक संबंध प्राप्त हो जाता है, उदाहरण के लिए—

$$\frac{dR}{dx} = 2 - 3x + x^2 \quad \text{(अवकलज समीकरण)}$$

$$\int dR = \int (2 - 3x + x^2) dx$$

$$R = 2x - \frac{3x^2}{2} + \frac{x^3}{3} + K$$

जब $x = 0, R = 0$

$\therefore 0 = 0 - 0 + 0 + K \Rightarrow K = 0$

$$\therefore R = 2x - \frac{3x^2}{2} + \frac{x^3}{3} \quad \text{(आय फलन)}$$

अवकलन समीकरण एक ऐसा समीकरण है जो कि एक फलन $Y = f(t)$ और इसके एक अथवा अधिक अवकलजों के साथ व्यक्त अथवा अंतर्निहित संबंध रखता है। अवकलन समीकरण के उदाहरणों के अंतर्गत $\frac{dy}{dt} = 5t + 9$, $y^1 = 12y$ अथवा $y^{11} - 2y^1 + 19 = 0$ ले सकते हैं।

ऐसे समीकरण जिनमें एक मात्र स्वतंत्र चर हों जैसे कि ऊपर हैं, वे साधारण अवकलन समीकरण कहलाते हैं। एक अवकलन समीकरण का समाकलन अथवा हल बिना अवकलज अथवा अवकलन का समीकरण होता है जो कि अंतराल के आधोपांत परिभाषित होता है तथा अवकलन समीकरण को स्वतंत्र चर मूल्यों की सभी कीमतों पर संतुष्ट करता है। अवकलन समीकरण की घात वह अधिकतम कोटि होती है जो समीकरण में उच्चतम अवकलज की कोटि होती है। अवकलन समीकरण की घात, उच्चतम अवकलज की घात के बराबर होती है। अवकलन समीकरणों की घात को नीचे दर्शाया गया है–

(1) $\left(\frac{dy}{dt}\right)^4 - 5t^5 = 0$ प्रथम कोटि, चौथी घात

(2) $\frac{d^2y}{dt^2} + \left(\frac{dy}{dt}\right)^3 + t^2 = 0$ द्वितीय कोटि, प्रथम घात

अवकलन समीकरणों को दो भागों में बाँटा जा सकता है–
(क) सामान्य अवकलन समीकरण, और (ख) आंशिक अवकलन समीकरण

एक अवकलन समीकरण का हल जिसमें स्वतंत्र काल्पनिक स्थिरांक अवकलन समीकरण के क्रम के बराबर हों तो उसे सामान्य हल कहा जाता है। सामान्य हल में स्थिरांकों (constants) को यदि कोई विशेष मूल्य दिया जाता है तो समीकरण विशेष हल कहा जाता है।

एक ऐसा हल जिसमें कोई कृत्रिम स्थिरांक न हो तथा इसके बिना पूर्ण निकालना संभव न हो तो उस हल को आंशिक हल (singular solution) कहा जाता है।

एक अवकलन समीकरण का हल अथवा समाकलन एक आश्रित तथा स्वतंत्र चर है, जिसमें उसके अवकलन गुणांक सम्मिलित न हों, लेकिन दिए गए अवकलन समीकरण को संतुष्ट करें। अलग-अलग अवकलन समीकरणों के अलग-अलग हल होते हैं। अवकलन समीकरण के व्यापक हल में समीकरण की कोटि के बराबर विवेकाधीन अचर अवश्य होने चाहिए। अवकलन समीकरण का एक विशेष हल, वह हल है जो व्यापक हल में विवेकाधीन अचरों को विशेष कीमत लगाकर पाया जाए।

## 2.2 प्रथम कोटि और प्रथम घात वाले अवकल समीकरणों को हल करने की विधियाँ

प्रथम कोटि और प्रथम घात वाले समीकरणों को हम निम्न विधियों द्वारा हल कर सकते हैं—

**(i) चर-पृथक्करण—**

$$\frac{dy}{dx} = f(x, y) \qquad \ldots(1)$$

के रूप के समीकरण को पृथक्करणीय समीकरण (separable equation) या चर पृथक्करणीय रूप में समीकरण (equation in variable separable form) कहा जाता है, यदि $f(x, y)$ को

$$f(x, y) = X(x).Y(y) \qquad \ldots(2)$$

के रूप में लिखा जा सकता हो, जहाँ $X$ और $Y$ क्रमशः $x$ और $y$ के दिए हुए फलन हैं। दूसरे शब्दों में, समीकरण (1) पृथक्करणीय समीकरण होता है, यदि $f$ दो फलनों का गुणनफल हो जिनमें से एक फलन $x$ का और दूसरा $y$ का फलन हो।

उदाहरण के लिए, समीकरण $\frac{dy}{dx} = e^{x+y}$ एक पृथक्करणीय समीकरण है, क्योंकि $e^{x+y} = e^x.e^y$ (यहाँ $X(x) = e^x$ और $Y(y) = e^y$)। समीकरण $\frac{dy}{dx} = x^2(y^2 + y^3)$ भी एक पृथक्करणीय समीकरण है पर, समीकरण $\frac{dy}{dx} = e^{xy}$ पृथक्करणीय समीकरण नहीं है, क्योंकि $e^{xy}$ को ऐसे दो फलनों के गुणनफल के रूप में व्यक्त नहीं किया जा सकता जिनमें से एक केवल $x$ का फलन हो और दूसरा केवल $y$ का फलन हो। इसी प्रकार, समीकरण $\frac{dy}{dx} = x + y$ एक पृथक्करणीय समीकरण नहीं है। यदि समीकरण (1) चर पृथक्करणीय रूप में हो, तो इसे हल करने के लिए हम इसे $a(y)\frac{dy}{dx} + b(x) = 0 \qquad \ldots(3)$

अवकल समीकरण                                                                 43

के रूप में लिखते हैं जहाँ a(y) और b(x) केवल एक चर वाले फलन हैं। मान लीजिए कि ऐसे फलन A और B का अस्तित्व है जिनके लिए A'(y) = a(y) और B'(x) = b(x). इस परिकल्पना (hypothesis) के साथ समीकरण (3) को हम इस रूप में लिख सकते हैं–

$$\frac{d}{dx}[A\{y(x)\}] + B'(x) = 0 \qquad \ldots(4)$$

(शृंखला नियम के अनुसार $\frac{d}{dx}[A\{y(x)\}] = A'(y(x)) \cdot \frac{dy}{dx} = a(y(x)) \cdot \frac{dy}{dx}$)

x के सापेक्ष समीकरण (4) का समाकलन करने पर हमें
$$A(y(x)) + B(x) = C \qquad \ldots(5)$$
प्राप्त होता है, जहाँ C एक अचर है।

इस तरह, समीकरण (3) का हल y, समीकरण (5) से अस्पष्ट रूप में (implicity) प्राप्त हो जाता है।

**(ii) समाकलन गुणक**—वह गुणक जिससे एक अ–यथातथ अवकल समीकरण (Non-exact differential equation) को गुणा करने पर समीकरण यथातथ हो जाता हो, समाकलन गुणक कहा जाता है।

1687 में फेटियो डी ड्वीलर (Fatio de Duillier) ने पहले पहल अवकल समीकरण हल करने के लिए शब्द समाकलन गुणक प्रस्तुत किया। यह आवश्यक नहीं कि एक दिए हुए समीकरण के लिए केवल एक ही समाकलन गुणक हो।

उदाहरण के लिए, समीकरण
$$ydx - xdy = 0 \qquad \ldots(6)$$

हम देख सकते हैं कि समीकरण (6) यथातथ नहीं है, पर $\frac{1}{y^2}$ से गुणा करने पर यह

$\frac{ydx - xdy}{y^2} = 0$ हो जाता है जो यथातथ है। इसे अब $d\left(\frac{x}{y}\right) = 0$ के रूप में लिखा जा

सकता है। इस तरह, इसका हल $\frac{x}{y} = c$ है, जहाँ c एक स्वेच्छ अचर है।

और अब यदि समीकरण (6) को $\frac{1}{xy}$ से गुणा करें, तो यह $\frac{dx}{x} - \frac{dy}{y} = 0$ हो जाता

है। यह भी यथातथ समीकरण है और इसका हल *ln*x – *ln*y = c है। हम यह देख सकते हैं कि इस हल को पहले प्राप्त किए गए हल में रूपांतरित किया जा सकता है। इसके अतिरिक्त

हम यह भी देख सकते हैं कि समीकरण (6) को $\frac{1}{x^2}$ से गुणा करने पर यथातथ समीकरण $\frac{y}{x^2}ax - \frac{dy}{x} = 0$ या $-d\left(\frac{y}{x}\right) = 0$ प्राप्त होता है जिसका हल $-\frac{y}{x} = c$ है।

इस तरह, हमने यह देखा कि समीकरण (6) के कुछ समाकलन गुणक $\frac{1}{y^2}, \frac{1}{xy}$ और $\frac{1}{x^2}$ हैं।

**(iii) रैखिक अवकल समीकरण**—हम अवकल समीकरण को रैखिक कहते हैं, यदि आश्रित चर और इसके सभी समाकलज केवल प्रथम घात में हो और जिसमें ऐसा कोई पद न हो जो इन दोनों का गुणनफल हो।

उदाहरण के लिए, समीकरण $\frac{dy}{dx} + \frac{2y}{x} = x^3$ और $\frac{d^2y}{dx^2} + \frac{dy}{dx} = x\sin x$ रैखिक अवकल समीकरण है पर $y\frac{dy}{dx} + x^2 = 10$ रैखिक अवकल समीकरण नहीं है, क्योंकि इसमें पद $y\frac{dy}{dx}$ है।

प्रथम कोटि के रैखिक अवकल समीकरण का व्यापक रूप यह है

$$a(x)\frac{dy}{dx} = b(x)y + c(x) \qquad \qquad ...(7)$$

जहाँ $a(x), b(x)$ और $c(x)$ किसी अंतराल $I \subseteq R$ में संतत वास्तविक मान फलन है। यदि $c(x)$ अभिन्नतः (identically) शून्य हो, तो समीकरण (7) निम्नलिखित रूप का हो जाता है—

$$a(x)\frac{dy}{dx} = b(x)y \qquad \qquad ...(8)$$

समीकरण (8) को रैखिक समघात अवकल समीकरण (Linear homogeneous differential equation) कहा जाता है। यदि $c(x)$ शून्य नहीं है तो समीकरण (7) को असमघात (non-homogeneous) रैखिक अवकल समीकरण कहा जाता है। यदि $x$ के मानों के लिए $a(x) \neq 0$ तो समीकरण (7) को $a(x)$ से भाग देने पर इसे और अधिक उपयोगी रूप

$$\frac{dy}{dx} + P(x)y = Q(x) \qquad \qquad ...(9)$$

में रखा जा सकता है, जहाँ P और Q केवल x वाले फलन या अचर हैं।

सामान्यतः समीकरण (9) यथातथ नहीं होता पर, हम सदा ही एक ऐसा समाकलन गुणक $\mu(x)$ प्राप्त कर सकते हैं जो इस समीकरण को यथातथ समीकरण बना देता है जो कि रैखिक समीकरणों का एक उपयोगी गुणधर्म है।

मान लीजिए कि समीकरण (9) को निम्नलिखित अवकल रूप में लिखा गया है—

$dy + [P(x)y - Q(x)]dx = 0$ ...(10)

मान लीजिए $\mu(x)$ समीकरण (10) का एक समाकलन गुणक है।

तब $\mu(x)dy + \mu(x)[P(x)y - Q(x)]dx = 0$ ...(11)

हम यह जानते हैं कि समीकरण (11) एक यथातथ अवकल होता है, यदि

$$\frac{\partial}{\partial x}[\mu(x)] = \frac{\partial}{\partial y}[\mu(x)\{P(x)y - Q(x)\}]$$ ...(12)

या $\dfrac{d\mu}{dx} = \mu P(x)$

यह एक पृथक्करणीय समीकरण है जिससे हम $\mu(x)$ ज्ञात कर सकते हैं। यहाँ

$$\frac{d\mu}{\mu} = P(x)dx \Rightarrow ln|\mu| = \int P(x)dx$$ ...(13)

जिससे पता चलता है कि $\mu(x) = e^{\int P(x)dx}$ समीकरण (10) का एक समाकलन गुणक है। वस्तुतः $\mu(x)$ ज्ञात करने में $Q(x)$ का कोई महत्त्व नहीं है, क्योंकि समी. (12) से हम यह पाते हैं कि $\dfrac{\partial}{\partial y}\{\mu(x) Q(x)\} = 0.$ इस तरह

$\int e^{\int P(x)dx} dy + \int e^{\int P(x)dx}[P(x)y - Q(x)]dx$ और $e^{\int P(x)dx} + \int e^{P(x)dy}P(x)dx$ दोनों ही यथातथ अवकल हैं।

अब हम समीकरण (9) को निम्नलिखित रूप में लिखते हैं—

$$e^{\int Pdx}\left(\frac{dy}{dx} + Py\right) = Qe^{\int Pdx}$$

जिसे इस रूप में भी लिखा जा सकता है— $\dfrac{d}{dx}\left(y\, e^{\int Pdx}\right) = Q\, e^{\int Pdx}$

इस समीकरण का समाकलन करने पर हमें प्राप्त होता है—

$$y\, e^{\int Pdx} = \int Q\, e^{\int Pdx}\, dx + \alpha,\ \text{जहाँ}\ \alpha\ \text{एक समाकलन अचर है।}$$

$$\therefore y = e^{-\int Pdx} \cdot \int Q e^{\int Pdx}\, dx + \alpha e^{-\int Pdx} \qquad \ldots(14)$$

आदि मान समस्या में आदि प्रतिबंधों को लागू करके समीकरण (14) में अचर $\alpha$ ज्ञात किया जा सकता है। संबंध (14) से समीकरण (9) का व्यापक हल प्राप्त हो जाता है और इसका प्रयोग समीकरण (9) के रूप के समीकरणों का हल प्राप्त करने के लिए एक सूत्र के रूप में किया जा सकता है।

यदि हमें रैखिक समघात समीकरण का व्यापक हल प्राप्त करना हो तो समीकरण (14) में $Q = 0$ रखकर इसे $y = \alpha\, e^{-\int Pdx}$ के रूप में प्राप्त किया जा सकता है।

यहाँ समीकरण (14) के दाएँ पक्ष का पहला पद समीकरण (9) के असमघात पद $Q$ के कारण है। इसे रैखिक असमघात समीकरण का विशेष समाकल (particular integral) कहा जाता है। अर्थात्, समीकरण (9) का विशेष हल $e^{-\int Pdx} \cdot \int Q e^{\int Pdx}\, dx$ है। विशेष समाकल में कोई स्वेच्छ अचर नहीं होता।

**(iv) अनिर्धारित गुणांकों की विधि**—अनिर्धारित गुणांक (undetermined coefficients) की विधि तब लागू होती है जब समीकरण $\dfrac{dy}{dx} + P(x)y = Q(x)$ में $P(x)$ एक अचर हो और $Q(x)$ निम्नलिखित में से किसी एक प्रकार का हो—

(a) एक चर घातांक
(b) $x$ वाला एक बहुपद
(c) $\cos\beta x$ या $\sin\beta x$ के रूप का

इस विधि से हल ज्ञात करने की सामान्य प्रक्रिया यह है कि स्वेच्छ अथवा अज्ञात अचरों के रूप में विशेष हल की परिकल्पना कर ली जाती है और फिर इन अचरों को ज्ञात किया जाता है।

हम जानते ही हैं कि $e^{\alpha x}$ ($\alpha$, अचर है), $x^r$ ($r > 0$ एक पूर्णांक है), $\sin\beta x$ या $\cos\beta x$ ($\beta$ अचर है) जैसे फलनों का अवकलन करने पर हमें क्रमशः चरघातांक, बहुपद अथवा साइन कोसाइन फलन का एक रैखिक संयोजन के रूप के फलन ही प्राप्त होते हैं। अतः यदि समीकरण (9) का असमघात पद $Q(x)$ ऊपर दिए गए (a) से (c) तक के किसी भी रूप का हो तो हम विशेष समाकल को (a) से (c) तक के पदों के एक उपयुक्त संयोजन के रूप में ले सकते हैं।

अब हम $Q(x)$ के रूप के अनुसार अलग-अलग स्थितियों पर विचार करेंगे।

**स्थिति a :** $Q(x) = Ke^{mx}$, जहाँ $K$ और $m$ वास्तविक अचर हैं।

यहाँ हमने $Q(x)$ एक चरघातांक फलन लिया है। इस स्थिति में हम परिणाम को निम्नलिखित प्रमेय के रूप में सिद्ध करेंगे।

**प्रमेय :** यदि $a$, $K$ और $m$ वास्तविक अचर हों, तो

$$\frac{dy}{dx} + ay = Ke^{mx} \qquad ...(15)$$

का विशेष हल यह होता है $y_P(x) = \begin{cases} \dfrac{K}{a+m} e^{mx}, & \text{यदि } m \pm -a \\ Kxe^{mx}, & \text{यदि } m \neq -a \end{cases}$

**स्थिति b :** $Q(x) = \sum_{i=1}^{n} a_i x^i$

अर्थात् $Q(x)$ घात $n$ वाला एक बहुपद है। इस स्थिति में समीकरण (9) यह हो जाता है।

$$\frac{dy}{dx} + ay = \sum_{i=0}^{n} a_i x^i \qquad ...(16)$$

यदि समीकरण (16) में $a = 0$ तो विशेष हल यह होगा $y_P(x) = \sum_{i=0}^{n} \dfrac{a_i}{i+1} x^{i+1}$ जो कि प्रत्यक्ष समाकलन से प्राप्त हो जाता है। यदि समीकरण (16) में $a \neq 0$ तो हम यह मान लेते हैं कि $y_P(x) = \sum_{i=0}^{n} P_i x^j$ (क्योंकि यहाँ $Q(x)$ एक बहुपद है) और वास्तविक संख्याएँ $P_0, P_1, ....., P_n$ इस प्रकार ज्ञात करते हैं जिससे कि विशेष हल $y_p(x)$ समीकरण (16) को संतुष्ट करें। समीकरण (16) में $y_p(x)$ के इस मान को प्रतिस्थापित करने पर (जहाँ $y$ के स्थान पर $y_p(x)$ प्रतिस्थापित करना है), हमें प्राप्त होता है–

$$\sum_{i=1}^{n} i P_i x^{i-1} + \sum_{i=0}^{n} a P_i x^i = \sum_{i=0}^{n} a_i x^i \quad (a \neq 0) \qquad ...(17)$$

समीकरण (17) के दोनों पक्षों के समान घात वाले $x$ के गुणांकों की तुलना करने पर हमें प्राप्त होता है

$$\left. \begin{array}{l} x^i \text{ का गुणांक} : (i+1)P_{i+1} + aP_i = a_i \text{ जहाँ } i = 0, 1, 2, ......, (n-1) \\ x^n \text{ का गुणांक} : aP_n = a_n \end{array} \right\} \qquad ...(18)$$

क्योंकि Q(x) घात n वाला एक बहुपद है, अतः $a_n \neq 0$ और हम $P_0, P_1, \ldots\ldots\ldots,$ $P_n$ के लिए समीकरण (18) को हल कर सकते हैं। समीकरण (18) से हम पाते हैं–

$$P_n = a_n / a$$

$$P_{n-1} = \left(a_{n-1} - \frac{na_n}{a}\right)\frac{1}{a}$$

$$P_{n-2} = a_{n-2} - \frac{n-1}{a}\left(a_{n-1} - \frac{n}{a}a_n\right).\frac{1}{a} \text{ आदि।}$$

**स्थिति c** : $Q(x) = \sin\beta x$ या $\cos\beta x$ या $a\sin\beta x + b\cos\beta x$

जहाँ β, a और b वास्तविक अचर हैं।

इन सभी स्थितियों में हम यह मान लेते हैं कि विशेष हल $c\sin\beta x + d\cos\beta x$ के रूप का है।

दिए हुए समीकरण में इस हल को प्रतिस्थापित करने और दोनों पक्षों के $\sin\beta x$ और $\cos\beta x$ के गुणांकों की तुलना करने पर हमें अचर c और d प्राप्त हो जाते हैं।

**(v) रैखिक समीकरणों में समानेय समीकरण**–यहाँ

$$f'(y)\frac{dy}{dx} + P(x).f(y) = Q(x) \qquad ...(19)$$

के रूप का एक समीकरण लीजिए, जहाँ f' (y), f(y) का अवकल गुणांक है।

समीकरण (19) का एक रोचक लक्षण यह है कि यह प्रथम कोटि का अरैखिक अवकल समीकरण है जिसे v = f(y) रखकर रैखिक रूप में समानीत किया जा सकता है। इस प्रतिस्थापन से समीकरण (19) यह हो जाता है $\frac{dv}{dx} + P(x)v = Q(x)\left(\because \frac{dv}{dx} = f'(y)\frac{dy}{dx}\right)$, जो एक रैखिक समीकरण है जिसमें v आश्रित चर है और x स्वतंत्र है। इसी प्रकार के एक अति महत्त्वपूर्ण और सुप्रसिद्ध समीकरण को बर्नौली समीकरण के नाम से जाना जाता है जो कि जेम्स बर्नौली के नाम पर है। यह समीकरण

$$\frac{dy}{dx} + Py = Q.y^n \qquad ...(20)$$

के रूप का होता है, जहाँ P और Q केवल x के फलन हैं और n न तो शून्य के बराबर होता है और न ही 1 के। समीकरण (20) को $y^n$ से भाग देने पर हमें प्राप्त होता है–

$$y^{-n}\frac{dy}{dx} + Py^{1-n} = Q \qquad ...(21)$$

वर्ष 1696 में लाइबनीज ने यह तथ्य प्रस्तुत किया कि $y^{1-n}$ को एक नया आश्रित चर मानकर समीकरण (21) को एक रैखिक समीकरण में समानीत किया जा सकता है।

समीकरण (21) में $v = y^{1-n}$ लेने पर

$$\frac{1}{1-n}\frac{dv}{dx} + Pv = Q \qquad ...(22)$$

प्राप्त होता है जो v और x में एक रैखिक अवकल समीकरण है। इस स्थिति में समीकरण (22) को ज्ञात विधि से हल किया जा सकता है।

जब $n = 0$ हो तो समीकरण (22) रैखिक असमघात समीकरण होता है जब $n = 1$ हो तब समीकरण (22) रैखिक समघात समीकरण होता है।

## 2.3 अर्थशास्त्र में अनुप्रयोग

**(i) हैरो–दोमा–एक त्रिज्य निदर्शन (Harrod domar one sector model)**—कोई अर्थव्यवस्था एक उत्पादन फलन $Q_t = bK_t$ के माध्यम से पूँजी K के साथ एक वस्तु Q बनाती है, जहाँ b = पूँजी की अचर उत्पादकता है। t और t + 1 के बीच पूँजी संचय निम्नलिखित द्वारा दर्शाया जाता है–

$I_t = K_{t+1} - K_t$, जहाँ $I_t$ = t में निवेश

बचत $S_t = sQ_t$.

आय का साम्य स्तर बचत और निवेश की समानता पर निर्धारित किया जाता है। अतः,

$S_t = I_t$ अथवा $sQ_t = K_{t+1} - K_t$.

चूँकि $Q_t = bK_t$, हमें प्राप्त होते हैं $sbK_t = K_{t+1} - K_t$

अथवा $K_{t+1} = (1 + sb)K_t$, एक सजातीय प्रथम–क्रम रेखीय अंतर समीकरण। इस प्रकार, इस समीकरण हेतु हल इस समीकरण द्वारा दिया जाता है–

$K_t = (1 + sb)^t K_0$.

चूँकि b निदर्शन में पूँजी की उत्पादकता है, हम लिखते हैं : $\frac{1}{b}$ = पूँजी निर्गत अनुपात = v (माना)।

अब $K_t = \left(1+\frac{s}{v}\right)^t K_0$ और $Q_t = \left(1+\frac{s}{v}\right)^t Q_0$

यहाँ $\frac{s}{v}$ = औचित्य प्रमाणित वृद्धि दर है जो दो मूल प्राचलों s और v द्वारा स्थापित की जाती है। s और v दिए गए हों तो हम उत्पादन वृद्धि दर ज्ञात कर सकते हैं।

**(ii) लूतातंतु निदर्शन (मक्कड़ जाल प्रतिमान) (Cobweb model)**—इस निदर्शन का अनिवार्य अभिलक्षण यह है कि उत्पादन या आपूर्ति किसी एकावधि विलम्ब के साथ मूल्य के अनुकूल होती है। इस प्रकार की विलम्बित आपूर्ति अनुक्रिया प्रायः कृषिगत उत्पादों के लिए अनुपालित (observed) की जाती है।

हम मानकर चलते हैं कि—(1) बाजार माँग एवं आपूर्ति फलन रेखीय हैं और समय के साथ नहीं बदलते, (2) किसी अवधि t में माँग उसी अवधि में प्रचलित मूल्य के प्रति अनुक्रिया दर्शाती है, परंतु t में आपूर्ति उस मूल्य पर निर्भर करती है जो गत अवधि, (t – 1) में प्रचलित रहा; तथा (3) बाजार इस अर्थ में प्रतियोगी होता है कि मूल्य जो प्रत्येक अवधि में प्रचलित रही, वही मूल्य होता है जो माँग एवं आपूर्ति में समीकृत होता हो। इस प्रकार, इस निदर्शन को निम्नलिखित समीकरणों को रखने वाले के रूप में निर्धारित किया जा सकता है—

$$D_t = a - bP_t; a, b > 0 \qquad \ldots(1)$$

$$S_t = -\alpha + \beta P_{t-1}; \alpha, \beta > 0, \alpha < a \qquad \ldots(2)$$

सभी t के लिए $D_t = S_t$ $\qquad \ldots(3)$

प्रथम समीकरण हमें अवधि t में सरल माँग वक्र देता है। द्वितीय आपूर्ति में विलम्ब दर्शाता है। t में आपूर्ति, $S_t$, सन्निकट पूर्वावधि, $P_{t-1}$, के मूल्यों द्वारा निर्धारित की जाती है। अंतिम समीकरण प्रत्येक अवधि में बाजार में लाभ कमाने की स्थिति है। ये तीनों समीकरण मिलकर मूल्य में एक प्रथम-क्रम अचर गुणांक विजातीय अंतर समीकरण को जन्म देते हैं।

$$a - bP_t = -\alpha + \beta P_{t-1}$$
$$\Rightarrow -bP_t = -\alpha - a + \beta P_{t-1}$$

$$\Rightarrow P_t = \left(\frac{-\beta}{b}\right) P_{t-1} + \frac{a+\alpha}{b} \qquad \ldots(4)$$

ज्ञात $a, b, \alpha$ और $\beta$ के साथ, आरंभिक मूल्य $P_0$ का विशिष्टीकरण हमें समीकरण को हल करने में मदद करता है, जैसे—

$$P_t = \left(P_0 - \frac{a+\alpha}{b+\beta}\right)\left(-\frac{\beta}{b}\right)^t + \frac{a+\alpha}{b+\beta} \qquad \ldots(5)$$

यहाँ स्पष्ट है कि कालांतर में P का व्यवहार $\left(-\frac{\beta}{b}\right)$ पर निर्णायक रूप से निर्भर करता है। चूँकि यह पद ऋणात्मक है $(b, \beta > 0)$, समय-पथ हमेशा दोलायमान रहेगा।

अब हम P* द्वारा अचर $\frac{a+\alpha}{b+\beta}$ को इंगित करेंगे।

तब, $\left(\frac{\beta}{b}\right) > 1$ मूल्य अपसरण करता है।

$\left(\frac{\beta}{b}\right) = 1$ मूल्य समान रूप से दोलायमान अर्थात् घटता–बढ़ता है।

$\left(\frac{\beta}{b}\right) < 1$ मूल्य $P^*$ की ओर अभिसारित होता है।

केवल अंतिम स्थिति में ही (जैसे–जैसे t बढ़ता है, $P_t$ चलकर $P^*$ पर पहुँचता है), सिद्धांत स्थिर है। इस प्रकार, स्थिरता हेतु स्थिति है $\left(\frac{\beta}{b}\right) < 1$. इस प्रतिमान को **मक्कड़ जाल प्रतिमान** (Cobweb Model) के नाम से जाना जाता है क्योंकि जब हम बाद के समय में मूल्य और मात्रा का पता लगाते हैं तब माँग और पूर्ति के वक्रों में एक जाल सा बुनने लगता है।

**(iii) गुणक और त्वरक के बीच अंतर्क्रिया संबंधी सैमुएल्सन का निदर्शन (Samuelson Multiplier – Accelerator Interaction Model)** –दिए गए समष्टि अर्थशास्त्रीय समीकरण पर विचार कीजिए–

$C_t = C_0 + cY_{t-1},\ 0 < c < 1.$

$I_t = I_0 + v(C_t - C_{t-1});\ v > 0.$

$Y_t = C_t + I_t$

संकेत Y, C और I क्रमशः राष्ट्रीय आय, उपभोग एवं निवेश को इंगित करते हैं। यह गुणक और त्वरक के बीच अंतर्क्रिया संबंधी सैमुएल्सन का निदर्शन है। प्रथम समीकरण किसी एकावधि विलम्ब वाला उपभोग फलन है, द्वितीय त्वरक प्रकार का निवेश फलन है। $C_0 + I_0$ स्वायत्त उपभोग और निवेश के स्तर हैं। उपभोग हेतु प्रवणता, c और त्वरक गुणांक, v को अचर मान लिया जाता है। अंतिम समीकरण समष्टि–संतुलन की अवस्था है। तीनों समीकरण मिलकर Y में निम्नलिखित अंतर समीकरण को जन्म देते हैं–

$$Y_t - c(1 + v)Y_{t-1} + cvY_{t-2} = C_0 + I_0 \qquad ...(6)$$

सजातीय भाग हेतु विशिष्ट समीकरण हैं–

$m^2 - c(1 + v)m + cv = 0$

मूल हैं, $$m_1, m_2 = \frac{1}{2}\left(c(1+v) \pm \sqrt{c^2(1+v)^2 - 4cv}\right) \qquad ...(7)$$

$m_1$ और $m_2$ दोनों धनात्मक हैं क्योंकि द्विघात समीकरणों के सिद्धांत से हम जानते हैं कि $m_1 + m_2 = c(1 + v) > 0$ और $m_1m_2 = cv > 0$. चूँकि $c(1+v) - cv \neq 1$, तब विशिष्ट हल है $\frac{C_0 + I_0}{1-c}$. c और v के मानों पर निर्भर करते हुए तीन प्रकार के हल संभव हैं–

(1) $c^2(1+v)^2 > 4cv$ अथवा $c(1+v)^2 > 4v$, मूल वास्तविक और सुस्पष्ट है।

यहाँ, $Y_t = A_1 m_1^t + A_2 m_2^t + \frac{C_0 + I_0}{1-c}; A_1, A_2 \neq 0$ एवं अचर।

(2) $c(1+v)^2 = 4v$, मूल वास्तविक और मान $\frac{1}{2}c(1+v)$ के बराबर हैं।

इस स्थिति में– $Y_t = (A_t + A_2 t)\left(\frac{c(1+v)^2}{2}\right) + \frac{C_0 + I_0}{1-c};$

(3) $c(1+v)^2 < 4v$, मूल बहुचर हैं। समीकरण (7) से हम देखते हैं कि मूल निम्न समीकरण के साथ रूप $(a \pm ib)$ वाले हैं–

$$a = \frac{1}{2}c(1+v)$$

$$b = \frac{1}{2}\sqrt{4cv - c^2(1+v)^2}$$

$$\left(\because \sqrt{c^2(1+v)^2 - 4cv} = \sqrt{i^2\left(4cv - c^2(1+v)^2\right)} = i\sqrt{4cv - c^2(1+v)^2} = ib\right)$$

मूलों का मापांक $r = \sqrt{a^2 + b^2} = \sqrt{cv}$

यहाँ हल है– $Y_t = \left(\sqrt{cv}\right)^2 \left(A_1 \cos(t\theta) + A_2 \sin(t\theta)\right) + \frac{C_0 + I_0}{1-c}$

जहाँ $\theta = \tan^{-1}\left(\frac{\sqrt{4cv - c^2(1+v)^2}}{c(1+v)}\right)$

इस स्थिति में, हमें राष्ट्रीय आय Y का एक चक्रीय समय–पथ मिलता है। यदि $\sqrt{cv} < 1$, तो जैसे–जैसे t बढ़ेगा $\left(\sqrt{cv}\right)^t$ शून्य होने लगेगा तथा $Y_t$ मान $\frac{C_0 + I_0}{1-c}$ तक पहुँच जाएगा।

इस प्रकार, स्थिरता हेतु स्थिति (Y में मंद दोलन) $\sqrt{cv} < 1$ है, यथा उपभोग हेतु सीमांत प्रवणता तथा त्वरक गुणांक का गुणनफल इकाई से कम होना चाहिए।

**(iv) आर्थिक विकास संबंधी सोलो का प्रतिमान (Solow's model of economic growth)**–एक उत्पादन फलन पर विचार करें– $q = f(K, L)$

जहाँ q = उत्पादन, K = पूँजी और L = श्रम है। यह निर्दिष्ट है कि उत्पादन फलन $q = AL^{\alpha}K^{1-\alpha}$ का रूप ले ले, जहाँ A का धनात्मक अचर है और $0 < \alpha < 1$। उत्पादन के एक अचर खंड s को "बचा" लिया जाता है ($0 < s < 1$ के साथ) और जमा पूँजी बढ़ाने में प्रयोग किया जाता है। इस प्रकार, जमा पूँजी इस अवकल समीकरण के अनुसार बदलती है—

$$K'(t) = sAL(t)^{\alpha}K(t)^{1-\alpha}$$ और $t = 0$ पर मान $K_0$ ले लेती है। श्रमिक बल $t = 0$ पर $L_0 > 0$ है और एक अचर दर $\lambda$ पर बढ़ता है, जिससे $\dfrac{L'(t)}{L(t)} = \lambda$

हम इस उदाहरण को L के लिए हल कर सकते हैं। फिर इस प्राप्त मान को K प्राप्त करने के लिए K'(t) हेतु समीकरण में प्रतिस्थापित करेंगे।

यहाँ L हेतु समीकरण पृथक्करणीय है और हम लिख सकते हैं— $\dfrac{dL}{L} = \lambda dt$.

समाकलन करके हमें प्राप्त होता है— $\log L = \lambda t + C$ अथवा $L = Ce^{\lambda t}$
आरंभिक स्थिति दी हो तो हमें प्राप्त होता है $C = L_0$.
इस परिणाम को K'(t) हेतु समीकरण में प्रतिस्थापित करके प्राप्त होता है—

$$K'(t) = sA(K(t))^{1-\alpha}(L_0 e^{\lambda t})^{\alpha} = sA(L_0)^{\alpha} e^{\alpha \lambda t}(K(t))^{1-\alpha}$$

यह समीकरण पृथक्करणीय है और इस प्रकार लिखा जा सकता है—

$$K^{\alpha-1}dK = sA(L_0)^{\alpha} e^{\alpha \lambda t}dt.$$

दोनों ओर समाकलन करके हमें प्राप्त होता है—

$$\frac{K^{\alpha}}{\alpha} = sA(L_0)^{\alpha} \frac{e^{\alpha \lambda t}}{\alpha \lambda} + C$$

ताकि $K(t) = \left( sA(L_0)^{\alpha} \dfrac{e^{\alpha \lambda t}}{\lambda} + C \right)^{\frac{1}{\alpha}}$

दिया है $K(0) = K_0$, हम निष्कर्ष निकाल सकते हैं कि $C = (K_0)^{\alpha} - \dfrac{sA(L_0)}{\lambda}$

इस प्रकार, $K(t) = \left[ sA(L_0)^{\alpha} \dfrac{e^{\alpha \lambda t} - 1}{\lambda} + (K_0)^{\alpha} \right]^{\frac{1}{\alpha}}$ सभी t के लिए।

इस उदाहरण का एक रोचक अभिलक्षण है—पूँजी–श्रम अनुपात का निर्गमन।

हमें प्राप्त होता है–
$$\frac{K(t)}{L(t)} = \frac{\left[sA(L_0)^\alpha \dfrac{e^{\alpha\lambda t}-1}{\lambda} + (K_0)^\alpha\right]^{\frac{1}{\alpha}}}{L_0 e^{\lambda t}}$$ सभी t के लिए।

चूँकि $t \to \infty, \dfrac{K(t)}{L(t)}$ अब $\left(\dfrac{sA}{\lambda}\right)^{\frac{1}{\alpha}}$ में बदल जाता है।

## 2.4 द्वितीय कोटि रैखिक अवकल समीकरण को हल करने की विधियाँ

द्वितीय कोटि रैखिक अवकल समीकरण का सामान्य रूप

$$P(x)\frac{d^2y}{dx^2} + Q(x)\frac{dy}{dx} + R(x)y = G(x) \qquad ...(1)$$

है, जहाँ P, Q, R और G, x के दिए हुए फलन हैं।

द्वितीय कोटि रैखिक अवकल समीकरणों को निम्न दो विधियों द्वारा हल किया जाता है–

**(i) स्वतंत्र चर की परिवर्तन विधि**–यहाँ हम चरों के उन रूपांतरणों पर विचार करेंगे, जिनके अधीन समीकरण (1) समाकलनीय रूप में बदल जाता हो। इसके लिए पहले हम स्वतंत्र चर के रूपांतरण पर विचार करेंगे।

समीकरण (1) को $P(x) \neq 0$ से भाग देकर इसे निम्नलिखित रूप में रख सकते हैं–

$$\frac{d^2y}{dx^2} + p\frac{dy}{dx} + qy = r \qquad ...(2)$$

जहाँ p, q और r केवल x के फलन हैं।

अब हम संबंध

$$z = g(x) \qquad ...(3)$$

द्वारा स्वतंत्र चर x को z में परिवर्तित करेंगे। संबंध (3) का प्रयोग करने पर हमें यह प्राप्त होता है–

$$\frac{dy}{dx} = \frac{dy}{dz} \cdot \frac{dz}{dx} \qquad ...(4)$$

और

$$\frac{d^2y}{dx^2} = \frac{d}{dx}\left(\frac{dy}{dz} \cdot \frac{dz}{dx}\right) = \frac{d^2y}{dz^2}\left(\frac{dz}{dx}\right)^2 + \frac{dy}{dz} \cdot \frac{d^2z}{dx^2} \qquad ...(5)$$

समीकरण (2), समीकरण (4) और समीकरण (5) को एक साथ लेने पर हमें यह प्राप्त होता है–

$$\frac{d^2y}{dz^2}\left(\frac{dz}{dx}\right)^2+\frac{dy}{dz}.\frac{d^2z}{dx^2}+p\frac{dy}{dz}.\frac{dz}{dx}+qy=r$$

$$\Rightarrow \frac{d^2y}{dz^2}+\left(\frac{\frac{d^2z}{dx^2}+p\frac{dz}{dx}}{\left(\frac{dz}{dx}\right)^2}\right)\frac{dy}{dz}+\left(\frac{q}{\left(\frac{dz}{dx}\right)^2}\right)y=\frac{r}{\left(\frac{dz}{dx}\right)^2} \qquad ...(6)$$

हम समीकरण (6) को इस रूप में लिख सकते हैं–

$$\frac{d^2y}{dz^2}+p_1\frac{dy}{dz}+q_1y=r_1 \qquad ...(7)$$

जहाँ,
$$\left.\begin{aligned} p_1 &= \frac{\frac{d^2z}{dx^2}+p\frac{dz}{dx}}{\left(\frac{dz}{dx}\right)^2} \\ q_1 &= \left(\frac{q}{\left(\frac{dz}{dx}\right)^2}\right) \\ r_1 &= \frac{r}{\left(\frac{dz}{dx}\right)^2} \end{aligned}\right\} \qquad ...(8)$$

हालाँकि यहाँ $p_1,q_1$ और $r_1$, x के फलन हैं, पर संबंध (3) की सहायता से इन्हें हम z के फलनों में व्यक्त कर सकते हैं।

ऊपर दिए गए व्यापक रूप में समीकरण (7) को आसानी से हल नहीं किया जा सकता। इसे हल करने के लिए हम या तो $\frac{dy}{dz}$ के गुणांक पर या y के गुणांक पर कुछ प्रतिबंध लगा देते हैं। दूसरे शब्दों में, क्योंकि z स्वेच्छ है, इसलिए हम ऐसा z ले सकते हैं जो कुछ प्रतिबंधों को संतुष्ट करता हो। अतः अब हम निम्नलिखित दो संभावनाओं पर चर्चा करेंगे–

**(a)** $q_1 = a^2$ (जहाँ a एक अचर है)

इस स्थिति में समीकरण (7) निम्नलिखित रूप का हो जाता है—

$$\frac{d^2y}{dz^2} + p_1\frac{dy}{dz} + a^2y = r_1 \qquad ...(9)$$

अब, $q_1 = a^2$

$$\Rightarrow \frac{q}{\left(\frac{dz}{dx}\right)^2} = a^2 \Rightarrow \sqrt{q} = a\left(\frac{dz}{dx}\right) \Rightarrow adz = \sqrt{q}dx$$

$$\Rightarrow az = \int\sqrt{q}dx \qquad ...(10)$$

यदि z के इस मान के लिए $p_1$ भी अचर हो जाता हो तो समीकरण (9) का समाकलन किया जा सकता है। किसी अन्य रूप में समीकरण (9) का आसानी से समाकलन नहीं किया जा सकता।

**(b)** $p_1 = 0$

इस स्थिति में समीकरण (7) निम्न रूप का हो जाता है—

$$\frac{d^2y}{dz^2} + q_1y = r_1 \qquad ...(11)$$

अब, $p_1 = 0$

$$\Rightarrow \frac{d^2z}{dx^2} + p\frac{dz}{dx} = 0$$

$$\Rightarrow \frac{dz}{dx} = e^{-\int pdx}dx \qquad ...(12)$$

$$\Rightarrow z = \int e^{-\int pdx}dx \qquad ...(13)$$

यदि z के इस मान पर $q_1$ एक अचर या अचर बटा $z^2$ हो जाता हो, तो समीकरण (1 1) का समाकलन किया जा सकता है।

**(ii) परतंत्र चर की परिवर्तन विधि**—यहाँ समीकरण

$$\frac{d^2y}{dx^2} + p\frac{dy}{dx} + qy = r \qquad ...(14)$$

लीजिए, जहाँ p, q और r, x के फलन हैं।

मान लीजिए $y = vz$, जहाँ v और z दोनों ही x के फलन हैं। ...(15)

तब, $\frac{dy}{dx} = v\frac{dz}{dx} + \frac{dv}{dx}z$ और $\frac{d^2y}{dx^2} = v\frac{d^2z}{dx^2} + \frac{d^2v}{dx^2}z + 2\frac{dv}{dx}\frac{dz}{dx}$

$y, \frac{dy}{dx}$ और $\frac{d^2y}{dx^2}$ के इन मानों को समीकरण (1 4) में प्रतिस्थापित करने पर हमें यह प्राप्त होता है– $\left(\frac{d^2v}{dx^2}z + 2\frac{dv}{dx}\frac{dz}{dx} + v\frac{d^2z}{dx^2}\right) + p\left(v\frac{dz}{dx} + \frac{dv}{dx}z\right) + q\ vz = r$

$$\Rightarrow v\left(\frac{d^2z}{dx^2} + p\frac{dz}{dx} + qz\right) + \frac{dv}{dx}\left(2\frac{dz}{dx} + pz\right) + z\frac{d^2v}{dx^2} = r$$

$$\Rightarrow \frac{d^2v}{dx^2} + \left(p + \frac{2}{z}\frac{dz}{dx}\right)\frac{dv}{dx} + \frac{1}{z}\left(\frac{d^2z}{dx^2} + p\frac{dz}{dx} + qz\right)v = \frac{r}{z} \qquad ...(16)$$

यदि z ज्ञात हो, तो समीकरण (1 6) एक ऐसा समीकरण होगा जिसमें v परतंत्र चर है। अतः समीकरण (1 6) को हल करने के लिए या तो v के गुणांक पर या $\frac{dv}{dx}$ के गुणांक पर हम प्रतिबंध लगाते हैं। पहले हम यह मान लें कि समीकरण (1 6) में v का गुणांक शून्य है अर्थात् हम एक ऐसा z मालूम करें, जिससे कि

$$\frac{d^2z}{dx^2} + p\frac{dz}{dx} + qz = 0 \qquad ...(17)$$

यहाँ समीकरण (1 7) ठीक वही है जो कि मूल समीकरण (1 4) है, अंतर केवल यही है कि यहाँ दायाँ पक्ष शून्य है और y के स्थान पर z का प्रयोग किया गया है। अतः हम z के लिए इस समीकरण को हल कर सकते हैं। v का गुणांक शून्य लेने पर समीकरण (1 6) निम्न रूप का हो जाता है–

$$\frac{d^2v}{dx^2} + \left(\frac{2}{z}\frac{dz}{dx} + p\right)\frac{dv}{dx} = \frac{r}{z} \qquad ...(18)$$

जो कि $\frac{dv}{dx}$ में एक रैखिक समीकरण है और इसका समाकलन गुणक यह होगा–

$$e^{\int\left(\frac{2}{z}\frac{dz}{dx}+p\right)dx} = e^{2\ln z + \int p dx} = z^2 e^{\int p dx}$$

अतः समाकलन करने पर समीकरण (1 8) से यह प्राप्त होता है–

$$z^2 e^{\int p dx}\frac{dv}{dx} = A + \int z\, r\, e^{\int p dx} dx$$

$$\Rightarrow \frac{dv}{dx} = \frac{A}{z^2} e^{-\int p dx} + \frac{1}{z^2} e^{-\int p dx} \left[ \int z \, r \, e^{\int p dx} dx \right]$$

इस समीकरण का फिर से समाकलन करने पर हमें यह प्राप्त होता है–

$$v = B + \int \frac{A}{z^2} e^{-\int p dx} dx + \int \frac{1}{z^2} e^{-\int p dx} \left\{ \int z \, r \, e^{\int p dx} \right\} dx \qquad ...(19)$$

जहाँ A और B स्वेच्छ अचर हैं।

इस तरह हम यह पाते हैं कि यदि समी. (17) को संतुष्ट करने वाला z का एक मान ज्ञात हो, तो समी. (19) से v प्राप्त किया जा सकता है और इस तरह समी. (15) से समी. (14) के हल y को लिखा जा सकता है। दूसरे शब्दों में, यदि समी. (14) के संगत समघात समी. का कोई हल प्राप्त किया जा सकता हो, तो समी. (14) का पूर्ण हल भी प्राप्त किया जा सकता है।

यदि हम समीकरण (14) का हल प्राप्त नहीं कर पा रहे हों, तो इस स्थिति में कभी–कभी रूपांतरित समीकरण (16) से प्रथम अवकलज (अर्थात् $\frac{dv}{dx}$ का गुणांक) को हटा देना उपयोगी सिद्ध होता है। दूसरे शब्दों में, हम एक ऐसा z प्राप्त करने की कोशिश करते हैं जो निम्नलिखित संबंध को संतुष्ट करता हो–

$$2\frac{dz}{dx} + pz = 0$$

जिनका समाकलन करने पर यह प्राप्त होता है–

$$z = e^{-\frac{1}{2}\int p dx} \qquad ...(20)$$

इस तरह, विचाराधीन स्थिति में समीकरण (16) यह हो जाता है–

$$\frac{d^2v}{dx^2} + \frac{1}{z}\left( \frac{d^2z}{dx^2} + p\frac{dz}{dx} + qz \right) v = \frac{r}{z} \qquad ...(21)$$

समीकरण (20) और (21) का संयोजन करने पर हमें यह प्राप्त होता है–

$$\frac{d^2v}{dx^2} + q_1 v = r_1 \qquad ...(22)$$

$$\left.\begin{array}{ll} \text{जहाँ,} & q_1 = q - \frac{1}{2}\frac{dp}{dx} - \frac{1}{4}p^2 \\ \text{और} & r_1 = r\,e^{1/2\int p dx} \end{array}\right] \qquad ...(23)$$

समीकरण (22) को समीकरण (14) का प्रसामान्य रूप (normal form) माना जाता है और समीकरण (4) को समीकरण (22) में रूपांतरित करने को प्रथम **अवकलज का अपनयन** (removing) कहा जाता है।

## 2.5 अर्थशास्त्र में अनुप्रयोग

**(i) उपभोक्ता माँग**—उपभोक्ता कुछ बाजारों में, प्रचलित/विद्यमान कीमतों के रूझानों/की प्रवृत्तियों का अनुमान लगाने का प्रयास कर सकता है और इसका भी कि कीमतें कितनी तेजी से परिवर्तित होती रहती हैं। मान लीजिए, कीमत p समय (जिसे हम t से निरूपित करते हैं) का एक फलन है, अर्थात् $p(t)$ है। इसका प्रथम अवकलज $p'(t)$ कीमत के परिवर्तन की दर को निरूपित करता है और द्वितीय अवकलज $p''(t)$ अथवा $\ddot{p}$ यह दर्शाता है कि $p'(t)$ अथवा $\dot{p}$ किस दर पर परिवर्तित होता है। यदि $\dot{p}>0$ है लेकिन $\ddot{p}<0$ है, क्रेता यह देख पाएँगे कि यद्यपि कीमत बढ़ रही है, यह घटती दर पर बढ़ रही हैं, और उनमें दूरदृष्टि है कि समय के साथ (अंततः) कीमतें संतुलित हो जाएँगी।

बाजार के विश्लेषण में माँग तथा पूर्ति दोनों कारकों को सम्मिलित करने पर, हम केवल कीमत p लेते हैं तथा अपेक्षित कीमत के लिए अलग संकेतन (separate notation) $p^e$ का प्रयोग नहीं करेंगे। मान लीजिए हम केवल वस्तु की कीमत ही नहीं, कीमतों के स्वतंत्र चर समय के सापेक्ष प्रथम और द्वितीय कोटि अवकलजों को भी माँग और पूर्ति दोनों फलनों में सम्मिलित करते हैं। मान लीजिए, आपूर्ति की मात्रा $Q_s$ है और

$$Q_s = f[p(t)p'(t), p''(t)]$$

के बराबर है। इसी माँग की मात्रा को $Q_d$

$$Q_d = g[p(t)p'(t), p''(t)]$$

के रूप में लिखा जा सकता है।

यदि हम रैखिक पूर्ति एवं माँग ले तो पूर्ति एवं माँग फलनों का रूवरूप होगा—

$$Q_d = \alpha - \beta p + k\dot{p} + l\ddot{p}$$

$$Q_s = -\gamma + \delta p + u\dot{p} + v\ddot{p}$$

यहाँ हम मानते हैं कि $\alpha, \beta, \gamma, \delta > 0$ हैं परंतु k, l, u और v के चिह्नों पर कोई प्रतिबंध नहीं रखते जिसमें उपभोक्ता की कीमत के प्रति अपेक्षाओं को ध्यान में रखा जा सके। यदि $k > 0$ होगा, तो कीमत में वृद्धि, माँग $Q_d$ को बढ़ा देगी। दूसरी ओर, l उपभोक्ता की कीमतों की बढ़ोतरी की प्रवृत्ति के प्रति अपेक्षाओं को दर्शाता है। इसी प्रकार u और v विक्रेताओं की कीमतों तथा कीमतों में परिवर्तन के प्रति अपेक्षाओं को दर्शाते हैं। यदि हम यह मानें कि बाजार किसी समय विशेष पर समय के दौरान स्पष्ट होता है तो हम नीचे दिया गया संतुलन प्रतिबंध (equilibrium condition) प्राप्त कर सकते हैं।

$$\ddot{p}+\frac{k}{l}\dot{p}-\frac{\beta+\delta}{l}p=-\frac{\alpha+\gamma}{l}$$

यह एक द्वितीय कोटि का रैखिक अवकल समीकरण है जिसका हल और कीमत का समय पथ ज्ञात किया जा सकता है।

**(ii) मुद्रा स्फीति एवं बेरोजगारी**—प्रारंभ में समष्टिगत अर्थशास्त्र के संदर्भ में मौद्रिक मजदूरी की वृद्धि की दर बेरोजगारी की दर में प्रतिलोमी संबंध (inverse relation) माना जाता था। यदि मौद्रिक मजदूरी w है और मौद्रिक मजदूरी की वृद्धि की दर $\frac{\dot{W}}{W}=w$ है और बेरोजगारी की दर U है, तो w और U में एक ऋणात्मक संबंध माना जाता था।

$w=f(U)$ जबकि $f'(U)<0$ है।

समय के साथ यह सोचा गया कि बेरोजगारी की दर तथा मुद्रा स्फीति की दर (rate of inflation) में एक ऋणात्मक संबंध है। यदि p कीमत को निरूपित करता है तो p की वृद्धि की दर को $\frac{\dot{p}}{p}=p$ द्वारा व्यक्त किया जा सकता है। यह p ही मुद्रा स्फीति की दर है। यदि हम मान लें कि कोई अंकित मूल्य निर्धारण (mark-up pricing) है अर्थात् यदि मजदूरी में वृद्धि के कारण कीमतों में वृद्धि होती है, तो w में वृद्धि p को ऊपर की ओर धकेलेगी। इसका अर्थ है कि मौद्रिक मजदूरी में वृद्धि, मुद्रा स्फीति को जन्म देगी। दूसरी ओर, श्रम दक्षता में वृद्धि (जिसे हम E से व्यक्त करते हैं) से p नीचे की ओर जाएगा। इसे हम इस प्रकार व्यक्त कर सकते हैं—

$p = w - E$

यदि हम समीकरण $w=f(U)$ को रैखिक मानें और p और w में संबंध दर्शाने वाले समीकरण में $f(U)$ को प्रतिस्थापित करें, तो हम प्राप्त करते हैं—

$p=\alpha-\beta U-E$ जहाँ $\alpha,\beta>0$

है। अब यदि हम अपेक्षित मुद्रा स्फीति को $p^e$ से व्यक्त करें तो प्रत्याशा–संवर्धित (expectation-augmented) फिलिप वक्र (Phillips curve) जैसा कि अर्थशास्त्रियों मिल्टन फ्रैडमेन (Milton Friedman) और एडमंड फेल्पस (Edmund Phelps) द्वारा बनाया गया, इस प्रकार लिखा जाना चाहिए—

$w=f(U)+hp^e$ जहाँ $0<h\le 1$

इस समीकरण का अर्थ है यदि लोगों (व्यक्तियों) की किसी समय अंतराल में मुद्रा स्फीति के प्रति प्रत्याक्षा/अपेक्षा है तो मौद्रिक मजदूरी में वृद्धि इस प्रत्याक्षा/अपेक्षा/अनुमान से प्रभावित होगी और क्योंकि w, p (मुद्रा स्फीति की दर) को प्रभावित करता है, हम प्रत्याशा–संवर्धित फिलिप के वक्र को इस प्रकार व्यक्त कर सकते हैं—

$p = \alpha - \beta U - E + hp^e.$

यह प्रत्याशाएँ किस प्रकार रूप लेती हैं इसके लिए हमारे पास जो सिद्धांत होना चाहिए। फ्रैडमेन ने एक अनुकूलक प्रत्याक्षा सूत्रीकरण (adaptive expectations formulation) की परिकल्पना की, जो कि इस प्रकार है—

$$\frac{dp^e}{dt} = \phi(p - p^e) 0 < \phi \leq 1$$

यह समीकरण बतलाता है कि यदि $p, p^e$ से अधिक हो जाए, तो मुद्रा स्फीति की अपेक्षित दर में ऊपर की ओर संशोधन (upward revision) होगा।

क्योंकि p अथवा $p^e$ समय के सापेक्ष प्रथम अवकलज हैं, तो प्रत्याशा–संवर्धित फिलिप का वक्र, अनुकूलन प्रत्याक्षा समीकरण के साथ मिलकर एक द्वितीय कोटि रैखिक अवकल समीकरण प्रदान करेगा, जिसके हल की हम छानबीन कर सकते हैं। इस हल से हमें व्यापक मूल्य स्तर के समय पथ के बारे में जानकारी प्राप्त होती है।

## हल सहित उदाहरण

**प्रश्न 1. अवकल समीकरण $\frac{dy}{dx} = \frac{x}{y}$ का हल ज्ञात कीजिए।**

**उत्तर**— हमें दिया है— $\frac{dy}{dx} = \frac{x}{y} \Rightarrow ydy = xdx.$

ध्यान रहे कि हमने चरों का पृथक् कर लिया है। समाकलन करने पर हम पाते हैं कि

$$\int ydy = \int xdx$$

$$\Rightarrow \frac{y^2}{2} = \frac{x^2}{2} + C \text{ or } y^2 + x^2 = k$$

ध्यान दें कि अंतिम समीकरण में, जो कि दिए हुए अवकल समीकरण का एक हल है, हमने अचर 2C को by k से प्रतिस्थापित कर दिया है। हम इस अचर को 2C अथवा C भी लिख सकते थे अथवा इसे किसी अन्य प्रतीक या चिह्न द्वारा भी व्यक्त कर सकते थे। महत्त्वपूर्ण बात केवल यह है कि यह एक समाकलन का अचर है।

**प्रश्न 2. अवकल समीकरण $x\sqrt{1+y^2}dx = y\sqrt{1+x^2}dx$ का हल ज्ञात कीजिए।**

**उत्तर**— दिए गए अवकल समीकरण को इस प्रकार व्यक्त किया जा सकता है—

$$\frac{x}{\sqrt{1+x^2}}dx = \frac{y}{\sqrt{1+y^2}}dx$$

क्योंकि चर पृथक् किए जा चुके हैं, समाकलन द्वारा हम पाते हैं कि

$$\int \frac{x}{\sqrt{1+x^2}} dx = \int \frac{y}{\sqrt{1+y^2}} dx$$

$$\Rightarrow \sqrt{1+x^2} = \sqrt{1+y^2} + C$$

जो कि दिए हुए अवकल समीकरण का व्यापक हल है। ध्यान दें कि ऊपर दिए समाकलनों में से प्रत्येक को, हर में दिए वर्गमूल में उपस्थित व्यंजक को t के बराबर रख कर, प्रतिस्थापन विधि द्वारा हल किया जा सकता है।

**प्रश्न 3. माँग फलन $x = x(p)$ ज्ञात कीजिए यदि यह दिया हो कि $\frac{pdx}{xdp} = -1$ है। साथ ही x का मान ज्ञात कीजिए यदि यह दिया हो कि जब $p = 1$ है तो x का मान 5 है।**

**उत्तर**– यह वही अवकल समीकरण है जो कि समीकरण $\frac{pdx}{xdp} = \eta_d$ में दिया गया था। ध्यान दें कि इस अवकल समीकरण में चरों को सरलता से पृथक् किया जा सकता है क्योंकि इसे इस रूप में लिखा जा सकता है–

$$\frac{dx}{x} = -\frac{dp}{p}$$

समाकलन करने पर हम पाते हैं कि

$$\log x = \log p + C \qquad ...(i)$$

है, जो कि इस अवकल समीकरण का व्यापक हल है। यह दिए हुए अवकल समीकरण द्वारा प्राप्त माँग फलनों के वर्ग को निरूपति करता है। अचर C के अलग–अलग मान रखने पर अलग–अलग माँग फलन प्राप्त किए जा सकते हैं। दिए गए अवकल समीकरण का एक विशेष हल दिए हुए प्रतिबंध, अर्थात् जब $p = 1$ है तो $x = 5$ है, का प्रयोग करके ज्ञात किया जा सकता है। इन मानों को समीकरण (i) में रखने पर, हम पाते हैं कि $\log 5 = \log 1 + C$ और क्योंकि $\log 1 = 0$ होता है, हम पाते हैं कि $C = \log 5$ है। अतः, दिए हुए अवकल समीकरण का एक विशेष हल $\log x + \log p = \log 5$ अथवा $xp = 5$ है। यहाँ लघुगणकों के गुणधर्मों का प्रयोग किया गया है। अतः हम पाते हैं कि $x = \frac{p}{5}$ वह माँग फलन है जो दिए हुए अवकल समीकरण द्वारा, दी गई प्रारंभिक शर्तों के आधार पर, प्राप्त होता है।

**प्रश्न 4. अवकल समीकरण $\frac{dy}{dx} + \frac{y}{x} = \frac{x^2+1}{x}$ को हल कीजिए।**

**उत्तर**– यह एक रैखिक अवकल समीकरण है जिसमें $p=\frac{1}{x}$ तथा $Q=\frac{x^2+1}{x}$ है।

यहाँ समाकलन गुणाक हैं–

$$I.F.=e^{\int pdx}=e^{\int \frac{1}{x}dx}=e^{\log x}=x$$

इसलिए, दिए हुए अवकल समीकरण का व्यापक हल है।

**प्रश्न 5. नीचे दिए अवकल समीकरण का हल ज्ञात कीजिए–**

$$\mathbf{\frac{dy}{dx}+xy=x^3.}$$

**उत्तर**– यहाँ $p=x$ तथा $Q=x^3$ है। इसलिए, समाकलन गुणक होगा–

$$I.F.=e^{\int pdx}=e^{\int xdx}=e\frac{x^2}{2}$$

∴ दिए गए अवकल समीकरण का व्यापक हल होगा–

$$ye^{x^2/2}=\int x^3e^{x^2/2}dx$$

$$=2\int te^t dt. \text{ Integrating by parts, we get}$$

$$=2(t-1)e^{t+c}-e^t+C$$

$$=2\left(\frac{x^2}{2}-1\right)e^{\frac{x^2}{2}}+C$$

$$\left[\begin{array}{c}\text{Put}\frac{x^2}{2}=t\\ \therefore x^2=2t\\ \Rightarrow xdx=dt\end{array}\right]$$

**प्रश्न 6. अवकल समीकरण $\mathbf{\frac{dy}{dx}+xy=x^3y^3}$ का हल ज्ञात कीजिए।**

**उत्तर**– दिए गए अवकल समीकरण के दोनों पक्षों को $y^3$ से विभाजित करने पर यह समीकरण बन जाता है–

$$\frac{1}{y^3}\frac{dy}{dx}+x\frac{1}{y^2}=x^3 \qquad ...(i)$$

हम $\frac{1}{y^2}=z$ रखते हैं। इसका x के सापेक्ष अवकलज करने पर हम प्राप्त करते हैं–

$$-\frac{2}{y^3}\frac{dy}{dx}=\frac{dz}{dx}$$

अथवा $$\frac{1}{y^3}\frac{dy}{dx}=-\frac{1}{2}\frac{dz}{dx}$$

इसे समीकरण (i) में रखने पर हमें $-\frac{1}{2}\frac{dz}{dx}+xz=x^3$ प्राप्त होता है, जिसे पुनः इस प्रकार से लिखा जा सकता है–

$$\frac{dz}{dx}-2xz=-2x^3$$

यह अवकल समीकरण z में रैखिक है जहाँ $p=-2x$ तथा $Q=-2x^3$ है। इसलिए, समाकलन गुणक $e^{\int pdx}=e^{-x^2}$ होगा और अवकल समीकरण (i) का हल होगा–

$$ze^{-x^2}=\int -2x^3e^{-x^2}dx=-\left(x^2+1\right)e^{-x^2}+C$$

ऊपर प्राप्त व्यंजक में पुनः $z=\frac{1}{y^2}$ रखने पर, हम प्राप्त करते हैं–

$$\frac{1}{y^2}e^{-x^2}=-\left(x^2+1\right)e^{-x^2}+C \qquad ..(ii)$$

जिसे $(x^2+1)\,y^2+Cy^2=1$ के रूप में लिखा जा सकता है और यह दिए हुए अवकल समीकरण का व्यापक हल है।

**प्रश्न 7. एक वस्तु की माँग की लोच $\frac{5p}{(p+3)(p-2)}$ के बराबर दी हुई है। माँग**

**Qy u Kkr d hft , t cfd ; g fn; k glsfd $p=3$ पर माँग 6 इकाई है।**

**उत्तर**– यहाँ p वस्तु का प्रति इकाई मूल्य है। माना x माँग की मात्रा को व्यक्त करता है। हम जानते हैं कि माँग की लोच सूत्र

$e_d=-\frac{p}{x}\frac{dx}{dp}$ द्वारा प्राप्त होती है। अर्थात् यहाँ i.e. $-\frac{p}{x}\frac{dx}{dp}=\frac{5p}{(P+3)(p-2)}$ होगा।

इसका समाकलन करने पर हम पाते हैं कि

$$\log\frac{p-2}{p+3}=\log\frac{c}{x}$$

$$\Rightarrow x=c\frac{(p+3)}{p-2\,c}$$

है। अब, हमें दिया है कि जब $p=3$ है तो $x=6$ होगा।

इससे हम पाते हैं कि

$6=6\,c$ i.e. $c=1$

है। अतः अभीष्ट माँग फलन:

$$x = \frac{p+3}{P-2}$$ है।

**प्रश्न 8.** उपभोग की सीमांत प्रवृत्ति $\frac{dc}{dI} + \frac{2I}{I^2+1}C = \frac{1}{I^2+1}$ द्वारा प्राप्त होती है, जहाँ C उपभोग को तथा I, आय को व्यक्त करता है। उपभोग फलन ज्ञात कीजिए यदि यह दिया हो कि $I = 2$ पर $C = 100$ है।

**उत्तर—** अवकल समीकरण $\frac{dc}{dI} + \frac{2I}{I^2+1}C = \frac{1}{I^2+1}$ एक रैखिक अवकल समीकरण है जिसमें C निर्भर चर तथा I स्वतंत्र चर है। यहाँ $p = \frac{2I}{I^2+1}, Q = \frac{1}{I^2+1}$ है। अतः समीकरण $\frac{dc}{dI} + \frac{2I}{I^2+1}C = \frac{1}{I^2+1}$ का व्यापक हल होगा—

$$c(I^2+1) = \int (I^2+1)\frac{1}{I^2+1}dI$$
$$= I + K \text{ जहाँ } K \text{ समाकलन का अचर है।}$$

प्रारंभिक प्रतिबंध, $I = 2$ पर $C = 100$ है, का प्रयोग करने पर हम पाते हैं कि $K = 498$ है।

∴ उपभोग फलन होगा—

$$C = \frac{I+498}{I^2+1}$$

**प्रश्न 9.** अवकल समीकरण $(D^2 - 5D + 6)y = 0$ को हल कीजिए।

**उत्तर—** यहाँ $f(D) = D^2 - 5D + 6$ है। अतः, $f(m) = 0$ से हम प्राप्त करते हैं—
$m^2 - 5m + 6 = 0$
इस समीकरण को हल करने पर हम पाते हैं कि $m = 2$ और $3$ है।
अतः दिए गए अवकल समीकरण का हल—
$y = c_1 e^{2x} + c_2 e^{3x}$

**प्रश्न 10.** अवकल समीकरण को हल कीजिए।
**उत्तर—** सहायक समीकरण है—
$m^2 + 4m + 4 = 0$
$\Rightarrow m = -2, -2$

अतः, $m = -2$, दिए गए अवकल समीकरण के सहायक समीकरण का एक पुनरावृत्त मूल है। अतः, दिए हुए अवकल समीकरण का व्यापक हल $y = (C_1 + xC_2)e^{-2x}$ है।

**प्रश्न 1 1 . $(D^2 + D + 1)y = 0$ का हल ज्ञात कीजिए।**

**उत्तर**– दिए गए अवकल समीकरण के लिए सहायक समीकरण $m^2 + m + 1 = 0$ है जिसके मूल हैं–

$$m - \frac{1 \pm \sqrt{3}i}{2}$$

$$\therefore \alpha = -\frac{1}{2}, \beta = \frac{\sqrt{3}}{2}$$

अतः दिए हुए अवकल समीकरण का हल होगा–

$$y = e^{\frac{-1}{2}x}\left[c_1 \cos\frac{\sqrt{3}}{2}x + c_2 \sin\frac{\sqrt{3}}{2}x\right]$$

**प्रश्न 1 2 . अवकल समीकरण का हल कीजिए–**

$$\mathbf{\frac{d^2y}{dx^2} + 11\frac{dy}{dx} + 28y = 16.}$$

**उत्तर**– इस स्थिति में सहायक समीकरण $7m^2 + 11\ m + 28 = 0$ है जिसके मूल $m = -7, -4$ हैं। अतः इसका पूरक फलन $(C.F.) C_1e^{-7x} + C_2e^{-4x}$ होगा।

हम देख सकते हैं कि इस स्थिति में y का गुणांक शून्य नहीं है, अतः विशेष समाकलन $\frac{16}{28} = \frac{4}{7}$ होगा।

∴ दिए हुए अवकल समीकरण का व्यापक हल है–

$$y = C.F. + P.I.$$

$$= C_1e^{-7x} + C_2e^{-4x} + \frac{4}{7}$$

**प्रश्न 1 3 . अवकल समीकरण $\frac{d^2y}{dx^2} + 5\frac{dy}{dx} = 11$ का हल ज्ञात कीजिए।**

**उत्तर**– हम सरलता से देख सकते हैं कि इस अवकल समीकरण का पूरक फलन $C.F. = c_1 + c_2e^{-5x}$ है।

*अवकल समीकरण*

क्योंकि इस अवकल समीकरण में y का गुणांक 0 है परंतु $\frac{dy}{dx}$ का गुणांक 5 है (जो कि शून्य नहीं है) हम विशेष समाकलन P.I. $= \frac{11x}{5}$ प्राप्त करते हैं। अतः इसका व्यापक हल $y = c_1 + c_2 e^{-5x} + \frac{11x}{5}$ है।

**प्रश्न 14.** अवकल समीकरण $7\frac{d^2y}{dx^2} = 6$ का हल ज्ञात कीजिए।

**उत्तर—** इस स्थिति में y और $\frac{dy}{dx}$ दोनों के गुणांक शून्य के बराबर हैं, अतः इसका विशेष समाकलन $\frac{6}{2}x^2$ होगा, अर्थात् $y_p = 3x^2$ है।

**प्रश्न 15.** अवकल समीकरण का हल ज्ञात कीजिए—
$y'' + y' + y = 5e^{4x}$

**उत्तर—** हम केवल विशेष समाकलन, अर्थात् P.I. ज्ञात करेंगे। आप पूरक फलन (C.F.) स्वयं ज्ञात कर सकते हैं। इस उदाहरण में $x = 5\,e^{4x}$ है। क्योंकि e के सभी संभव अवकलजों में $e^{4x}$ सम्मिलित होता है, हम $y_p = ke^{4x}$ लेते हैं। अतः, हम पाते हैं कि

$y'_p = 4ke^{4x}, y''_p = 16ke^{4x}$

है। इन्हें समीकरण $y'' + y' + y = 5e^{4x}$ में रखने पर हम प्राप्त करते हैं।
$16ke^{4x} + 4ke^{4x} + ke^{4x} = 5e^{4x}$
$\Rightarrow 21ke^{4x} = 5e^{4x}$
$\Rightarrow 21k = 5, \Rightarrow k = \frac{5}{21}$
$\therefore y_p = \frac{5}{21}e^{4x}$

अवकल समीकरण $y'' + y' + y = 5e^{4x}$ का व्यापक हल पूरक फलन और विशेष समाकलन को जोड़कर प्राप्त किया जा सकता है।

**प्रश्न 16.** अवकल समीकरण का हल ज्ञात कीजिए—
$y'' + 2y' + 2y = e^x + \sin x.$

**उत्तर—** इस अवकल समीकरण का पूरक हल C.F. $= e^{-x}(c_1 \cos x + C_1 \sin x)$ है।

इसका विशेष समाकलन (P.I.) ज्ञात करने के लिए हम देखते हैं कि यहाँ $X = e^x + \sin x$ है। क्योंकि $e^x$ का अवकलज $e^x$ तथा $\sin x$ का अवकलज $\cos x$ होता है, हम विशेष समाकलन में $e^x$, $\sin x$ और $\cos x$ को सम्मिलित करते हैं। अर्थात् विशेष समाकलन को $y_p = a\,e^x + b \sin x + c \cos x$ लेते हैं। इसे अवकल समीकरण $y'' + 2y' + 2y = e^x + \sin x$ में रखने पर हम प्राप्त करते हैं।

$(ae^x - b\sin x - e\cos x) + 2(ae^x + b\cos x - c\sin x) + 2(ae^x + b\sin x + c\cos x)$
$= e^x + \sin x$

$\Rightarrow 5ae^x + (b - 2c)\sin x + (c + 2b)\cos x = e^x + \sin x$

$\Rightarrow 5a = 1, b - 2c = 1, c + 2b = 0$

$\Rightarrow a = \dfrac{1}{5}, b = \dfrac{1}{5}, c = \dfrac{-2}{5}$

$\therefore y_p = \dfrac{1}{5}e^x + \dfrac{1}{5}\sin x - \dfrac{2}{5}\cos x$

अत:, अवकल समीकरण $y'' + 2y' + 2y = e^x + \sin x$ का व्यापक हल है—

y = पूरक फलन (C.F.) + विशेष समाकलन (P.I.)

$= e^x(c_1 \cos x + c_2 \sin x) + \dfrac{1}{5}e^x + \dfrac{1}{5}\sin x - \dfrac{2}{5}\cos x$

# अध्याय 3

## रैखिक बीजगणित

### भूमिका

रैखिक बीजगणित (Linear Algebra) गणित की एक शाखा है जो सदिश आकाश (वेक्टर स्पेस) तथा उन आकाशों के बीच रैखिक प्रतिचित्रण से संबंधित है। रैखिक बीजगणित का आरंभ अनेकों अज्ञात राशियों वाले युगपत समीकरणों के हल से हुआ। इस अध्याय में रेखीय समीकरणों, उनके तंत्रों तथा अंतक्रियाओं एवं समाधानों के बारे में बताया गया है। इसके अलावा इस अध्याय में सदिश एवं सदिश बितान, आव्यूहों और सारणिक व रैखिक आर्थिक प्रतिमान आदि विषयों पर विस्तारपूर्वक चर्चा की गई है।

## 3.1 सदिश

प्राप्त संख्याओं का स्तंभ अथवा पंक्ति को एक सदिश कहते हैं। माना एक उपभोक्ता दो वस्तुओं (सेब और केले) का उपयोग कर रहा है। माना हम इन दोनों वस्तुओं के उपभोग के विभिन्न संचयों को संख्याओं के एक युग्म द्वारा व्यक्त करते हैं, जिनमें से पहली संख्या उपभोक्ता द्वारा उपभोग किए गए सेब की संख्या को तथा दूसरी संख्या केलों की संख्या को दर्शाती है। मान लीजिए कि उपभोक्ता ने 5 सेब तथा 3 केलों का उपभोग किया, हम इसे (5, 3) से दर्शा सकते हैं अर्थात् संख्याओं के एक युग्म से जिन्हें एक कोष्ठक में रखकर अर्द्धविराम (, comma) द्वारा अलग किया गया है। इस संदर्भ में यदि हम संख्या युग्म (3, 7) देखते हैं तो यह हमें दर्शाता है कि उपभोक्ता ने 3 सेब तथा 7 केलों का उपभोग किया है। संख्याओं, प्राचलों (Parameters) अथवा चरों के क्रमित युग्म को एक सदिश कहते हैं। हम सदिशों को वास्तविक संख्याओं के एक क्रमित समुच्चय के रूप में लेंगे। सामान्यतः सदिशों को व्यक्त करने के लिए लघु, कोष्ठकों () या वर्ग कोष्ठकों [ ] का प्रयोग किया जाता है। हम सदिशों को व्यक्त करने के लिए वर्ग कोष्ठकों का प्रयोग करेंगे। सदिश में प्रयुक्त होने वाली संख्याएँ, सदिश के अवयव कहलाती हैं। सदिश को लिखते हुए, कोष्ठकों के अंदर उसके विभिन्न अवयवों को अर्द्ध विराम से अलग करना आवश्यक नहीं है।

एक सदिश की परिभाषा को स्पष्ट करने के लिए हम एक सरल उदाहरण के द्वारा कर सकते हैं। मान लीजिए, एक उपभोक्ता दो वस्तुओं x और y की क्रमशः $x_1$ और $y_1$ मात्रा खरीदता है। हमें इसे एक स्तंभ $\begin{bmatrix} x_1 \\ y_1 \end{bmatrix}$ या एक पंक्ति $[x_1, y_1]$ के रूप में लिख सकते हैं।

यदि सदिश एक स्तंभ के रूप में व्यक्त किया गया हो तो उसे एक स्तंभ सदिश (column vector) कहते हैं और यदि पंक्ति के रूप में व्यक्त किया गया हो एक उसे एक पंक्ति सदिश (row vector) कहते हैं। कोष्ठक के अंदर की प्रत्येक प्रविष्टि, सदिश का अवयव (component) कहलाती है। स्तंभ सदिशों को सामान्यतः अंग्रेजी वर्णमाला के छोटे गाढ़े (bold) अक्षरों द्वारा व्यक्त किया जाता है जैसे कि u, v इत्यादि तथा पंक्ति सदिशों को u', v' द्वारा। ध्यान दें कि अवकलन गणित के संदर्भ में चिह्न ′ का प्रयोग अवकलजों को व्यक्त करने के लिए भी किया जाता है। आप इस चिह्न के विभिन्न प्रयोगों से भ्रमित न हों। ऊपर दिए, स्तंभ तथा पंक्ति, दोनों सदिशों में दो–दो अवयव होते हैं/प्रविष्टियाँ होती हैं और इन सदिशों को 2–सदिश या 2–विमीय अथवा द्विविमीय सदिश कहा जाता है। यदि किसी सदिश में 3 प्रविष्टियाँ/अवयव होते हैं तो उसे 3–सदिश अथवा त्रिविमीय सदिश कहा जाता है, इसी प्रकार यदि किसी n प्रविष्टियों वाले सदिश को n-सदिया या n विमीय सदिश कहा जाता है। मान लीजिए, एक उपभोक्ता n वस्तुओं का उपभोग करता है। मान लीजिए वह इन वस्तुओं की $(x_1, x_2, ......, x_n)$ मात्राओं का उपभोग करता है। यदि एक n-सदिश है। हम इसे x′ से व्यक्त

करते हैं। यहाँ $x' = (x_1, x_2, ....., x_n)$ हैं। इसे एक स्तंभ सदिश के रूप में इस प्रकार लिखा जा सकता है–

$$x = \begin{bmatrix} x_1 \\ x_2 \\ . \\ . \\ . \\ x_n \end{bmatrix}$$

इसी प्रकार, यदि इन n वस्तुओं की कीमतें $[p_1, p_2, ...., p_n]$ है जहाँ $p_i$ $i = 1, 2, 3, ...,$ n के लिए वस्तु i की कीमत है, तो $[p_1, p_2, ...., p_n]$ को एक पंक्ति स्तंभ $p' = [p_1, p_2, ...., p_n]$ के रूप में व्यक्त किया जा सकता है।

**सदिशों के प्रकार**–सदिश कई प्रकार के होते हैं। इनमें से इकाई सदिश (unit vector) का विशेष महत्त्व है। एक 2–सदिश, इकाई सदिश कहलाता है यदि वह $u' = [1\ 0]$ अथवा $v' = [0\ 1]$ के प्रकार का हो। यदि इन सदिशों का कार्तीय तल (Cartesian Plane) में ज्यामितीय निरूपण किया जाए तो ये क्रमशः x-अक्ष या y-अक्ष के संपाती होते हैं।

शून्य सदिश (null vector) सदिशों का एक अन्य महत्त्वपूर्ण प्रकार है। एक शून्य सदिश की सभी प्रविष्टियाँ शून्य होती हैं।

$u' = [1\ 0]$

दो सदिश समान सदिश कहलाते हैं यदि उनकी विमा समान हो तथा उनकी संगत प्रविष्टियाँ बराबर हों। उदाहरण के लिए दो पंक्तियाँ 2–सदिश $u' = [u_1\ u_2]$ और $v' = [v_1\ v_2]$ समान सदिश कहलाते हैं यदि $u_1 = v_1$ और $u_2 = v_2$ हो।

एक अन्य अथवा चौथे प्रकार के सदिश, समदिश सदिश (like vectors) और विपरीत सदिश (unlike vectors) कहलाते हैं। ये सदिश जिनकी दिशा समान हो, समदिश सदिश कहलाते हैं तथा ऐसे सदिश जिनकी दिशा एक–दूसरे के विपरीत हो, विपरीत सदिश कहलाते हैं। ऐसे सदिश जो एक ही रेखा पर या सामानांतर रेखाओं पर स्थित हों, संरेखी सदिश (collinear vectors) कहलाते हैं। इसी प्रकार, एक ही तल पर या दो समानांतर तलों पर स्थित सदिश समतलीय सदिश (coplanar vectors) कहलाते हैं।

**सदिशों का ज्यामितीय निरूपण**–माना हमें दो सदिश $u' = [x_1\ y_1]$ और $v' = [x_2\ y_2]$ दिए हैं। मान लीजिए, $x_1 = 2, y_1 = 0, x_2 = 0$ और $y_2 = 0$ है। अतः हम इन सदिशों को $u' = [2\ \ 0]$ तथा $v' = [0\ \ 2]$ लिख सकते हैं। इन 2–सदिशों का आरेखीय चित्रण इस प्रकार होगा।

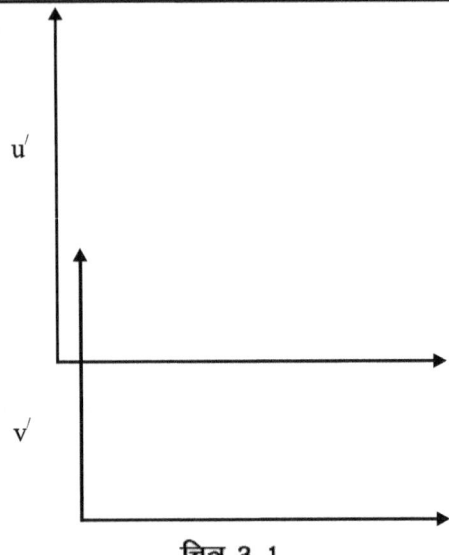

चित्र 3.1

माना हमें एक सदिश w = [3 4] दिया है। यह एक 2-सदिश है, अतः हम इस सदिश को आरेखित करने के लिए x-अक्ष तथा y-अक्ष का उपयोग कर सकते हैं। इसके लिए हम कार्तीय तल के मूल बिंदु (0, 0) से प्रारंभ करते हैं और x-अक्ष पर मूल बिंदु से तीन इकाई दाईं ओर जाते हैं जिससे हम x-अक्ष पर बिंदु 3 तक पहुँच सकें, इस बिंदु से हम 4 इकाई ऊर्ध्वाधर दिशा में, y-अक्ष के समानांतर चलते हैं। इस प्रकार हम बिंदु (3, 4) पर पहुँच जाते हैं। यह बिंदु कार्तीय तल पर एक सदिश के रूप में माना जा सकता है।

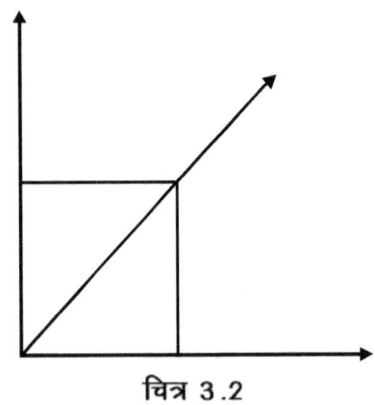

चित्र 3.2

वैकल्पिक रूप से, बिंदु (0, 0) से प्रारंभ होकर सीधे बिंदु (3, 4) तक जाने वाला एक रेखाखंड, जिस पर (तीर द्वारा) दिशा दर्शाई गई हो, इस सदिश को व्यक्त करने की एक सरल विधि है।

अतः, कार्तीय तल में प्रत्येक सदिश बिंदु (एक क्रमित युग्म) द्वारा दर्शाया जा सकता है। इसी प्रकार, प्रत्येक 3-सदिश एक क्रमित त्रियक के द्वारा दर्शाया जा सकता है। इसी प्रकार, देखा जा सकता है कि प्रत्येक n-सदिश को एक n-टपल से निरूपित किया जा सकता है।

## 3.2 सदिशों पर बीजगणितीय संक्रियाएँ
### सदिशों का योग

माना $u' = [1\ 2]$ और $v' = [2\ 1]$ दो 2-सदिश हैं। तब इनका योगफल $u' + v'$ जिसे हम सदिशों का योग (addition of vectors) कहते हैं, $u'$ की प्रविष्टियों में $v'$ की संगत प्रविष्टियों को जोड़कर प्राप्त किया जाता है। इस उदाहरण में $u' + v' = [1+2\ \ 2+1] = [3, 3]$ होगा। कृपया ध्यान रखें कि दो सदिशों का योगफल ज्ञात करने के लिए यह आवश्यक है कि दोनों सदिशों में प्रविष्टियों की संख्या समान हो अर्थात् दोनों सदिशों की विमा समान है। उदाहरण के लिए, हम एक 3-सदिश को एक 2-सदिश में नहीं जोड़ सकते।

सदिशों के योगफल के कुछ गुणधर्म इस प्रकार हैं-

**गुणधर्म 1**—सदिशों का योगफल क्रम विनिमयता के नियम (commutative) को संतुष्ट करता है। किन्हीं भी दो सदिशों u और v के लिए $u + v = v + u$ होता है।

**गुणधर्म 2**—सदिशों को योग साहचर्य के नियम (associative) को संतुष्ट करता है। किन्हीं भी तीन सदिशों u, v और z के लिए $(u + v) + z = u + (v + z)$ होता है।

**गुणधर्म 3**—योग के तत्समक का अस्तित्व (Existence of additive identity)। किसी भी सदिश 0 सदिशों को योग के तत्समक की भूमिका निभाता है। अर्थात् किसी भी सदिश u के लिए $u + 0 = u$ होता है।

**गुणधर्म 4**—योग के प्रतिलोम का अस्तित्व (Existence of additive inverse)। किसी भी सदिश u के लिए, हमें एक सदिश -u होता है जिसके लिए $u + (-u) = (-u) + 4 = 0$ होता है। -u को u का योग प्रतिलोम कहते हैं।

**सदिशों का व्यवकलन**—मान लीजिए हमारे पास दो सदिश : $u' = [1\ 4]$ और $v' = [3\ 2]$ हैं। $u' - v'$, $u'$ के प्रत्येक घटक/की प्रत्येक प्रविष्टि में से $v'$ के संगत घटकों/की संगत प्रविष्टियों को घटाने से प्राप्त होता है। उसे $u'$ और $v'$ का व्यवकलन कहते हैं। यह देखा जा सकता है कि एक सदिश में से दूसरे सदिश को घटाने का अर्थ है, दूसरे सदिश के प्रतिलोम को पहले सदिश में जोड़ना। अतः

$u' - v' = u' + (-v')$

ऊपर लिए गए उदाहरण में
$u' - v' = u' + (-v')$
$[1\ 4] - [3\ 2] = [1\ 4] + [-3\ -2] = [1-3\ \ 2-4] = [-2\ 2]$

नोट : $u' + (-u')$ अथवा $v' + (-v')$ से हमें शून्य सदिश प्राप्त होता है।

**एक सदिश एवं एक अदिश का गुणन**—हम जानते हैं कि एक अदिश एक केवल एक वास्तविक संख्या है। मान लीजिए, r एक अदिश है और u' एक सदिश है। इस सदिश u को r से गुणा करके हमें एक नया सदिश ru' प्राप्त करते हैं जो कि मूल सदिश u से r गुणा है। मान लीजिए, [3 2] एक सदिश है और 3 एक अदिश है। इस सदिश और इस अदिश के गुणन से हमें एक नया सदिश [9 6] प्राप्त होता है। ध्यान दें कि यदि r ऋणात्मक होगा तो इस नए प्राप्त सदिश की दिशा विपरीत हो जाएगी। साथ ही, हम अदिश गुणन का प्रयोग सदिश योग और व्यवकलन के साथ संयोजन में भी किया जा सकता है। अर्थात् यदि u' और v' दो सदिश हैं तथा r एक अदिश है तो $r(u' \pm v') = r\,u' \pm rv'$ होगा।

अदिश गुणन अर्थात् एक सदिश तथा एक अदिश के गुणन के कुछ गुणधर्म निम्न प्रकार हैं—

**गुणधर्म 1**—अदिश गुणन साहचर्य नियम (associative) को संतुष्ट करता है। यदि $r_1$ और $r_2$ अदिश हैं तथा u एक सदिश है, तो $(r_1 \times r_2)\,u = r_1 \times (r_2 \times u)$ होगा।

**गुणधर्म 2**—अदिश गुणन आबंटन के नियम (distributive) को संतुष्ट करता है। यदि $r_1$ और $r_2$ दो अदिश हैं तथा u और v दो समविमीय सदिश हैं तो $(r_1 + r_2)\,u = r_1 \times u + r_2\,u$, और $r_1 \times (u + v) = r_1 \times u + r_1 \times v$ होगा।

**गुणधर्म 3**—गुणन तत्समक का अस्तित्व (Existence of multiplicative identity)। किसी भी सदिश u के लिए $1 \times u = u$ होता है।

## 3.3 सदिशों का रैखिक संचय तथा उनकी रैखिक निर्भरता

माना हमारे पास n n-सदिश $v_1, v_2, v_3, \ldots, v_n$ और n अदिश $k_1, k_2, k_3, \ldots, k_n$ हैं। इनकी सहायता से हम एक नया n-सदिश प्राप्त कर सकते हैं। इसके लिए हम दिए हुए प्रत्येक सदिश को उसके संगत अदिश से गुणा करते हैं और इस प्रकार प्राप्त सभी सदिशों का योग कर लेते हैं। इस प्रकार प्राप्त नए सदिश को दिए हुए सदिशों का रैखिक संचय/संयोजन कहते हैं तथा इसे $k_1v_1 + k_2\,v_2 + k_3v_3 + \ldots + k_nv_n$ के रूप में लिखा जा सकता है।

माना हमें दो 2–सदिशों $v_1 = \begin{bmatrix} 1 \\ 2 \end{bmatrix}$ और $v_2 = \begin{bmatrix} 2 \\ 1 \end{bmatrix}$ तथा दो अदिश $k_1$ और $k_2$ दिए हैं। दिए गए अदिशों की सहायता से इन सदिशों का रैखिक संचय इस प्रकार लिखा जा सकता है—

$$k_1 \begin{bmatrix} 1 \\ 2 \end{bmatrix} + k_2 \begin{bmatrix} 2 \\ 1 \end{bmatrix} = \begin{bmatrix} k_1 \times 1 + k_2 \times 2 \\ k_1 \times 2 + k_2 \times 1 \end{bmatrix}$$

रैखिक संचय की संकल्पना के आधार पर हम अब सदिशों की रैखिक निर्भरता तथा रैखिक स्वतंत्रता की संकल्पनाओं की व्याख्या करते हैं। मान लीजिए, हमें n n-सदिश $v_1, v_2,$

$v_3,...,v_n$ तथा n अदिश $k_1, k_2, k_3,...,k_n$ दिए हैं जो कि सभी के सभी शून्य नहीं हैं। ये सदिश रैखिक आश्रित/निर्भर सदिश कहलाते हैं यदि $k_1v_1 + k_2v_2 + k_3v_3 + ...+ k_nv_n = 0$ हो। दूसरी ओर यदि ऐसे कोई भी अदिश $k_1, k_2, k_3,...,k_n$ न मिल पाएँ जो कि सभी के सभी शून्य न हों। जिसके लिए $k_1v_1 + k_2v_2 + k_3v_3 + ...+ k_nv_n = 0$ हो, तो ये सदिश रैखिक स्वतंत्र सदिश कहलाते हैं।

## 3.4 सदिशों का आंतर गुणन

सदिशों के आंतर गुणन (multiplication of vectors) को सदिशों का डॉट (dot) गुणन या अदिश गुणन भी कहा जाता है। यह एक सदिश और एक अदिश के गुणन से भिन्न है। आंतर गुणन में एक सदिश को एक अन्य सदिश से गुणा किया जाता है और इस गुणन का परिणाम एक अदिश होता है। इसलिए, इसको अदिश गुणन भी कहा जाता है।

माना हमें तीन वस्तुएँ दी हुई हैं। हम दो 3–सदिशों पर विचार करते हैं $q' = [q_1\ q_2\ q_3]$ और $p' = [p_1 p_2\ p_3]$, जहाँ $q_i$ उपभोक्ता द्वारा वस्तु i की खरीदी गई मात्रा को तथा $p_i$ वस्तु i की कीमत को निरूपित करता है जहाँ i = 1, 2, 3 है। जब हम q' में वस्तु i की मात्रा को p' में वस्तु i के मूल्य से गुणा करते हैं तो हमें वस्तु पर किया गया व्यय प्राप्त होता है। यदि हम इन तीन वस्तुओं पर किए गए व्यय का योग कर लें तो हमें उपभोक्ता द्वारा इन तीनों वस्तुओं पर किया गया कुल व्यय प्राप्त हो जाएगा। अतः, कुल व्यय होगा–

$$\sum_{i=1}^{3} q_i p_i$$

यह सदिश q' को सदिश p द्वारा गुणा का परिणाम है। इसे सदिशों का आंतर गुणन या अदिश गुणन या डॉट गुणन कहते हैं या केवल q' और p का गुणन भी कह सकते हैं। आइए, अब हम इस गुणन को व्यापक रूप में देखें। मान लीजिए, हमें दो n-सदिश $u' = [u_1\ u_2...u_n]$ और $v' = [v_1\ \ v_2...v_n]$ ज्ञात हैं। सदिशों u' और v के अदिश का आंतर गुणन को u'.v से व्यक्त करते हैं और इसे निम्न प्रकार से परिभाषित करते हैं–

$$u'.v = [u_1.v_1 + u_2.v_2. + u_3.v_3 +...+ u_n.v_n]$$

$$= \sum_{i=1}^{n} u_i v_i$$

इस समीकरण में प्राप्त गुणनफल एक सदिश नहीं बल्कि एक वास्तविक संख्या अर्थात् अदिश है। यह भी ध्यान दें कि यह आंतर गुणन तभी संभव होगा यदि u' और v' दोनों समविमीय हों। हम नीचे आंतर गुणन/अदिश गुणन के तीन महत्त्वपूर्ण गुणधर्मों का उल्लेख कर रहे हैं जहाँ u, v और z तीन n-सदिश हैं तथा $k_1$ एक अदिश हैं–

**गुणधर्म 1** –अदिश गुणन क्रम विनिमय सिद्धांत को संतुष्ट करता है–

u'.v = v'.u.

**गुणधर्म 2**—अदिश गुणन आबंटन सिद्धांत को संतुष्ट करता है—
u'. (v + z) = u'.v + u'.z.

**गुणधर्म 3**—अदिश गुणन साहचर्य के नियम को संतुष्ट करता है—
$(k_1.u'). v = u'. (k_1. v) = k_1. (u'.v)$.

### 3.5 सदिश समष्टि/बितान

हम n-विमीय सदिश बितान (dimensional vector space) (n-बितान अथवा $\Re^n$) को ऐसे सभी n-सदिशों के समुच्चय के रूप में परिभाषित कर सकते हैं जो n स्वतंत्र n-सदियों के रैखिक संचय द्वारा प्राप्त हों, यद्यपि इनका ज्यामितीय निरूपण संभव नहीं है। ध्यान दें कि चूँकि एक n-बितान का प्रत्येक बिंदु एक क्रमिक n-टपल है, प्रत्येक n-सदिश, n-बितान को एक बिंदु/अवयव को निरूपित करता है। यह n-बितान अथवा $\Re^n$ जो कि वास्तविक संख्याओं के सभी n-टपलों का समुच्चय है, यूक्लिडियन (Euclidean) n-बितान कहलाता है।

सदिश बितान एक ऐसे समुच्चय की तरह माना जा सकता है जिसके अवयव सदिश होते हैं। यूक्लिडियन बितान एक अतिरिक्त संरचना (structure) के साथ सदिश बितान बनाते हैं। यह संरचना सदिशों के उन विभिन्न गुणधर्मों से प्राप्त होती है जिसका अध्ययन हमने इस इकाई में किया है। नीचे हम इन गुणधर्मों का उल्लेख कर रहे हैं। हम $\Re^n$ को v से दर्शाते हैं जहाँ v का प्रयोग "सदिश बितान" के लिए किया गया है। v, v के सभी सदिशों u, v, w के लिए तथा सभी वास्तविक संख्याओं k, m के लिए

(1) जब भी u और v, V में हों, तो u + v भी V में होगा।

(2) u + v = v + u

(3) u + (v + w) = (u + v) + w

(4) v में एक अवयव 0 होता है जो कि इस गुणधर्म को संतुष्ट करता है— V के लिए प्रत्येक अवयव v के लिए

0 + v = v + 0 = v

(5) V के प्रत्येक अवयव v के लिए, हमें V में एक ऐसा अवयव w प्राप्त होता है (जहाँ w = -v होता है) जिसके लिए v = w = w + v = 0 होता है।

(6) V के प्रत्येक अवयव v के लिए, k.v भी V में होता है।

(7) k. (u + v) = k.u = k.v

(8) (k + m). u = k.u + m.u

(9) k. (m.u) = m. (k.u)

(10) 1.u = u

### 3.6 एक सदिश का मानक तथा सदिशों की लांबिकता

एक सदिश की लंबाई ज्ञात करने के लिए हमें सदिश के प्रारंभ बिंदु तथा अंत बिंदु की आवश्यकता होती है। हम इनके बीच की दूरी ज्ञात करना चाहते हैं। सर्वप्रथम एक सरल उदाहरण पर विचार करने पर, मान लीजिए कि सदिश का प्रारंभ [ 0 0 ] है। यद्यपि यहाँ हम ऐसे ही सदिशों के उदाहरण लेते रहे हैं जिनका प्रारंभ बिंदु [ 0, 0 ] है, पर सदा ऐसी ही हो यह आवश्यक नहीं है। इस उदाहरण में भी हम (0, 0) को सदिश प्रारंभ बिंदु ले रहे हैं। मान लीजिए, इस सदिश का अंत बिंदु [ 3, 0 ] है। अतः यह सदिश y-अक्ष पर स्थित है। इस सदिश की लंबाई इसके अंत बिंदु और प्रारंभ बिंदु की दूरी निकाल कर ज्ञात की जा सकती है। इस उदाहरण में लिए गए सदिश की लंबाई 3−0 = 3 है। किसी एक विमीय बितान में स्थित किसी सदिश की लंबाई इस विधि द्वारा ज्ञात की जा सकती है। अब हम एक द्विविमीय बितान में स्थित एक सदिश या एक 2−सदिश की लंबाई ज्ञात करने की विधि पर विचार करेंगे। इसके लिए हम सदिश के ज्यामितीय निरूपण का उपयोग कर सकते हैं। मान लीजिए u' = [2 2] एक द्विविमीय पंक्ति सदिश है। इसे हम एक क्रमिक युग्म (ordered pair) (2, 2) के रूप में लिख सकते हैं। इस सदिश को नीचे रेखाचित्र में दर्शाया गया है–

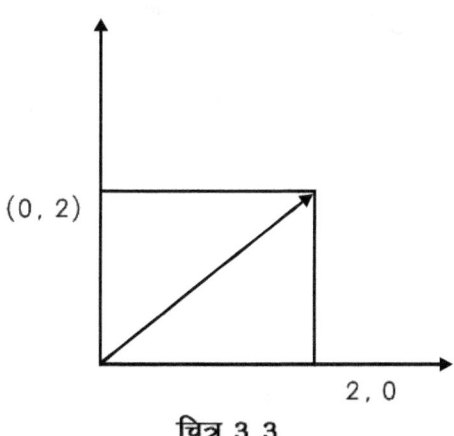

**चित्र 3.3**

हम इस सदिश (2, 2) की लंबाई ज्ञात करते हैं। हम देख सकते हैं कि इस सदिश का प्रारंभ बिंदु A (0, 0) तथा अंत बिंदु C (2, 2) है। ध्यान दें कि यह सदिश AC बिंदु D के साथ मिलकर एक समकोण त्रिभुज CAD बनाता है। हम सदिश u' = [2 2] की अर्थात् रेखाखंड AC की लंबाई ज्ञात करना चाहते हैं। दूसरे शब्दों हम A और C के बीच की दूरी ज्ञात करना चाहते हैं। यह दूरी पाइथागोरस प्रमेय (Pythagoras' theorem) के प्रयोग से ज्ञात की जा सकती है।

त्रिभुज CAD पर पाइथागोरस प्रमेय लगाने पर हम पाते हैं कि $(AC)^2 = (AD)^2 + (DC)^2$

अतः AC की लंबाई अर्थात् A और C के बीच की दूरी, जिसे $\|AC\|$ से व्यक्त किया जा सकता है, $\|AC\| = \sqrt{(AD^2) + (DC)^2}$ के बराबर है।

इसी प्रकार हम त्रिविमीय बितान में भी सदिशों की लंबाई अर्थात् 3–सदिशों की लंबाई ज्ञात कर सकते हैं, तथा n-विमीय बितान में n-सदिशों की लंबाई ज्ञात कर सकते हैं। मान लीजिए $u' = [x_1 \ y_1 \ z_1]$ एक पंक्ति 3–सदिश हैं तथा $v' = [x_1 \ x_2 ... x_n]$ एक पंक्ति n-सदिश है। इन सदिशों की लंबाइयाँ इस प्रकार प्राप्त की जा सकती है–

$$\|u'\| = \sqrt{x_1^2 + y_1^2 + z_1^2}$$

और

$\|v'\| = \sqrt{x_1^2 + x_2^2 + x_3^2 + ... x_n^2}$ हैं। आइए, हम इस अंतिम सदिश $v' = [x_1 \ x_2 ... x_n]$ पर एक नजर डालें। अब v' का आंतर गुणन स्वयं v' से ज्ञात करें, अर्थात् v'. v ज्ञात करें। इसका मान $x_1^2 + x_2^2 + x_3^2 + ... x_n^2$ के बराबर होगा।

अतः, हम पाते हैं कि $\|v'\| = \sqrt{v'.v}$ है।

यदि हम दो सदिश u और v दिए हैं, तो उनके बीच की दूरी $\|u - v\| = \sqrt{(u - v) \cdot (u - v)}$ द्वारा ज्ञात की जा सकती है।

$\Re^n$ में कोई भी दो n-घटक सदिश एक तल को निर्धारित करते हैं। हम दो सदिशों u और v के बीच का कोण $\theta$ ज्ञात कर सकते हैं। u और v के आंतर गुणन में, उनकी लंबाइयों में तथा उनके बीच कोण में एक संबंध है जो कि इस प्रकार है–

माना u और v, $\Re^n$ में दो सदिश हैं और मान लीजिए $\theta$, u और v के बीच का कोण है। तो $u.v = \|u\|\|v\|\cos\theta$ होता है।

यदि $\cos\theta > 0$ है तो $\theta$ एक लघु कोण होगा, यदि $\cos\theta < 0$ है तो $\theta$ एक दीर्घकोण होगा और यदि $\cos\theta = 0$ है तो $\theta$ एक समकोण होगा। दो सदिश लांबिक (orthogonal vectors) कहलाते हैं यदि वे एक–दूसरे के लंबवत् हों अर्थात् यदि $\cos\theta = 0$ हो।

## 3.7 आव्यूहों (Matrices) की सदिश समष्टि

चार चरों वाले तीन युगपत् समीकरणों (Simultaneous Equations) का निम्नलिखित निकाय लीजिए–

$$x - 2y + 4z + t = 0$$

$$x + \frac{1}{2}y + 11t = 0$$

$$3y - 5z = 0$$

चर x, y, z और t के गुणांकों (Coefficients) को पंक्तियों (rows) और स्तंभों में एक आयताकार (Rectangular) व्यवस्था में निम्न रूप से लिखा जा सकता है–

1 −2 4 1 (प्रथम समीकरण के गुणांक)

1 1/2 0 11 (द्वितीय समीकरण के गुणांक)

0 3 −5 0 (तृतीय समीकरण के गुणांक)

संख्याओं की इस प्रकार की आयताकार व्यवस्था को आव्यूह (Matrix) कहा जाता है। आव्यूह को प्रायः वर्ग कोष्ठक [ ] या गोल कोष्ठक ( ) के अंदर रखा जाता है, जैसे–

$$\begin{bmatrix} 1 & -2 & 4 & 1 \\ 1 & \frac{1}{2} & 0 & 11 \\ 0 & 3 & -5 & 0 \end{bmatrix} \text{ या } \begin{pmatrix} 1 & -2 & 4 & 1 \\ 1 & \frac{1}{2} & 0 & 11 \\ 0 & 3 & -5 & 0 \end{pmatrix}$$

आव्यूह के विभिन्न स्थानों पर लिखी गई संख्याओं को आव्यूह के अवयव कहते हैं। एक ही संख्या आव्यूह के दो या दो से अधिक स्थानों पर हो सकती है। उदाहरण के लिए, ऊपर दिए गए आव्यूह में संख्या 1 तीन अलग–अलग स्थानों पर लिखी गई है। ऊपर दिए गए आव्यूह में तीन क्षैतिज पंक्तियाँ हैं और प्रत्येक पंक्ति में 4 अवयव हैं। इन क्षैतिज पंक्तियों को आव्यूह की पंक्तियाँ कहते हैं। इस आव्यूह में चार खड़ी पंक्तियों को, जिनमें से प्रत्येक में 3 अवयव हैं, आव्यूह के स्तंभ कहते हैं। इस तरह हम यह देखते हैं कि इस आव्यूह में तीन पंक्तियाँ और चार स्तंभ है। हम कहते हैं कि यह आव्यूह $3 \times 4$ कोटि का है, या यह $3 \times 4$ आव्यूह है। पंक्तियों को ऊपर से नीचे की ओर गिना जाता है। स्तंभों को बाईं से दाईं ओर गिना जाता है। इस तरह, पहली पंक्ति (1, –2, 4, 1) है, दूसरी पंक्ति (1, 1/2, 0, 11) है।

इस प्रकार, ऊपर दिए गए उदाहरण में पहला स्तंभ $\begin{bmatrix} 1 \\ 1 \\ 0 \end{bmatrix}$ है, दूसरा स्तंभ $\begin{bmatrix} -2 \\ 1/2 \\ 3 \end{bmatrix}$ है, आदि।

ध्यान दीजिए कि प्रत्येक पंक्ति $1 \times 4$ आव्यूह है और प्रत्येक स्तंभ $3 \times 1$ आव्यूह।

**आव्यूह की परिभाषा**–($m \times n$ कोटि का आव्यूह जहाँ m और n कोई भी दो प्राकृतिक संख्याएँ हैं) मान लीजिए F एक क्षेत्र है। m पंक्तियों और n स्तंभों में व्यवस्थित F के m n अवयवों की आयताकार सारणी (Rectangular array) को F पर $m \times n$ कोटि का आव्यूह अथवा $m \times n$ आव्यूह कहा जाता है।

$$A = \begin{bmatrix} a_{11} & a_{12} \ldots\ldots & a_{1n} \\ a_{21} & a_{22} \ldots\ldots & a_{2n} \\ \cdot & \cdot & \cdot \\ \cdot & \cdot & \cdot \\ \cdot & \cdot & \cdot \\ a_{m1} & a_{m2} \ldots\ldots & a_{mn} \end{bmatrix}$$

यह आवश्यक नहीं है कि m n अवयव अलग-अलग ही हों।

iवीं पंक्ति और jवें स्तंभ में प्रतिच्छेद (Intersection) पर स्थित अवयव को $(i, j)$वाँ अवयव कहा जाता है। उदाहरण के लिए, ऊपर दिए गए $m \times n$ आव्यूह में $(2, n)$वाँ अवयव $a_{2n}$ है जो कि 2वीं पंक्ति और nवें स्तंभ के प्रतिच्छेद पर स्थित है।

इस आव्यूह का संक्षिप्त संकेतन $[a_{ij}]_{m \times n}$ है या केवल $[a_{ij}]$ (यदि m और n का उल्लेख करना आवश्यक न हो)। हम आव्यूहों को अंग्रेजी के बड़े अक्षर A, B, C, .....आदि से भी दर्शाते हैं। F पर सभी $m \times n$ आव्यूहों के समुच्चय को $M_{m \times n}(F)$ से दर्शाते हैं।

यदि m = n हो तो हम आव्यूह को वर्ग आव्यूह (Square matrix) कहते हैं। F पर सभी $n \times n$ आव्यूहों के समुच्चय को $M_n(F)$ से प्रकट किया जाता है।

$m \times n$ आव्यूह में प्रत्येक पंक्ति एक $1 \times n$ आव्यूह है और इसे पंक्ति सदिश (Row Vector) भी कहते हैं। इसी प्रकार प्रत्येक स्तंभ एक $m \times 1$ आव्यूह है और इसे स्तंभ सदिश (Column Vector) भी कहते हैं।

### 3.8 आव्यूहों के प्रकार

मैट्रिक्स में कुछ विशेष प्रकार होते हैं जो कि इस प्रकार हैं–

**(1) वर्ग आव्यूह (Square Matrix)**—यदि पंक्तियों तथा पृष्ठों की संख्या समान हो तो उस आव्यूह को वर्ग आव्यूह कहते हैं अर्थात् m = n हो तो आव्यूह को n क्रम का वर्ग समूह कहते हैं। अन्य आव्यूह जहाँ $m \neq n$ हो तो वे आयताकार आव्यूह कहलाते हैं।

यदि किसी मैट्रिक्स (आव्यूह) में पंक्तियों तथा पृष्ठों की संख्या एक समान हो तो यह वर्गाकार मैट्रिक्स कहलाता है।

$$[6], \begin{bmatrix} 2 & 0 \\ 6 & 8 \end{bmatrix}, \begin{bmatrix} 4 & 3 & 9 \\ 3 & 6 & 2 \\ 2 & 3 & 1 \end{bmatrix}$$ यह तीनों क्रमशः $1 \times 1, 2 \times 2$ तथा $3 \times 3$ कोटियों के वर्गाकार मैट्रिक्स हैं। एक $n \times n$ कोटि का वर्गाकार मैट्रिक्स (आव्यूह) n पंक्तियों वाला वर्गाकार मैट्रिक्स (आव्यूह) भी कहा जाता है। वर्गाकार मैट्रिक्स (आव्यूह) $(a_{ij})_{m \times n}$ में, वह रेखा, जिसमें $a_{11}, a_{22}$ .............$a_{nn}$ अवयव अंतर्विष्ट हों, उसे वर्गाकार मैट्रिक्स (आव्यूह) का मुख्य विकर्ण (Principal Diagonal) कहा जाता है।

**(2) सदिश आव्यूह (Vector Matrix)**—$1 \times n$ क्रम का आव्यूह जिसमें केवल एक पंक्ति हो उसे साधारणतः पंक्ति सदिश (Row Vector) कहते हैं। $\beta = [\beta_1, \beta_2 ............\beta_n]$ इसी प्रकार $n \times 1$ क्रम का आव्यूह जिसमें केवल एक स्तंभ हो उसे स्तंभ या पृष्ठ सदिश (Column Vector) कहते हैं।

यदि एक मैट्रिक्स में केवल एक ही पंक्ति हो उदाहरणतः मैट्रिक्स [1, 5, 3, 4], [2, 1] तथा [4, 0, –3] मैट्रिक्स के वर्ग क्रमशः $1 \times 4$, $1 \times 2$ तथा $1 \times 3$ है। यदि एक मैट्रिक्स में एक ही पृष्ठ हो तो उसे पृष्ठ मैट्रिक्स कहते हैं। उदाहरणतः—

$$\begin{bmatrix} 13 \\ 12 \\ 6 \end{bmatrix}_{3 \times 1} \begin{bmatrix} 2 \\ 0 \end{bmatrix}_{2 \times 1} \begin{bmatrix} 6 \\ 21 \\ 3 \\ 9 \end{bmatrix}_{4 \times 1} \alpha = \begin{bmatrix} \alpha_1 \\ \alpha_2 \\ \vdots \\ \alpha_n \end{bmatrix}$$

**(3) शून्य आव्यूह (Null Matrix)**—वह आव्यूह है जिसका प्रत्येक अवयव शून्य है। इसे 0 द्वारा प्रदर्शित किया जाता है।

उदाहरणतः $\begin{bmatrix} 0 & 0 & 0 \\ 0 & 0 & 0 \end{bmatrix}_{2 \times 3} \begin{bmatrix} 0 \\ 0 \\ 0 \end{bmatrix}_{3 \times 1} \begin{bmatrix} 0 & 0 & 0 \\ 0 & 0 & 0 \\ 0 & 0 & 0 \end{bmatrix}_{3 \times 3}$

**(4) विकर्णी आव्यूह**—एक n क्रम के वर्ग आव्यूह में अवयव के अनुदिश को विकर्ण कहते हैं। एक वर्गाकार आव्यूह को जिसके विकर्ण के अवयवों के अतिरिक्त सभी अवयव शून्य हों उसे विकर्णी आव्यूह कहते हैं।

उदाहरणतः $\begin{bmatrix} 2 & 0 & 0 \\ 0 & 6 & 0 \\ 0 & 0 & 11 \end{bmatrix}$ तीसरी कोटि का विकर्णी समुच्चय (आव्यूह) है।

**(5) अदिश आव्यूह (Scalar Matrix)**—यदि k कोई अदिश संख्या है और A कोई आव्यूह है तो KA एक ऐसा आव्यूह कहा जाता है जिसका प्रत्येक अवयव A के प्रत्येक संगत अवयव का k गुणा होता है। यथा—KA = [K $a_{ij}$]

ऐसे वर्गाकार आव्यूह को भी अदिश आव्यूह कहते हैं जिसके विकर्ण के सभी अवयव बराबर हों तथा अन्य सभी शून्य हों।

उदाहरणतः $\begin{bmatrix} 2 & 0 \\ 0 & 2 \end{bmatrix}_{2 \times 2}$, $\begin{bmatrix} 6 & 0 & 0 \\ 0 & 6 & 0 \\ 0 & 0 & 6 \end{bmatrix}_{3 \times 3}$ अदिश आव्यूह हैं।

**(6) एकवत् या सत्समकारी आव्यूह (Unit or Identity Matrix)**—n क्रम के ऐसे वर्ग समूह को n क्रम का एकवत् आव्यूह कहते हैं जिसके मुख्य विकर्ण (Principal Diagonal)

के संपूर्ण स्थानों पर एक इकाई (units) हों और इसके अतिरिक्त अन्य स्थानों में शून्य हों। इसको I या $I_n$ से प्रकट करते हैं। माना A, n क्रम का कोई वर्ग आव्यूह और I, n क्रम का एकवत् आव्यूह है तब–IA = AI', A

उदाहरणतः $\begin{bmatrix} 1 & 0 \\ 0 & 1 \end{bmatrix}, \begin{bmatrix} 1 & 0 & 0 \\ 0 & 1 & 0 \\ 0 & 0 & 1 \end{bmatrix}$ एकवत् या सत्समकारी आव्यूह के उदाहरण हैं।

**(7) पक्षांतरणित आव्यूह (Transposed Matrix)**–किसी आव्यूह के स्तंभ (पृष्ठ) तथा पंक्तियों को परिवर्तित कर देने पर प्राप्त आव्यूह को उस आव्यूह का पक्षांतरण (Transpose) कहा जाता है। यदि आव्यूह A की पंक्तियों को तथा स्तंभों को इस प्रकार परिवर्तित किया जाए कि प्रथम पंक्ति, प्रथम स्तंभ और प्रथम स्तंभ प्रथम पंक्ति बन जाए तो वह आव्यूह पक्षांतरिणत आव्यूह A' कहा जाता है।

उदाहरणतः $A = \begin{bmatrix} 2 & 6 \\ 3 & 2 \\ 1 & 3 \end{bmatrix}$ तब $A' = \begin{bmatrix} 2 & 3 & 1 \\ 6 & 2 & 3 \end{bmatrix}$

**(8) सममित आव्यूह**–यदि वर्ग आव्यूह A के लिए A = A' तब A सममित आव्यूह कहा जाता है। एकवत् आव्यूह एक सममित आव्यूह है क्योंकि–I = I'

उदाहरणतः $A = \begin{bmatrix} 2 & 3 \\ 3 & 4 \end{bmatrix}, A' = \begin{bmatrix} 2 & 3 \\ 3 & 4 \end{bmatrix}$

अतः A = A' = सममित आव्यूह।

### 3.9 आव्यूहों के व्यवकलन तथा गुणन

**आव्यूहों का व्यवकलन (Subtraction of Matrices)**–आव्यूह (–B) वह आव्यूह है जिसके अवयव B के अवयवों को –1 से गुणा करने पर आते हैं। दो आव्यूहों के अंतर A – B की व्याख्या $A - B = A + (-B) = \{a_{ij} - b_{ij}\}$ द्वारा होती है।

यदि दो आव्यूह A तथा B समान क्रम के हों तभी तथा केवल तभी एक में से दूसरे को घटाया जा सकता है, जब मैट्रिक्स A के पृष्ठों की संख्या मैट्रिक्स B के पृष्ठों के तथा A की पंक्तियों की संख्या B की पंक्तियों के बराबर हो। दूसरे शब्दों में समान क्रम के दो मैट्रिक्स घटा करने की पुष्टि के लायक हैं।

समान क्रम के दो आव्यूहों में घटा करने की प्रक्रिया संगत अवयवों में घटा की प्रक्रिया करके प्राप्त की जाती है।

यदि, $A = [a_{ij}]$ , $B = [b_{ij}]$

तब $C = A - B$

$C_{ij} = a_{ij} - b_{ij}$

उदाहरणत: $A = \begin{bmatrix} 3 & 6 \\ 7 & 0 \end{bmatrix}$, $B = \begin{bmatrix} -1 & 7 \\ 8 & 4 \end{bmatrix}$

$\therefore\ A - B = \begin{bmatrix} 4 & -1 \\ -1 & -4 \end{bmatrix}$

**आव्यूहों का गुणन (Multiplication of Matrices)**—यदि k कोई संख्या है और A कोई आव्यूह है तो kA एक ऐसा आव्यूह कहा जाता है जिसका प्रत्येक अवयव A के प्रत्येक संगत अवयव का k गुणा होता है अर्थात् $kA = [k\,a_{ij}]$

उदाहरणत: माना $A = \begin{bmatrix} 3 & 8 \\ 5 & 0 \end{bmatrix}$ और $k = -4$ तब $kA = \begin{bmatrix} -12 & -32 \\ -20 & 0 \end{bmatrix}$

दो आव्यूह A, B गुणनफल AB के लिए अनुकूलनीय कहे जाते हैं जब A में स्तंभों की संख्या B में पंक्तियों की संख्या के बराबर होती है। A और B के गुणनफल AB में क्रमशः पंक्तियों की संख्या A के समान और स्तंभों की संख्या B के समान हैं। A आव्यूह $m \times p$ क्रम का है तथा B आव्यूह $p \times n$ क्रम का है तब AB आव्यूह $m \times n$ क्रम का होगा।

दो आव्यूहों A तथा B का गुणन AB को केवल तभी परिभाषित किया जाता है जब A के पृष्ठों [कॉलमों] की संख्या B की पंक्तियों की संख्या के बराबर हो। A तथा B के गुणन AB में, आव्यूह A तथा आव्यूह B क्रमशः पूर्व गुणनखंड (Pre-factor) तथा पश्च गुणनखंड (Post-factor) कहलाते हैं।

माना कि $A = [a_{ij}]$ तथा $B = (b_{jk})$ दो क्रमशः $m \times n$ तथा $n \times p$ कोटियों के आव्यूह हैं। यहाँ AB परिभाषित है क्योंकि A के पृष्ठों की संख्या B की पंक्तियों की संख्या के बराबर है। गुणन AB ऐसे परिभाषित है जिसका (i, k)वाँ $a_{i1}\,b_{1k} + a_{i2}\,b_{2k} + \ldots\ldots\ldots$ के बराबर है।

यदि, $A = \begin{bmatrix} a_1 & a_2 & a_3 \end{bmatrix}_{1\times3}$ और $B = \begin{bmatrix} b_1 \\ b_2 \\ b_3 \end{bmatrix}_{3\times1}$

तब, $AB = \begin{bmatrix} a_1b_1 + a_2b_2 + a_3b_3 \end{bmatrix}$

उदाहरणत: माना $A = \begin{bmatrix} 5 \\ 6 \\ 3 \\ 2 \end{bmatrix}_{4\times1}$ $B = [1, 2, 6, 3, 5]_{1\times5}$

तब, $AB = \begin{vmatrix} 5\times1 & 5\times2 & 5\times6 & 5\times3 & 5\times5 \\ 6\times1 & 6\times2 & 6\times6 & 6\times3 & 6\times5 \\ 3\times1 & 3\times2 & 3\times6 & 3\times3 & 3\times5 \\ 2\times1 & 2\times2 & 2\times6 & 2\times3 & 2\times5 \end{vmatrix} = \begin{bmatrix} 5 & 10 & 30 & 15 & 25 \\ 6 & 12 & 36 & 18 & 30 \\ 3 & 6 & 18 & 9 & 15 \\ 2 & 4 & 12 & 6 & 10 \end{bmatrix}_{4\times 5}$.

## 3.10 आव्यूहों के सहखंडज एवं प्रतिलोम

**सहखंडज (Adjoint)**—माना $A = (a_{ij})$, एक n वर्गाकार आव्यूह है। आव्यूह A के अवयवों $a_{ij}$ के सहखंड (Cofactors) ज्ञात करने के बाद इन सहखंडों से बने आव्यूह का पक्षांतरणित (Transpose) आव्यूह, A का सहखंडज (Adjoint Matrix) कहलाता है।

सहखंडज $A = Adj. A = (A_{ij})'$ जहाँ $A_{ij}$ |A| में $a_{ij}$ का सहगुणनखंड है।

माना $A = \begin{bmatrix} a_{11} & a_{12} & a_{13} \\ a_{21} & a_{22} & a_{23} \\ a_{31} & a_{32} & a_{33} \end{bmatrix}$, तब सहखंडज $A = \begin{bmatrix} A_{11} & A_{12} & A_{13} \\ A_{21} & A_{22} & A_{23} \\ A_{31} & A_{32} & A_{33} \end{bmatrix}^T$

**टिप्पणी—**

(1) एक सारणिक की किसी पंक्ति अथवा पृष्ठ के अवयवों के गुणनफलों का संगत सहगुणनखंडों के साथ जोड़ सारणिक की कीमत के बराबर होता है।

(2) किसी पंक्ति (पृष्ठ) के अवयवों के गुणनफल का किसी दूसरी पंक्ति (पृष्ठ) के संगत अवयवों के सहगुणनखंड के साथ गुणनखंड का जोड़ शून्य है।

उदाहरणतः माना $A = \begin{bmatrix} 1 & -2 & 3 \\ 2 & 3 & -1 \\ -3 & 1 & 2 \end{bmatrix}$

तब इस आव्यूह का सहखंडन आव्यूह ज्ञात कीजिए।

**हल—** यहाँ, $a_{11} = 1$ तथा इसके सहगुणनखंड $A_{11} = (-1)^{1+1} \begin{vmatrix} 3 & -1 \\ 1 & 2 \end{vmatrix} = 7$

$a_{12} = -2$ तथा इसके सहगुणनखंड $A_{12} = (-1)^{1+2} \begin{vmatrix} 2 & -1 \\ -3 & 2 \end{vmatrix} = -1$

$a_{13} = 3$ तथा इसके सहगुणनखंड $A_{13} = (-1)^{1+3} \begin{vmatrix} 2 & 3 \\ -3 & 1 \end{vmatrix} = 11$

उसी प्रकार $A_{21} = 7, A_{22} = 11, A_{23} = 5, A_{31} = -7, A_{32} = 7, A_{33} = 7$

$$\therefore \text{ सहखंडज } A = \begin{bmatrix} A_{11} & A_{12} & A_{13} \\ A_{21} & A_{22} & A_{23} \\ A_{31} & A_{32} & A_{33} \end{bmatrix}^T$$

$$= \begin{bmatrix} 7 & -1 & 11 \\ 7 & 11 & 5 \\ -7 & 7 & 7 \end{bmatrix}^T = \begin{bmatrix} 7 & 7 & -7 \\ -1 & 11 & 7 \\ 11 & 5 & 7 \end{bmatrix}$$

**आव्यूह का व्युत्क्रम अथवा प्रतिलोम (The Inverse of a Matrix)**—जिस प्रकार अदिश के लिए $\lambda\lambda^{-1} = I$ होता है उसी प्रकार आव्यूह A के लिए उसका व्युत्क्रम $A^{-1}$ होता है तथा $AA^{-1} = A^{-1}. A = I$ (Unit Matrix), यहाँ $A^{-1}$ को आव्यूह A का व्युत्क्रम आव्यूह कहते हैं। सहखंडज आव्यूह में A स्थिर की भाग करने पर जो आव्यूह प्राप्त होता है उसे व्युत्क्रम आव्यूह कहते हैं। यदि स्थिर $|A|$ का मान शून्य हो तब व्युत्क्रम आव्यूह नहीं होता।

माना कि A, n क्रम का वर्गाकार आव्यूह है। n क्रम का B आव्यूह A का व्युत्क्रम आव्यूह कहलाता है यदि $AB = BA = I_n$

A के व्युत्क्रम को $A^{-1}$ द्वारा संकेतित करते हैं इसलिए $B = A^{-1}$

यदि B, A का व्युत्क्रम है तो A, B व्युत्क्रम है।

$\therefore A^{-1} \times A = AA^{-1} = I_n$

एक वर्गाकार आव्यूह के लिए अपने व्युत्क्रम आव्यूह से युक्त होने के लिए आवश्यक तथा पर्याप्त शर्त है कि $|A| \neq 0$। यदि A तथा B गैर एकमात्र वर्गाकार एक ही क्रम के आव्यूह हैं तो $(AB)^{-1} = B^{-1} A^{-1}$

A का व्युत्क्रम $A^{-1}$ द्वारा दिया जाता है $= \dfrac{1}{|A|}$ (सहखंडज A)

जब एक मात्र वर्गाकार A का व्युत्क्रम $A^{-1}$ विद्यमान हो तो

$AA^{-1} = A^{-1}A = I$

यदि A सम्मित है तब $A' = A$

अब, $(AA^{-1})' = (A^{-1})' A' = (A^{-1})' A$

और $I' = (A^{-1})' A, I = (A^{-1})' A$

$\therefore I A^{-1} = (A^{-1})' A^{-1} A$ अथवा $A^{-1} = (A^{-1})'$

अतः $A^{-1}$ सम्मित है।

उदाहरणतः आव्यूह $\begin{bmatrix} 1 & -2 & 3 \\ 2 & 3 & -1 \\ -3 & 1 & 2 \end{bmatrix}$ का सहखंडज (A) $= \begin{bmatrix} 7 & 7 & -7 \\ -1 & 11 & 7 \\ 11 & 5 & 7 \end{bmatrix}$

अतः $A^{-1} = \dfrac{[\text{Adj}A]}{|A|}$

यहाँ, $|A| = 1\times 7 + 2\times 1 + 3\times 11 = 42$

$$\therefore\ A^{-1} = \frac{1}{42}\begin{bmatrix} 7 & 7 & -7 \\ -1 & 11 & 7 \\ 11 & 5 & 7 \end{bmatrix}.$$

### 3.11 सारणिक

सारणिक ऐसा क्रम है जिसमें $n \times n$ संख्याओं को पंक्तिबद्ध तथा पृष्ठबद्ध (कॉलमों) लिखा जाता है। सारणिक में पंक्तियों तथा पृष्ठों की संख्या बराबर होती है। सारणिक का एक निश्चित संख्यात्मक मान होता है जो कि |A| द्वारा द्योतित किया जाता है। प्रथम कोटि का सारणिक वह होगा जिसमें एक पंक्ति (Row) तथा एक ही पृष्ठ (Column) हो। द्वितीय कोटि का सारणिक वह होगा जिसमें दो पंक्तियाँ और दो पृष्ठ हों। इस प्रकार सारणिक की कोटि (Order) यदि 4 हो तब उसमें पंक्तियाँ तथा पृष्ठ दोनों ही चार होंगे।

सारणिक को हल करने के लिए हम लघु पदों (Minors) और सहगुणनखंडों (Cofactors) का गणन करते हैं। लघुपद Minor ज्ञात करते समय उस पंक्ति (Row) और उस पृष्ठ Column के सभी अवयव (Elements) समाप्त कर दिए जाते हैं।

$M_{11} = a_{22}$, $M_{12} = a_{21}$, $M_{21} = a_{12}$ और $M_{22} = a_{11}$

सहगुणनखंड Cofactor = $(-1)^{i+j}$ लघुपद (Minor)

$\therefore\ C_{ij} = (-1)^{i+j} M_{ij}$

जहाँ तब हम पाते हैं, i = पंक्तियों (Rows) की संख्या, j = पृष्ठों (Columns) की संख्या

$C_{11} = (-1)^2 a_{22}$, $C_{12} = (-1)^3 a_{21}$, $C_{21} = (-1)^3 a_{12}$, $C_{22} = (-1)^4 a_{11}$

सारणिक का मान ज्ञात करने के लिए हम निम्न सूत्र का प्रयोग करते हैं–

$\Delta = a_{11}\ c_{11} + a_{12}\ c_{12}$

$\Delta = a_{21}\ c_{21} + a_{22}\ c_{22}$

$\Delta = a_{11}\ c_{11} + a_{21}\ c_{21}$

$\Delta = a_{12}\,c_{12} + a_{22}\,c_{22}$

इस प्रकार हम एक सारणिक को किसी भी पंक्ति या किसी भी पृष्ठ से खोल सकते हैं। निष्कर्ष यह है कि सारणिक का मान ज्ञात करने के लिए हम किसी भी पंक्ति अथवा किसी भी पृष्ठ का प्रयोग कर सकते हैं। n कोटि का सारणिक निम्नलिखित है—

$$\Delta = \begin{vmatrix} a_{11} & a_{12} & - & - & - & a_{1n} \\ a_{21} & a_{22} & - & - & - & a_{2n} \\ - & - & - & - & - & - \\ - & - & - & - & - & - \\ - & - & - & - & - & - \\ a_{n1} & a_{n2} & - & - & - & a_{nn} \end{vmatrix}$$

जहाँ n $(\geq 2)$ है। $1 \leq i, j \leq n$, के लिए हम परिभाषित करते हैं।

$a_{ij}$ का लघुपद = $M_{ij}$ जो कि $\Delta$ से पाया गया सारणिक है जिसे iवीं पंक्ति और jवें पृष्ठ (Column) को निकाल कर प्राप्त किया गया है।

$a_{ij}$ का सहगुणनखंड $(-1)^{i+j} M_{ij}$ द्वारा परिभाषित किया जाता है तथा $A_{ij}$ के रूप में लिखा जाता है। उदाहरण: यदि $\Delta = \begin{vmatrix} 1 & 4 & 7 \\ 6 & 9 & 3 \\ 0 & 8 & 7 \end{vmatrix}$

तब, $M_{12} = a_{12}$ का लघुपद $(4) = \begin{vmatrix} 6 & 3 \\ 0 & 7 \end{vmatrix} = 42 - 0 = 42$

$M_{23} = a_{23}$ की लघुपद $(3) = \begin{vmatrix} 1 & 4 \\ 0 & 8 \end{vmatrix} = 8 - 0 = 8$

$M_{21} = a_{21}$ का लघुपद $(6) = \begin{vmatrix} 4 & 7 \\ 8 & 7 \end{vmatrix} = 28 - 56 = -28$

$\therefore A_{12} = a_{12}$ का सहगुणनखंड $= (-1)^{1+2} M_{12} = -1 \times 42 = -42$

$A_{22} = a_{22}$ का सहगुणनखंड $= (-1)^{2+2} M_{22} = 7 - 0 = 7$

अब, हम वर्गाकार मैट्रिक्स परिभाषित करेंगे—

$$A = \begin{vmatrix} a_{11} & a_{12} & - & - & - & a_{1n} \\ a_{21} & a_{22} & - & - & - & a_{2n} \\ - & - & - & - & - & - \\ - & - & - & - & - & - \\ - & - & - & - & - & - \\ a_{n1} & a_{n2} & - & - & - & a_{nn} \end{vmatrix}$$

माना, $n \geq 2$ वर्ग की वर्गाकार मैट्रिक्स है।

A के सारणिक को $a_{i1} A_{i1} + a_{i2} A_{i2} + .......... + a_{in} A_{in}$ द्वारा परिभाषित करते हैं $= \sum_{j=1}^{n} a_{ij} A_{ij}$ जहाँ i, j और n के बीच में कोई संख्या है। उपरोक्त व्यंजक के iवीं पंक्ति के मूल घटकों को पदों में परिभाषित किया जाता है। इस परिभाषा से यह स्पष्ट हो जाता है कि A का सारणिक पहली, दूसरी..., nवीं पंक्तियों में से किसी के भी घटक द्वारा व्यक्त किया जा सकता है। वर्गाकार मैट्रिक्स का सारणिक इस प्रकार परिभाषित किया जाता है कि इसकी कीमतों को nवें पृष्ठ में से किसी भी अवयव के पदों में व्यक्त किया जा सके। वर्गाकार मैट्रिक्स के सारणिक को समरूप से jवें पृष्ठ $(1 \leq j \leq n)$ के अवयवों के रूप में परिभाषित किया जा सकता है जैसे–

$$a_{ij} A_{ij} + ............ + a_{nj} A_{nj} = \sum_{j=1}^{n} a_{ij} A_{ij}$$

वर्गाकार मैट्रिक्स A के सारणिक को |A| द्वारा अथवा सारणिक A लिखा जाता है। जैसे–

$$\begin{matrix} a_{11} & a_{12} & - & - & - & a_{1n} \\ a_{21} & a_{22} & - & - & - & a_{2n} \\ - & - & - & - & - & - \\ - & - & - & - & - & - \\ a_{n1} & a_{n2} & - & - & - & a_{nn} \end{matrix}$$

**सारणिकों की विशेषताएँ (Properties of Determinants)**—सारणिकों के प्रमुख गुण इस प्रकार हैं–

(1) अगर सारणिकों में पक्तियों को पृष्ठों में और पृष्ठों को पंक्तियों में लिखा जाए तो सारणिकों का मान अपरिवर्तित रहता है।

माना कि $\Delta = \begin{vmatrix} a_1 & b_1 & c_1 \\ a_2 & b_2 & c_2 \\ a_3 & b_3 & c_3 \end{vmatrix}$

पहली पंक्ति से सारणिक को विकसित करते हुए–

$\Delta = a_1 (b_2 c_3 - b_3 c_2) - b_1 (a_2 c_3 - a_3 c_2) + c_1 (a_2 b_3 - b_2 a_3)$

पहले पृष्ठ (कॉलम) से सारणिक को विकसित करते हुए–

$\Delta = a_1 (b_2 c_3 - b_3 c_2) - a_2 (b_1 c_3 - b_3 c_1) + a_3 (b_1 c_2 - b_2 c_1)$

दोनों का मान एक जैसा है, अतः सारणिक की पंक्तियों और पृष्ठों को आसानी से अंतर बदल किया जा सकता है, सारणिक की कीमत एक जैसी रहती है।

(2) अगर दो पंक्तियों या पृष्ठों का स्थान परिवर्तन किया जाए तो चिह्न बदल जाता है।

$$\Delta = \begin{vmatrix} a_1 & b_1 & c_1 \\ a_2 & b_2 & c_2 \\ a_3 & b_3 & c_3 \end{vmatrix} = a_1 (b_2 c_3 - b_3 c_2) - b_1 (a_2 c_3 - a_3 c_2) + c_1 (a_2 b_3 - b_2 a_3)$$

माना कि $\Delta'$, $\Delta$ की कोई भी पक्तियों (अथवा पृष्ठों) के अंतर बदल द्वारा प्राप्त किया गया सारणिक है। पहला और तीसरा पृष्ठ अंतर बदल किया जाए।

$$\text{तब } \Delta' = \begin{vmatrix} c_1 & b_1 & a_1 \\ c_2 & b_2 & a_2 \\ c_3 & b_3 & a_3 \end{vmatrix} = c_1 (b_2 a_3 - a_2 b_3) - b_1 (c_2 a_3 - a_2 c_3) + a_1 (c_2 b_3 - b_2 c_3) = -\Delta$$

(3) अगर दो पंक्तियों या पृष्ठों का मान एक जैसा है तो सारणिक का मान शून्य हो जाता है।

$$\Delta = \begin{vmatrix} a_1 & b_1 & c_1 \\ a_2 & b_2 & c_2 \\ a_2 & b_2 & c_2 \end{vmatrix}$$

$\Delta = a_1 (b_2 c_2 - b_2 c_2) - b_1 (a_2 c_2 - a_2 c_2) + c_1 (a_2 b_2 - a_2 b_2)$
$= 0 + 0 + 0 = 0$

(4) अगर पंक्ति या पृष्ठ को किसी मानक $(\lambda)$ से गुणा करें तब नए सारणिक का मान पुराने सारणिक के मान का $\lambda$ गुना होगा।

$$\Delta = \begin{vmatrix} a_1 & b_1 & c_1 \\ a_2 & b_2 & c_2 \\ a_3 & b_3 & c_3 \end{vmatrix}$$

$$\Delta' = \begin{vmatrix} a_1 & b_1 & \lambda c_1 \\ a_2 & b_2 & \lambda c_2 \\ a_3 & b_3 & \lambda c_3 \end{vmatrix}$$

यहाँ, $\Delta' = \lambda \Delta$

(5) सारणिक के किसी पंक्ति या पृष्ठ का प्रत्येक अवयव यदि दो संख्याओं का योग हो तो सारणिक को दो सारणिकों में व्यक्त किया जा सकता है जिनकी कोटि समान है।

$$\Delta = \begin{vmatrix} a_1 + \alpha_1 & b_1 + \beta_1 & c_1 + \gamma_1 \\ a_2 & b_2 & c_2 \\ a_3 & b_3 & c_3 \end{vmatrix}$$

पहली पंक्ति को विकसित करते हुए हम पाते हैं—

$\Delta = (a_1 + \alpha_1)(b_2c_3 - b_3c_2) - (b_1 + \beta_1)(a_2c_3 - a_3c_2) + (c_1 + \gamma_1)(a_2b_3 - b_2a_3)$

$= a_1(b_2c_3 - b_3c_2) + \alpha_1(b_2c_3 - b_3c_2) - b_1(a_2c_3 - a_3c_2) - \beta_1(a_2c_3 - a_3c_2) + c_1(a_2b_3 - b_2a_3) + \gamma_1(a_2b_3 - b_2a_3)$

$$\Delta = \begin{vmatrix} a_1 & b_1 & c_1 \\ a_2 & b_2 & c_2 \\ a_3 & b_3 & c_3 \end{vmatrix} + \begin{vmatrix} \alpha_1 & \beta_1 & \gamma_1 \\ a_2 & b_2 & c_2 \\ a_3 & b_3 & c_3 \end{vmatrix}$$ रखने पर,

तब $\Delta = a_1(b_2c_3 - b_3c_2) - b_1(a_2c_3 - a_3c_2) + c_1(a_2b_3 - b_2a_3) + \alpha_1(b_2c_3 - b_3c_2) - \beta_1(a_2c_3 - a_3c_2) + \gamma_1(a_2b_3 - b_2a_3)$

(6) अगर सारणिक की एक पंक्ति या पृष्ठ के तत्त्व को स्थिर राशि से गुणा करें और उसे दूसरी पंक्ति में जोड़े तो सारणिक का मान अपरिवर्तित रहता है।

यदि एक सारणिक की एक पंक्ति (अथवा पृष्ठ) के हर अवयव में एक अथवा अधिक पंक्तियों (अथवा पृष्ठों) के संगत अवयवों के सम-गुणनों को जोड़ दिया जाता है तब सारणिक की कीमत नहीं बदलती।

माना कि $\Delta = \begin{vmatrix} a_1 & b_1 & c_1 \\ a_2 & b_2 & c_2 \\ a_3 & b_3 & c_3 \end{vmatrix}$

मान लीजिए कि $\Delta'$ सारणिक, $\Delta$ सारणिक के पृष्ठों में से दूसरे के अवयवों को p बार तथा तीसरे के अवयवों को q बार, पहले पृष्ठ में जोड़ कर पाया गया है।

$$\Delta' = \begin{vmatrix} a_1 + pb_1 + qc_1 & b_1 & c_1 \\ a_2 + pb_2 + qc_2 & b_2 & c_2 \\ a_3 + pb_3 + qc_3 & b_3 & c_3 \end{vmatrix}$$

$\Delta' = a_1 + bp_1 + qc_1\ (b_2c_3 - c_2b_3) - b_1\ (a_2c_3 + pb_2c_3 + qc_2c_3 - a_3c_2 - pb_3c_2 - qc_3c_2) + c_1\ (a_2b_3 + pb_2b_3 + qc_2b_3 - b_2a_3 - pb_3b_2 - qc_3b_2)$

हल करते हुए हम पाते हैं–

$= a_1\ (b_2c_3 - b_3c_2) - b_1\ (a_2c_3 - a_3c_2) + c_1\ (a_2b_3 - b_2a_3) = \Delta$

(7) अगर सारणिक का विस्तार किसी पंक्ति अथवा पृष्ठ के गलत लघु पदों के साथ किया जाए तो सारणिक का मान शून्य होगा।

$|A\ B| = |A|\ .\ |B|$

### 3.1 2 क्रेमर का नियम

n चरों $x_1, x_2, ..., x_n$ में n रैखिक समीकरणों का निम्नलिखित निकाय लीजिए–

$$a_{11}x_1 + a_{12}x_2 + ... + a_{1n}x_n = b_1$$
$$a_{21}x_1 + a_{22}x_2 + ... + a_{2n}x_n = b_2$$
$$\cdot \quad \cdot \quad \cdot \quad \cdot$$
$$\cdot \quad \cdot \quad \cdot \quad \cdot$$
$$a_{n1}x_1 + a_{n2}x_2 + ...\ a_{nn}x_n = b_n.$$

यह AX = B के समान है,

जहाँ $A = [a_{ij}],\ X = \begin{bmatrix} x_1 \\ x_2 \\ \vdots \\ x_n \end{bmatrix},\ B = \begin{bmatrix} b_1 \\ b_2 \\ \vdots \\ b_n \end{bmatrix}$

मान लीजिए रैखिक समीकरण निकाय का आव्यूह समीकरण AX = B है, जहाँ–

$$A = [a_{ij}],\ X = \begin{bmatrix} x_1 \\ x_2 \\ \vdots \\ x_n \end{bmatrix},\ B = \begin{bmatrix} b_1 \\ b_2 \\ \vdots \\ b_n \end{bmatrix}$$

मान लीजिए A के स्तंभ $C_1, C_2, ..., C_n$ हैं। यदि $\Delta (A) \neq 0$, तो दिए हुए निकाय का एक और केवल एक ही हल होता है। यह है–

$$x_1 = \frac{D_1}{D}, ...., x_n = \frac{D_n}{D},$$ जहाँ

$$D_i = \Delta\ (C_1, ..., C_{i-1}, B, C_{i+1}, ..., C_n)$$

= A के i वें स्तंभ के स्थान पर B को प्रतिस्थापित करने पर प्राप्त आव्यूह का सारणिक और $D = \Delta (A)$.

क्योंकि $|A| \neq 0, A^{-1}$ का अस्तित्व है। अब,

$AX = B \Rightarrow A^{-1} AX = A^{-1}B \Rightarrow IX = (1/D)\ \text{Adj}\ (A)\ B$

$$\Rightarrow X = (1/D) \begin{bmatrix} C_{11} & C_{21} & \cdots & C_{n1} \\ C_{12} & C_{22} & \cdots & C_{n2} \\ \vdots & \vdots & \cdots & \vdots \\ C_{1n} & C_{2n} & \cdots & C_{nn} \end{bmatrix} \begin{bmatrix} b_1 \\ b_2 \\ \vdots \\ b_n \end{bmatrix}$$

इस तरह $\begin{bmatrix} x_1 \\ x_2 \\ \vdots \\ x_n \end{bmatrix} = (1/D) \begin{bmatrix} C_{11}b_1 + C_{21}b_2 + \ldots + C_{n1}b_n \\ C_{12}b_1 + C_{22}b_2 + \ldots + C_{n2}b_n \\ \vdots & \vdots & \vdots \\ C_{1n}b_1 + C_{2n}b_2 + \ldots + C_{nn}b_n \end{bmatrix}$

अब $D_i = \Delta (C_1, \ldots, C_{i-1}, B, C_{i+1}, \ldots, C_n)$.

i वें स्तंभ के द्वारा प्रसार करने पर हमें $D_i = C_{1i}b_2 + C_{2i}b_2 + \ldots + C_{ni}b_n$ प्राप्त होता है।

इस तरह $\begin{bmatrix} x_1 \\ x_2 \\ \vdots \\ x_n \end{bmatrix} = \frac{1}{D} \begin{bmatrix} D_1 \\ D_2 \\ \vdots \\ D_n \end{bmatrix}$

जिससे क्रेमर-नियम प्राप्त होता है, अर्थात् $x_1 = \frac{D_1}{D}, x_2 = \frac{D_2}{D}, \ldots, x_n = \frac{D_n}{D}$

**उदाहरण**—क्रेमर-नियम की सहायता से निम्नलिखित निकाय को हल कीजिए—

$2x + 3y - z = 2$

$x + 2y + z = -1$

$2x + y - 6z = 4$

**हल**— दिया हुआ निकाय $AX = B$ के तुल्य है, जहाँ—

$$A = \begin{bmatrix} 2 & 3 & -1 \\ 1 & 2 & 1 \\ 2 & 1 & -6 \end{bmatrix},\ X = \begin{bmatrix} x \\ y \\ z \end{bmatrix},\ B = \begin{bmatrix} 2 \\ -1 \\ 4 \end{bmatrix}$$

इसलिए क्रेमर–नियम लागू करने पर, हमें

$$x = \frac{\begin{vmatrix} 2 & 3 & -1 \\ -1 & 2 & 1 \\ 4 & 1 & -6 \end{vmatrix}}{\begin{vmatrix} 2 & 3 & -1 \\ 1 & 2 & 1 \\ 2 & 1 & -6 \end{vmatrix}}, \quad y = \frac{\begin{vmatrix} 2 & 2 & -1 \\ 1 & -1 & 1 \\ 2 & 4 & -6 \end{vmatrix}}{\begin{vmatrix} 2 & 3 & -1 \\ 1 & 2 & 1 \\ 2 & 1 & -6 \end{vmatrix}}, \quad z = \frac{\begin{vmatrix} 2 & 3 & 2 \\ 1 & 2 & -1 \\ 2 & 1 & 4 \end{vmatrix}}{\begin{vmatrix} 2 & 3 & -1 \\ 1 & 2 & 1 \\ 2 & 1 & -6 \end{vmatrix}}$$

प्राप्त होता है। परिकलन करने पर हमें $x = -23$, $y = 14$, $z = -6$ प्राप्त होता है।

### 3.13 बाजार प्रतिमान

साधारण बाजार प्रतिमानों में, किसी वस्तु की माँग और इसकी पूर्ति सिर्फ इसकी कीमत के फलन के रूप में व्यक्त की जाती है। यहाँ, संतुलन संरोध (equilibrium condition) एक अकेले समीकरण द्वारा व्यक्त किया जाता है जो कि माँग और पूर्ति समीकरणों को बराबर रखकर प्राप्त किया जाता है। इस समीकरण को हल करके संतुलन कीमत (equilibrium price) प्राप्त की जाती है। संतुलन मात्रा, मात्रा समीकरण या पूर्ति समीकरण में संतुलन कीमत का मान रखकर प्राप्त की जा सकती है। परंतु बाजार का यह सरलीकृत सूत्रीकरण इस पूर्व कल्पना पर आधारित है कि एक वस्तु की माँग और पूर्ति अन्य वस्तुओं की कीमतों से प्रभावित नहीं होते। वास्तविकता में, किसी भी वस्तु के लिए अनेक प्रतिस्थापन (Substitutes) तथा पूरक वस्तुएँ (complementary goods) हो सकती हैं। ऐसी वस्तुओं की कीमत, सामान्यतः अन्य वस्तुओं की कीमतों द्वारा प्रभावित हो सकती हैं। अतः माँग और पूर्ति फलनों का बेहतर चित्रण वह होगा जिसमें अन्य वस्तुओं की कीमतों के प्रभाव को भी सम्मिलित किया गया हो। मान लीजिए, n परस्पर संबंधित बाजार है। इस बाजार प्रतिमान में, प्रत्येक वस्तु की माँग n कीमतों का एक फलन होगी और इसमें n पूर्ति फलन होंगे। संतुलन के लिए, इनमें से प्रत्येक माँग समीकरण को उसके संगत पूर्ति फलन के बराबर रखना होगा। इस प्रकार प्राप्त n समीकरणों से n विचाराधीन वस्तुओं की n संतुलन कीमतें प्राप्त करने के लिए, इन्हें एक साथ/युगपत् रूप से हल करना होगा। अंततः कीमतों के इन मानों को या तो n माँग समीकरणों या n पूर्ति फलनों में प्रतिस्थापित करने n संतुलन मात्राएँ प्राप्त की जा सकती हैं। अतः 2n चरों/मात्राओं की जानकारी के लिए (n कीमतें तथा n मात्राएँ), हमें 2n समीकरणों को (n संतुलन समीकरणों तथा n माँग अथवा n पूर्ति फलनों को) हल करने की आवश्यकता पड़ती है। n के बड़े मानों के लिए यह कार्य अत्यंत कठिन हो सकता है। परंतु आव्यूह बीजगणित इस कार्य को पर्याप्त रूप से सरलीकृत कर देता है।

### 3.14 राष्ट्रीय आय प्रतिमान

यह आव्यूह बीजगणित का एक और महत्त्वपूर्ण अनुप्रयोग है। यहाँ हम एक ऐसी अर्थव्यवस्था के एक सरल दो समीकरण वाले राष्ट्रीय आय प्रतिमान पर विचार करते हैं, जिसमें सरकार के अन्य देशों से व्यापारिक संबंध नहीं है। ऐसी अर्थव्यवस्था के लिए, राष्ट्रीय आय प्रतिमान को नीचे दिए दो समीकरणों से व्यक्त किया जा सकता है–

$$Y = C + I_0 \qquad ...(1)$$

$$C = a + bY \qquad ...(2)$$

जहाँ Y राष्ट्रीय आय को, C उपभोग को, तथा $I_0$ स्वायत्त निवेश को निरूपित करते हैं। a और b अचर हैं। हमें ध्यान देना चाहिए कि राष्ट्रीय आय प्रतिमान में, उत्पादन के प्रक्रम में उत्पन्न कुल उत्पादन और कुल आय समतुल्य माने जाते हैं। अतः Y को कुल उत्पादन के मान तथा कुल राष्ट्रीय आय में से कुछ भी लिया जा सकता है। इस प्रतिमान में, उत्पादित वस्तुओं और सेवाओं पर किया गया कुल खर्च, उपभोग व्यय तथा निवेश व्यय के योग के बराबर होता है, अर्थात् $C + I_0$ होता है। समीकरण (1) आय के संतुलन स्तर के लिए प्रतिबंध/संरोध है। इसके अनुसार, राष्ट्रीय आय संतुलन में होगी, यदि नियोजित उत्पादन (Y) नियोजित व्यय (planned expenditure) $(C + I_0)$ के बराबर होगी। दूसरे शब्दों में, संतुलन के लिए, उत्पादकों (आपूर्तिकर्त्ताओं) की योजना और खरीददारों (माँगकर्त्ताओं/उपभोक्ताओं) की योजनाएँ मेल खानी चाहिए। समीकरण (2) उपभोग को आय के एक रैखिक फलन के रूप में प्रस्तुत करता है जिसमें अचरों (प्राचलों) a और b पर कुछ प्रतिबंध हैं। ये प्रतिबंध $a > 0$ और $0 < b < 1$ होने चाहिए। समीकरणों (1) और (2) से यह स्पष्ट होता है कि Y और C का निर्धारण प्रतिमान से किया जाना है जबकि स्वायत्त निवेश (autonomous investment) $I_0$ पहले ही प्रतिमान से बाहर प्रदत्त है। वे चर जो किसी दिए हुए प्रतिमान से ज्ञात किए जाते हैं, अंतर्जात चर (endogenous variables) कहलाते हैं। अतः, Y और C अंतर्जात चर हैं। वे चर जिनके मान प्रतिमान के बाहर से प्राप्त होते हैं, बहिर्जात चर (exogenous variables) कहलाते हैं। इस प्रतिमान में निवेश $(I_0)$ एक बहिर्जात चर हैं। अतः, यहाँ निवेश वस्तुतः एक अचर की तरह कार्य करता है।

समीकरण (1) और (2) को पुनर्व्यवस्थित करने पर हम प्राप्त करते हैं–

$$Y - C = I_0 \qquad ...(3)$$

$$-bY + C = a \qquad ...(4)$$

ध्यान दें कि इन पुनर्व्यवस्थित समीकरणों में अंतर्जात चरों को समानता के चिह्न '=' के बाईं ओर रखा गया है। समीकरण (3) और (4) को एक साथ आव्यूह रूप में लिखने पर हम प्राप्त करते हैं–

$$\begin{bmatrix} 1 & -1 \\ -b & 1 \end{bmatrix} \cdot \begin{bmatrix} Y \\ C \end{bmatrix} = \begin{bmatrix} I_0 \\ a \end{bmatrix} \qquad ...(5)$$

हम IY I और IC का मान समीकरण (5) आव्यूह–व्युत्क्रम विधि या क्रैमर के नियम का प्रयोग करके ज्ञात कर सकते हैं। जी.पी.एच. की पुस्तकों का मुख्य उद्देश्य ज्ञान के साथ–साथ अच्छे नम्बर दिलाना है।

### 3.15 आगत–निर्गत विश्लेषण

आगत–निर्गत विश्लेषण प्रोफेसर लियोन्टिफ द्वारा किया गया प्रयास था, जिसमें उन्होंने 'उत्पादन' के 'अनुभवजन्य' विश्लेषण में 'सामान्य साम्य' दृश्यघटना का ध्यान रखा। उक्त तीन उद्धृत अवयव ही आगत–निर्गत विश्लेषण के मुख्य अभिलक्षण हैं। प्रथम, उक्त विश्लेषण में प्रायः अनन्य रूप से उत्पादन से ही वास्ता रहता है। समस्या अनिवार्यतः प्रौद्योगिकीय होती है। उपलब्ध संसाधनों की मात्राएँ एवं प्रौद्योगिकी की स्थिति निश्चित होने पर यह विश्लेषण उद्योगों द्वारा विभिन्न आगतों के प्रयोग तथा उनसे अवकलित निर्गतों से ही संबंध रखता है।

आगत–निर्गत विश्लेषण का दूसरा विशिष्ट अभिलक्षण इसका अनुभवजन्य अन्वेषण के प्रति समर्पित होना है। यह मुख्यतः वह है जो उसे वॉलरा व बाद के सामान्य साम्य सिद्धांतियों के कार्य से भिन्न दर्शाता है। आगत–निर्गत एक निदर्श अपनाता है, जो कि कहीं अधिक सरल और इस अर्थ में अधिक संकुचित भी है कि यह प्रायिक सामान्य साम्य सिद्धांत के मुकाबले कहीं कम दृश्यघटनाओं को संवेष्ठित करने का प्रयास करता है। इसकी संकीर्णता अर्थव्यवस्था के उत्पादन पक्ष पर ही अपना अनन्य जोर देती है।

तीसरा विशिष्ट अभिलक्षण उसका सामान्य साम्य दृश्यघटना संबंधी महत्त्व है, जहाँ हर वस्तु अन्य सभी वस्तुओं पर निर्भर करती है। इस प्रकार, दो–उद्योग निदर्श में कोयला इस्पात उद्योग के लिए एक आगत या निवेश है और इस्पात कोयला उद्योग के लिए एक आगत है, यद्यपि दोनों ही अपने–अपने उद्योगों का उत्पादन हैं। आगत–निर्गत विश्लेषण के अनुसार, उत्पादन की 'आरंभिक' अवस्थाओं में चल रहे कुछ उद्योग और कुछ अन्य 'बाद की' अवस्थाओं में चल रहे उद्योग ज्ञात करना संभव नहीं होता है। कोयले के उत्पादन के लिए इस्पात की आवश्यकता पड़ती है; जबकि इस्पात के उत्पादन के लिए कोयला आवश्यक होता है। कोई नहीं कह सकता कि उत्पादन के पदानुक्रम में कोयला उद्योग या इस्पात उद्योग पहले है या बाद में।

मूल समस्या, तब यह देखना है कि अंतिम उपभोग के लिए क्या छोड़ा जा सकता है और प्रत्येक उत्पादन का कितना भाग उन उत्पादनकारी गतिविधियों के दौरान प्रयोग कर लिया जाएगा जो इन वास्तविक उत्पादनों को प्राप्त करने हेतु आरंभ की गई। इन समस्या का समाधान भावी उत्पादन अपेक्षाओं के पूर्वानुमान में प्रयोग किया जा सकता है यदि उपयोज्य माँग अनुमान किसी तरह प्राप्त किए जा सकें। विशेष रूप से, इसे 'पिछड़े क्षेत्रों' में आर्थिक विकास संबंधी समस्याओं के साथ–साथ सैन्य संघटन संबंधी समस्या को भी शामिल कर

आर्थिक नियोजन हेतु प्रयोग किया जा सकता है। एक काफी संतुलित उद्देश्य जो कि यह पहले ही सफलतापूर्वक पूरा करना शुरू कर चुका है, राष्ट्रीय आय लेखाकरण हेतु एक बहुत ही व्याख्यात्मक विस्तृत प्राधार उपलब्ध कराता है।

### 3.1 6 आगत–निर्गत तालिका

आगत–निर्गत तालिका विभिन्न उद्योगों के बीच कुल उत्पादों एवं कुल आगतों का प्रबंध दर्शाती है। मान लीजिए कि किसी अर्थव्यवस्था में केवल 4 उत्पादनकारी क्षेत्र हैं और साथ ही, प्रत्येक क्षेत्र के उत्पादन को सभी क्षेत्रों में आगतों के रूप में प्रयोग किया जा रहा है या फिर अंतिम उपभोग हेतु। मान लीजिए–

(1) $X_1$, $X_2$, $X_3$ और $X_4$ इन 4 क्षेत्रों के कुल उत्पादन हैं।

(2) $F_1$, $F_2$, $F_3$ और $F_4$ इन क्षेत्रों के उत्पादन हेतु अंतिम माँग, उपभोग, पूँजी–निर्यात की मात्राएँ हैं।

(3) $X_{ij}$, iवें उद्योग के उत्पादन की मात्रा है जो कि jवें उद्योग द्वारा एक मध्यवर्ती आगत के रूप में प्रयोग की जाती है $(i, j = 1, 2, 3, 4)$।

(4) L प्राथमिक कारक (यहाँ, श्रम) की दी गई मात्रा दर्शाता है और iवें उद्योग में प्रयुक्त प्राथमिक कारक की मात्रा है।

तब निम्नलिखित तालिका सरलीकृत अर्थव्यवस्था के लिए आगत–निर्गत तालिका प्रस्तुत करती है–

**तालिका 3.1** आगत–निर्गत तालिका

| उत्पादनकारी क्षेत्र संख्या | क्षेत्र का कुल उत्पादन | उत्पादनकारी क्षेत्रों की आगत वांछनीयताएँ | | | | अंतिम प्रयोगों हेतु वांछनीयताएँ |
|---|---|---|---|---|---|---|
| | | $X_1$ | $X_2$ | $X_3$ | $X_4$ | |
| 1 | $X_1$ | $X_{11}$ | $X_{12}$ | $X_{13}$ | $X_{14}$ | $F_1$ |
| 2 | $X_2$ | $X_{21}$ | $X_{22}$ | $X_{23}$ | $X_{24}$ | $F_2$ |
| 3 | $X_3$ | $X_{31}$ | $X_{32}$ | $X_{33}$ | $X_{34}$ | $F_3$ |
| 4 | $X_4$ | $X_{41}$ | $X_{42}$ | $X_{43}$ | $X_{44}$ | $F_4$ |
| प्राथमिक आगत (श्रम) | कुल प्राथमिक आगत = L | $L_1$ | $L_2$ | $L_3$ | $L_4$ | |

उपर्युक्त तालिका में सभी मदें गति या प्रवाह हैं, यथा भौतिक इकाइयाँ प्रति वर्ष। चूँकि किसी पंक्ति में सभी प्रविष्टियाँ एक ही भौतिक इकाइयों से मापी जाती हैं, पंक्तियों के आर–पार जोड़ सार्थकता दर्शाता है। 'कुल उत्पादन' स्तंभ श्रम का समग्र निवेश और प्रत्येक

वस्तु का उत्पादन दर्शाता है। दूसरी ओर, एक ही स्तंभ में मदें एक ही इकाइयों से नहीं मापी जाती हैं, अतः स्तंभों के नीचे जोड़ कर लेना ठीक नहीं होगा। परंतु प्रत्येक स्तंभ, समग्रता से (यथा, एक सदिश के रूप में) लिए जाने पर सार्थक आवश्यक हो जाता है। तीसरा स्तंभ प्रथम उद्योग के निवेश अथवा लागत प्राधार का विवरण देता है–प्रथम उद्योग के उत्पादन की $X_1$ इकाइयाँ प्रथम माल की $X_{11}$ इकाइयों के प्रयोग से उत्पादित हुई, इसी प्रकार, द्वितीय माल की $X_{21}$ इकाइयाँ, तृतीय माल की $X_{31}$ इकाइयाँ, चतुर्थ माल की $X_{41}$ इकाइयाँ और श्रम की $L_1$ इकाइयाँ। अन्य स्तंभों, यथा स्तंभ 4, 5 व 6 के लिए, ऐसे ही अर्थ निकलेंगे। 'अंतिम माँग' अथवा 'अंतिम प्रयोगों हेतु वांछनीयता' यथा स्तंभ (7) वह उपभोक्ता–वस्तु दर्शाता है जिसका विवरण उपभोग एवं सरकारी व्यय के लिए उपलब्ध है। सुविधा की दृष्टि से यह मानकर चला जाता है कि श्रम सीधे उपभोग नहीं किया जाता है। अब मान लीजिए कि प्रत्येक उद्योग के उत्पादन की प्रत्येक इकाई ₹1 (माना) मूल्य रखती है और श्रम की प्रत्येक इकाई ₹1 की वेतन दर प्राप्त करती है। फिर उपर्युक्त तालिका की प्रत्येक प्रविष्टि मौद्रिक मूल्य (न कि किसी भौतिक मूल्य) में व्यक्त की जा सकती है। तब स्तंभों का जोड़ कर लेना संभव हो जाता है। प्रत्येक स्तंभ का योग संबद्ध उद्योग की कुल लागत बताता है। इस प्रकार, उद्योग 1 की आय होगी $X_1$ इकाइयाँ $(= X_{11} + X_{12} + X_{13} + X_{14} + F_1)$ और उस उद्योग की लागत होगी $(X_{11} + X_{21} + X_{31} + X_{41} + L_1)$ इकाइयाँ। यह अन्य उद्योगों के लिए भी सत्य होगा। स्पष्टतः ये मूल्य अंततोगत्वा प्रतिस्पर्धात्मक साम्य मूल्य होते हैं। (अंततोगत्वा, प्रतिस्पर्धात्मक साम्य मूल्य औसत लागत के बराबर होता है और यहाँ न लाभ होता है न हानि)।

उपर्युक्त तालिका में दी गई मदें स्वयं को चार उद्योगों की बिक्री दर्शाती हैं और उनकी परस्पर बिक्री को 'गैर–सकल–घरेलू–उत्पाद' मदों के रूप में दर्शाया जाना चाहिए–क्योंकि ये लेन–देन मध्यवर्ती कार्य–विवरण कहलाते हैं, जिन पर कि राष्ट्रीय आय लेखाकरण पर विचार नहीं किया जाता है। 'अंतिम माँग' स्तंभ सकल–घरेलू–उत्पाद (GNP) के उत्पादन पक्ष को दर्शाता है, क्योंकि अंतिम कार्य–विवरण सकल–घरेलू–उत्पाद लेखाकरण में शामिल किया जाता है। श्रम पंक्ति सकल–घरेलू–उत्पाद का कारक लागत पक्ष दर्शाता है। अंतर–औद्योगिक बिक्री कतई कोई कल्याणकारी महत्त्व नहीं रखती है। सामाजिक लाभ अंतिम उपभोग से प्राप्त होते हैं और सामाजिक लागत श्रम के प्रयोग से आती है। अर्थव्यवस्था को एक ऐसी मशीन के रूप में देखा जा सकता है जो श्रम का उपभोग कर अंतिम उपभोग को जन्म देती है।

उपर्युक्त तालिका एक विशिष्ट प्रौद्योगिकी प्रस्तुत करती है, उत्पाद प्राप्त करने के लिए आगतों का एक विशिष्ट संयोजन। यदि कोई अवयव, किसी भी पंक्ति के साथ–साथ, बदलता है तो अन्य अवयवों को तद्नुसार बदलना पड़ता है ताकि उस उद्योग का वही कुल उत्पादन कायम रखा जा सके। इस प्रकार, कोई विशिष्ट प्रौद्योगिकी एक स्तंभ सदिश द्वारा अभिलक्षित होती है। इस सदिश के किन्हीं भी अवयवों में बदलाव एक नए सदिश में परिणत होता है और इसी कारण वह नई प्रौद्योगिकी प्रस्तुत करता है।

उपर्युक्त तालिका से, चार उद्योगों हेतु उत्पादन फलन को निम्नवत् लिखा जा सकता है–

$X_1 = f_1 (X_{11}, X_{21}, X_{31}, X_{41}, L_1)$;
$X_2 = f_2 (X_{12}, X_{22}, X_{32}, X_{42}, L_2)$;
$X_3 = f_3 (X_{13}, X_{23}, X_{33}, X_{43}, L_3)$; और
$X_4 = f_4 (X_{14}, X_{24}, X_{34}, X_{44}, L_4)$.

सामान्य पदों में, यदि हमारे पास उत्पादनकारी क्षेत्रों की 'n' संख्या हो तो क्षेत्र 'n' का उत्पादन फलन $X_n = f_n (X_{1n}, X_{2n}, X_{3n}, X_{4n}, L_n)$ द्वारा दर्शाया जाएगा। आगे, हम पंक्तियों को आर–पार हमेशा जोड़ सकते हैं, जो कि मूलतः प्रत्येक उत्पाद की माँग और आपूर्ति के बीच समानता को दर्शाता है। सामान्य पदों में,

$X_1 = X_{11} + X_{12} + ... + X_{1n} + F_1$;
$X_2 = X_{21} + X_{22} + ... + X_{2n} + F_2$;

..............................................

..............................................

$X_n = X_{n1} + X_{n2} + ... + X_{nn} + F_n$; और
$L = L_1 + L_2 + ... + L_n$

यथा, $X_1 = \sum_{j=1}^{n} X_{ij} + F_i$ और $L = \sum_{i=1}^{n} L_i$.

यहाँ, $X_i$ = iवें क्षेत्र का कुल उत्पादन, $X_{ij}$ = jवें क्षेत्र में आगत के रूप में प्रयुक्त jवें क्षेत्र का उत्पादन, और $F_i$ = iवें क्षेत्र हेतु अंतिम माँग।

उपर्युक्त पहचान बताती है कि किसी विशिष्ट क्षेत्र के समग्र उत्पादन को अर्थव्यवस्था के उत्पादनकारी क्षेत्रों में से किसी एक में आगत के रूप में और/अथवा किसी अंतिम माँग के रूप में इस्तेमाल किया जा सकता है। मूल रूप से, इसलिए, आगत–निर्गत विश्लेषण इन युगपत् समीकरणों का हल ज्ञात करने के लिए उपयोग में किया जाता है।

### 3.17 प्रौद्योगिकीय गुणांक आव्यूह

आगत–निर्गत वांछनीयताओं की अवधारणा से हमें ज्ञात होता है कि jवीं उपभोक्ता–वस्तु की 1 इकाई उत्पन्न करने के लिए iवीं उपभोक्ता–वस्तु की प्रयुक्त आगत एक नियत राशि होनी चाहिए, जो कि $a_{ij}$ द्वारा इंगित की जाती है, तद्नुसार $a_{ij} = \frac{X_{ij}}{X_j}$. यदि $X_j$, jवीं उपभोक्ता–वस्तु (अथवा jवें उत्पादनकारी क्षेत्र) का कुल उत्पादन बताता है तो iवीं उपभोक्ता–वस्तु की निवेश वांछनीयताएँ $a_{ij}X_j$ के बराबर होंगी, अर्थात् $X_{ij} = a_{ij}X_j$. अतः उत्पादन फलन इस प्रकार लिखा जा सकता है–

$X_1 = \min.(X_{11}/a_{11}, X_{21}/a_{21}, ...., L_1/a_{L1})$; ...(i)

..............................................

..............................................

$X_4 = \min.(X_{14}/a_{14}, X_{24}/a_{24}, ...., L_4/a_{L4})$ ...(ii)

अन्य शब्दों में, इसका अर्थ है कि $X_j$ $(i = 1, 2, 3, 4)$ कोष्ठक के भीतर कम–से–कम पाँच अनुपातों के बराबर होगा।

यह देखा जा सकता है कि यदि $X_{ij}$ में से प्रत्येक को किसी अचर से गुणा किया जाता है तो संबद्ध $X_j$ को भी उसी अचर से गुणा किया जाता है ताकि हमें मापदंड के अनुसार एक सतत् आय प्राप्त हो। यदि कोई $a_{ij}$ शून्य हो तो हम दाईं ओर से संबद्ध पद का लोप कर देते हैं अथवा हम $X_{ij}/a_{ij}$ को अनंत मान लेते हैं, जिस स्थिति में यह निश्चित रूप कभी भी सबसे छोटा अनुपात नहीं होगा।

उत्पादन फलन लिखने का एक वैकल्पिक तरीका यह नोट करना है कि चूँकि $X_1$ लघुतम $X_{11}/a_{11}, X_{21}/a_{21}, X_{31}/a_{31}, X_{41}/a_{41}, L_1/a_{L1}$, के बराबर होता है इसे सभी पाँच अनुपातों से कम या उनके बराबर होना चाहिए, यथा $X_{11}/a_{11} \geq X_1$, यथा, $X_{11} \geq a_{11} X_1$. इसी प्रकार, $X_{21} \geq a_{21} X_1$...और $L_1 \geq a_{L1} X_1$.

सामान्यतया, $X_{ij} \geq a_{ij} X_j$ और $L_j \geq l_j X_j$.

ध्यातव्य है कि समानता प्रत्येक पंक्ति में कम–से–कम एक बार सिद्ध होगी। वस्तुतः, यदि संबद्ध उपभोक्ता–वस्तुओं में कोई भी मुफ्त माल नहीं है तो समानता हर स्थान पर सिद्ध होगी। यह मानते हुए कि कोई भी माल मुफ्त नहीं है, हम उपर्युक्त सभी समानताओं पर विचार कर सकते हैं। तब $X_{ij}$ के मान रखने पर हमें प्राप्त होता है,

$X_1 = a_{11} X_1 + a_{12} X_2 + ... + a_{1n} X_n + F_1$;
$X_2 = a_{21} X_1 + a_{22} X_2 + ... + a_{2n} X_n + F_2$;

..............................................

..............................................

$X_n = a_{n1} X_1 + a_{n2} X_2 + ... + a_{nn} X_n + F_n$; और
$L = l_1 X_1 + l_2 X_2 + l_3 X_3 + l_4 X_4$.

सामान्यतया, $X_i = \sum_{j=1}^{n} a_{ij} X_j + F_j, (i = 1, 2, ...., n)$ और $L = \sum_{i=1}^{n} l_i X_i$.

इस समीकरण को आव्यूह चित्रांकनों में रखा जा सकता है–

$$\begin{pmatrix} X_1 \\ \vdots \\ X_n \end{pmatrix} = \begin{pmatrix} a_{11} & a_{12} & ... & a_{1n} \\ a_{21} & a_{22} & ... & a_{2n} \\ ... & ... & ... & ... \\ a_{n1} & a_{n2} & ... & a_{nn} \end{pmatrix} \begin{pmatrix} X_1 \\ \vdots \\ X_n \end{pmatrix} + \begin{pmatrix} F_1 \\ \vdots \\ F_n \end{pmatrix}$$

$$X = AX + F \text{ और, } L = \sum_{i=1}^{n} l_i X_i.$$

जिसे प्रौद्योगिकीय गुणांक के नाम से भी जाना जाता हैं।

### 3.18 कुछ महत्त्वपूर्ण विषयों पर टिप्पणियाँ

### (i) गुणांक आव्यूह एवं मुक्त निदर्श

आव्यूह चिह्नांकन में हमारा मुक्त निदर्श $X=AX+F$ से दर्शाया जाता है, जहाँ A आगत गुणांक आव्यूह है, F अंतिम माँग सदिश और x कुल उत्पादन आव्यूह है।

$[a_{ij}]$ द्वारा निर्दिष्ट आगत गुणांक आव्यूह अथवा 'प्रौद्योगिकी आव्यूह' काफी महत्त्व रखता है। प्रत्येक अवयव गैर–ऋणात्मक होना चाहिए, यथा हम ऋणात्मक आगतों की संभावना को नियम–विरुद्ध द्योतित करते हैं। परंतु उद्योगों के बीच संपूर्ण अन्योन्याश्रित कायम रखने के लिए $[a_{ij}]$ आव्यूह का प्रत्येक अवयव धनात्मक ही होना चाहिए तथा कोई भी अवयव इकाई से आगे नहीं जा सकता है, यथा हम ऋणात्मक उत्पादनों की संभावना को नियम–विरुद्ध मानते हैं। इन आव्यूह का प्रत्येक स्तंभ किसी विशिष्ट उपभोक्ता–वस्तु की 1 इकाई के उत्पादन हेतु आगत वांछनीयताओं को निर्दिष्ट करता है; इस प्रकार, प्रत्येक स्तंभ में अवयवों का योग इकाई से कम ही होना चाहिए। संकेत रूप में इस तथ्य को इस प्रकार कहा जा सकता है–

$\sum_{i=1}^{n} a_{ij} < 1, \ (j = 1, 2, ..., n),$ और प्रत्येक $a_{ij}$ गैर–ऋणात्मक होता है, यथा शून्य अथवा शून्य से बड़ा होता है। jवीं उपभोक्ता–वस्तु की किसी इकाई को उत्पादित करने में आवश्यक प्राथमिक आगतों की लागत (जिसको कि 'मान योजित' भी कहा जाता है) होगी $\left(1 - \sum_{i=1}^{n} a_{ij}\right)$.

[यहाँ ध्यान दें कि सभी $a_{ij}$ मान पदों में हैं]। यदि यह सत्य न हो तो इसका अर्थ होगा कि किसी उद्योग द्वारा प्रयुक्त मध्यवर्ती उत्पादों का कुल मान उसकी आगत के मान से अधिक रहा। इसका फिर मतलब होगा कि उस उद्योग द्वारा योजित मान ऋणात्मक था। अब, यह असंभव नहीं है, परंतु यदि हम यह मान लें कि वेतन ऋणात्मक नहीं हो सकता, तो इसका अर्थ होगा कि उद्योग घाटे में जा रहा होगा (वस्तुतः, अचर मान में हानियाँ उसके वेतन बिल की अपेक्षा अधिक)। ऐसा उद्योग जिसमें योजित मान ऋणात्मक हो, चर लागतों (मध्यवर्ती आगतें और वेतन बिल) को लेकर नहीं चलता है और हमें प्रारंभिक व्यष्टि–सिद्धांत से ज्ञात है कि इस प्रकार की स्थिति में हानियाँ उद्योग बंद करके ही घटाई जा सकती हैं। इस प्रकार, हम इस प्रकार के उद्योग का विवरण अपनी प्रौद्योगिकी में किसी भी तरह से नहीं देना चाहते। मापदंडानुसार सतत् आय की अवधारणा दिए होने पर हम प्रौद्योगिकी की किसी अचर गुणांक

आव्यूह से व्याख्या करते हैं। ध्यातव्य है कि हम यह सन्निहित अवधारणा भी रखते हैं कि हमारे पास कोई बाह्यताएँ नहीं हैं। उत्पादन में बाह्यता देखी जा सकती है यदि उदाहरणार्थ—कोई कारखाना नदी में अपना अपजल इसलिए बहा देता है कि वहाँ स्थित एक अन्य कारखाने को प्रयोग से पहले जल को साफ करने हेतु संसाधन लगाने पड़ें। इस स्थिति में, परवर्ती कारखाने की संसाधन वांछनीयता केवल उसके उत्पादन पर ही नहीं बल्कि पूर्ववर्ती की गतिविधि पर भी निर्भर करेगी।

### (ii) मुक्त निदर्श हेतु समाधान

माना, $n$ उद्योगों वाली एक अर्थव्यवस्था पर विचार किया जाता है। यदि उत्पादनकारी क्षेत्र 1 को $n$ उद्योगों की मात्रा आगत वांछनीयताओं के साथ-साथ बहिर्जात क्षेत्र की अंतिम माँग को भी पूरा करने हेतु यथेष्ट उत्पादन करना हो, तो उत्पादन स्तर $X_1$ को निम्नलिखित समीकरण संतुष्ट करने होंगे—

$X_1 = a_{11}X_1 + a_{12}X_2 + \ldots + a_{1n}X_n + F_1$, अथवा
$(1 - a_{11})X_1 - a_{12}X_2 - \ldots - a_{1n}X_n = F_1$

$n$ उद्योगों के संपूर्ण समुच्चय हेतु यथातथ्य उत्पादन स्तर, इसलिए $n$ रैखिक समीकरणों के निम्नलिखित समुच्चय द्वारा संकेत रूप में दर्शाया जाता है—

$(1 - a_{11})X_1 - a_{12}X_2 - \ldots - a_{1n}X_n = F_1$
$-a_{21}X_1 + (1 - a_{22})X_2 - \ldots - a_{1n}X_n = F_2$
..........................................................
$-a_{n1}X_1 - a_{n2}X_2 - \ldots + (1 - a_{nn})X_n = F_n$

आव्यूह चिह्नांकन में इसे इस प्रकार लिखा जा सकता है—

$$\begin{pmatrix} 1-a_{11} & -a_{12} & \ldots & -a_{1n} \\ -a_{21} & -a_{22} & \ldots & -a_{2n} \\ \ldots & \ldots & \ddots & \ldots \\ -a_{n1} & -a_{n2} & \ldots & 1-a_{nn} \end{pmatrix} \begin{pmatrix} X_1 \\ X_2 \\ \vdots \\ X_n \end{pmatrix} = \begin{pmatrix} F_1 \\ F_2 \\ \vdots \\ F_n \end{pmatrix}$$

यथा $[I - A]X = F$, यथा, $X = [I - A]^{-1} F$

यहाँ $A$ ही आगत गुणांकों का प्रदत्त आव्यूह है, जबकि $X$ और $F$ प्रत्येक उत्पादनकारी क्षेत्र के उत्पादन एवं अंतिम माँग संबंधी सदिश हैं। यदि $|I - A| \neq 0$, तो $[I - A]^{-1}$ अस्तित्व रखता है, हम तब दो आव्यूहों $X$ और $F$ में से एक को बहिर्जात रूप से दिया जाने वाला मानकर इनमें से किसी का भी आकलन कर सकते हैं।

ध्यातव्य है कि आगत-निर्गत विश्लेषण में की गई अवधारणाएँ समस्या को हल करने में काफी साथ देती हैं। उदाहरण के लिए, रैखिक सजातीय फलन की अवधारणा के साथ यह संभव है कि प्रत्येक उत्पादनकारी क्षेत्र का एक रैखिक समीकरण लिखा जाए, जिसे फिर

आसानी से आव्यूह चिह्नांकन में बदला जा सकता है। दूसरी ओर, जब तक आगत गुणांक अचर (जैसा कि माना गया) रहेंगे, आव्यूह A नहीं बदलेगा अथवा [I – A] परिवर्तित नहीं होगा।

अतएव, $X = [I – A]^{-1} F$, का हल ज्ञात करने में केवल एक आव्यूह प्रतिलोम को प्रदर्शित करने की आवश्यकता होती है बेशक हमें वैकल्पिक विकास लक्ष्यों के अनुसार हजारों भिन्न-भिन्न अंतिम माँग सदिशों पर विचार करना हो। इसलिए, नियत तकनीकी गुणांक की इस प्रकार की अवधारणा का अर्थ है—आगणनात्मक प्रयास में यथेष्ट बचत।

### (iii) सकल उत्पादन का निर्धारण

मान लीजिए, X का अर्थ है स्तंभ आव्यूह $\begin{pmatrix} X_1 \\ X_2 \end{pmatrix}$, F का अर्थ है स्तंभ आव्यूह $\begin{pmatrix} F_1 \\ F_2 \end{pmatrix}$,

और a का अर्थ है $a_{ij}$ गुणांकों का आव्यूह $\begin{pmatrix} a_{11} & a_{12} \\ a_{21} & a_{22} \end{pmatrix}$ तब $X = [I – A]^{-1} F$ से हमें X के प्रत्येक अवयव का मान प्राप्त होता है। इससे पूर्व हमें $[I – A]^{-1}$ के मूल्यांकन की आवश्यकता होगी।

यहाँ, $I - A = \begin{pmatrix} 1 & 0 \\ 0 & 1 \end{pmatrix} - \begin{pmatrix} a_{11} & a_{12} \\ a_{21} & a_{22} \end{pmatrix} = \begin{pmatrix} 1-a_{11} & -a_{12} \\ -a_{21} & 1-a_{22} \end{pmatrix}$

सहगुणनखंडों का आव्यूह $= \begin{pmatrix} 1-a_{22} & a_{21} \\ a_{12} & 1-a_{11} \end{pmatrix}$

इस आव्यूह अथवा $[I – A] = \begin{pmatrix} 1-a_{22} & a_{12} \\ a_{21} & 1-a_{11} \end{pmatrix}$ के निकटस्थ आव्यूह का पक्षांतरण करते है। अब माना $D = |I – A| = [I – A]$ आव्यूह का सारणिक है। यह मानकर चलें कि $D \neq 0$, यथा, [I – A] एकेतर है। तब प्रतिलोम आव्यूह को इस रूप में लिखा जा सकता है—

$$[I – A]^{-1} = \begin{pmatrix} \dfrac{1-a_{22}}{D} & \dfrac{a_{12}}{D} \\ \dfrac{a_{21}}{D} & \dfrac{1-a_{11}}{D} \end{pmatrix} = \frac{1}{D} \begin{pmatrix} 1-a_{22} & a_{12} \\ a_{21} & 1-a_{11} \end{pmatrix}$$

अतएव $\begin{pmatrix} X_1 \\ X_2 \end{pmatrix} = \frac{1}{D} \begin{pmatrix} 1-a_{22} & a_{12} \\ a_{21} & 1-a_{11} \end{pmatrix} \begin{pmatrix} F_1 \\ F_2 \end{pmatrix}$

अथवा $X_1 = \dfrac{(1-a_{22})F_1 + a_{12}F_2}{D}$, $X_2 = \dfrac{a_{21}F_1 + (1-a_{22})F_2}{D}$

जहाँ, $D = \begin{vmatrix} 1-a_{11} & -a_{12} \\ -a_{21} & 1-a_{22} \end{vmatrix} = (1-a_{11})(1-a_{22}) - a_{12}a_{21}$.

### (iv) हॉकिन्स-साइमन शर्तें

अनेक बार आगत-निर्गत समाधान ऋणात्मक संख्याओं से व्यक्त उत्पादन दे देता है। यदि हमारा समाधान ऋणात्मक उत्पादन बनाता है तो इसका अर्थ होगा कि उत्पादन के प्रति इकाई उत्पादन में उस उत्पाद की एक इकाई से अधिक लग रहा है, यह निश्चित रूप से एक अयथार्थपरक स्थिति है। इस प्रकार की व्यवस्था व्यवहार्य नहीं है। हॉकिन्स- साइमन शर्त ऐसी संभाव्यताओं से रक्षा करती है। हमारा मूल समीकरण है $X = [I - A]^{-1} F$, इस प्रकार कि यह समाधान, आव्यूह $[I - A]$ के रूप में ऋणात्मक संख्याएँ न दे, जो कि वास्तव में है—

$$\begin{pmatrix} 1-a_{11} & -a_{12} & \cdots & -a_{1n} \\ -a_{21} & -a_{22} & \cdots & -a_{2n} \\ \vdots & \cdots & \ddots & \vdots \\ -a_{n1} & -a_{n2} & \cdots & 1-a_{nn} \end{pmatrix}$$ इस प्रकार होना चाहिए कि—

(1) आव्यूह का सारणिक हमेशा धनात्मक हो; और

(2) विकर्णी अवयव—$(1 - a_{11})$, $(1 - a_{22})$,..., $(1 - a_{nn})$ सभी धनात्मक हों अथवा, दूसरे शब्दों में, अवयव $a_{11}, a_{22},..., a_{nn}$ सभी एक से कम हों।

इस प्रकार, किसी क्षेत्र के उत्पादन की एक इकाई को अपने निजी उत्पादन की एक इकाई से अधिक प्रयोग नहीं करना चाहिए, इन्हें हॉकिन्स-साइमन शर्तें कहते हैं। इनके अलावा, प्रथम शर्त जिसका निहितार्थ है $D > 0$, यह अर्थ जताती है कि (2-उद्योग उदाहरण के लिए) $\begin{vmatrix} 1-a_{11} & -a_{12} \\ -a_{21} & 1-a_{22} \end{vmatrix} > 0$, अथवा $(1 - a_{11})(1 - a_{22}) - a_{12} a_{21} > 0$. इस शर्त का अर्थ है कि किसी उपभोक्ता-वस्तु की एक इकाई के उत्पादन हेतु उस वस्तु की प्रत्यक्ष एवं अप्रत्यक्ष वांछनीयता भी एक से कम होनी चाहिए। दूसरी ओर, निर्वचन सदा यह होता है कि उपभोक्ता-वस्तुओं के सभी उपसमूह 'आत्मनिर्भर', प्रत्यक्ष या परोक्ष रूप से, होने चाहिए।

### 3.19 मार्कोव प्रक्रिया

हम एक उदाहरण के साथ आव्यूहों के प्रयोग से माकोर्व प्रक्रमों को समझ सकते हैं—मान लीजिए कि एक शहर में बस यात्रियों का अध्ययन किया जाता है। कई वर्षों के आँकड़ों के

जाँच के बाद यह पाया गया कि वह 30 प्रतिशत लोग जो दिए गए वर्ष में नियमित रूप से बस पर सवारी करते हैं, अगले वर्ष में बस की सवारी नहीं करते। इसके अलावा यह भी पाया गया कि वह 20 प्रतिशत लोग जो नियमित रूप से सवारी नहीं करते, अगले साल नियमित रूप से सवारी शुरू करेंगे। अगर दिए गए साल में 5000 लोग बस की सवारी करते हैं तथा 10000 लोग नहीं करते हैं तो अगले वर्ष, 2 वर्ष, n वर्षों में सवार/गैर सवार के वितरण क्या होंगे?

सर्वप्रथम हम यह तय करेंगे कि अगले वर्ष में कितने लोग बस की सवारी करते हैं जो वर्तमान में भी बस की सवारी कर रहें हैं, ऐसे में हम पाते हैं कि ऐसे लोग 70 प्रतिशत होंगे और वह लोग जो बस की सवारी नहीं करते थे तथा अब करेंगे वे 20 प्रतिशत होंगे। अतः उन लोगों की संख्या जो अगले वर्ष में बस की सवारी करेंगे = 5000 (0.7) + 10000 (0.2) = $b_1$.

उसी तर्क से हम पाते हैं कि 5000 (0.3) + 10000 (0.8) = $b_2$ उन लोगों की संख्या है जो अगले वर्ष में बस की सवारी नहीं करेंगे।

हम देख सकते हैं कि समीकरण की यह प्रणाली आव्यूह समीकरण के समान ही है–

$$Mx = b \quad \text{जहाँ} \quad M = \begin{pmatrix} 0.7 & 0.2 \\ 0.3 & 0.8 \end{pmatrix}, x = \begin{pmatrix} 5000 \\ 10000 \end{pmatrix} \text{ और } \quad b = \begin{pmatrix} b_1 \\ b_2 \end{pmatrix} \text{ यहाँ}$$

$$b = \begin{pmatrix} 5500 \\ 9500 \end{pmatrix}.$$

ठीक इसी तरह दूसरे वर्ष के लिए भी हम यही आव्यूह M का उपयोग कर सकेंगे बस तब x के स्थान पर हम b को रखेंगे। अतः दो वर्ष बाद वितरण निम्न होगा– $Mb = M^2x$.

इसी प्रकार n वर्षों बाद, वितरण $M^nx$ होगा। इसी उदाहरण को माकोर्व प्रक्रिया (प्रक्रमों) कहा जाता है।

**परिभाषा**–एक यादृच्छिक प्रक्रिया एक घटनाक्रम है जिसमें किसी भी स्तर पर परिणाम कुछ संभावना पर निर्भर करता है।

### 3.20 धनात्मक–निश्चित आव्यूह

किसी $n \times n$ आव्यूह A को धनात्मक–निश्चित आव्यूह कह सकते हैं यदि

$$R[x^TAx] > 0 \qquad ...(1)$$

जहाँ $x^T$ सदिश x का संयुग्मी परिवर्त (conjugate transpose) है। धनात्मक निश्चित आव्यूह दोनों ही सैद्धांतिक और अभिकलानात्मक में आवेदनों की एक विस्तृत विविधता में महत्त्व रखते हैं। इसका उपयोग, उदाहरण के लिए, इष्टमीकरण फलन विधि और विभिन्न

रेखीय प्रतीपगमन प्रतिदर्श के निर्माण के लिए किया जाता है। इस आव्यूह को कुशलतापूर्वक तथाकथित चोलस्काई अपघटन (Cholesky decomposition) का उपयोग करके हल किया जा सकता हैं। धनात्मक–निश्चित आव्यूह का कम–से–कम एक आव्यूह वर्गमूल होता है। जी.पी.एच. की पुस्तकों का मुख्य उद्देश्य ज्ञान के साथ–साथ अच्छे नम्बर दिलाना है।

## हल सहित उदाहरण

i žu 1 - ; fn $\begin{bmatrix} 1 & 0 \\ 2 & 3 \end{bmatrix} = \begin{bmatrix} x & y \\ z & 3 \end{bmatrix}$ **तो x, y और z क्या हैं?**

**उत्तर**– पहले हम देखते हैं कि दोनों आव्यूह समान कोटि के हैं, अर्थात् $2 \times 2$. दो आव्यूहों को समान होने के लिए यह आवश्यक है कि दोनों आव्यूहों के (i, j)वें अवयव सभी i, j के लिए समान हों। अतः हमें $x = 1, y = 0, z = 2$ प्राप्त होंगे।

**प्रश्न 2.** $\begin{bmatrix} 1 & 4 & 5 \\ 0 & 1 & 0 \end{bmatrix}$ **और** $\begin{bmatrix} 0 & 1 & 0 \\ 1 & 4 & 5 \end{bmatrix}$ **का योग ज्ञात कीजिए।**

**उत्तर**– ध्यान दीजिए कि दोनों आव्यूह समान कोटि के हैं (वरना इनका योग नहीं किया जा सकता)। इनका योग है $\begin{bmatrix} 1+0 & 4+1 & 5+0 \\ 0+1 & 1+4 & 0+5 \end{bmatrix} = \begin{bmatrix} 1 & 5 & 5 \\ 1 & 5 & 5 \end{bmatrix}$.

**प्रश्न 3.** $\overline{A^t}$ **ज्ञात कीजिए, जहाँ** $A = \begin{bmatrix} 1 & i \\ 2+i & -3-2i \end{bmatrix}$.

**उत्तर**– पहले तो, $A^t = \begin{bmatrix} 1 & 2+i \\ i & -3-2i \end{bmatrix}$

फिर, $\overline{A^t} = \begin{bmatrix} 1 & 2-i \\ -i & -3+2i \end{bmatrix}$.

**प्रश्न 4. मान लीजिए**

$$A = \begin{bmatrix} 1 & 0 & 0 \\ 7 & 0 & 8 \\ 0 & 0 & 9 \end{bmatrix};\ B = \begin{bmatrix} 2 & 1 \\ 3 & 5 \\ 4 & 0 \end{bmatrix}$$

**यदि AB परिभाषित हो, तो उसे ज्ञात कीजिए।**

**उत्तर–** AB परिभाषित हैं, क्योंकि A के स्तंभों की संख्या = 3 = B की पंक्तियों की संख्या।

$$\text{तब}, AB = \begin{bmatrix} 1.2+0.3+0.4 & 1.1+0.5+0.0 \\ 7.2+0.3+8.4 & 7.1+0.5+8.0 \\ 0.2+0.3+9.4 & 0.1+0.5+9.0 \end{bmatrix} = \begin{bmatrix} 2 & 1 \\ 46 & 7 \\ 36 & 0 \end{bmatrix}.$$

**प्रश्न 5. मान लीजिए $\mathbf{A} = \begin{bmatrix} \mathbf{1} & \mathbf{1} \\ \mathbf{0} & \mathbf{1} \end{bmatrix}, \mathbf{B} = \begin{bmatrix} \mathbf{1} & \mathbf{0} \\ \mathbf{1} & \mathbf{1} \end{bmatrix}$ तब A, B के लिए $(\mathbf{A}+\mathbf{B})^2$ और $\mathbf{A}^2 + 2\,\mathbf{AB} + \mathbf{B}^2$ को ज्ञात कीजिए। क्या ये दोनों बराबर हैं? (यहाँ $\mathbf{A}^2$ का अर्थ है A. A.)**

**उत्तर–** यहाँ, $A+B = \begin{bmatrix} 2 & 1 \\ 1 & 2 \end{bmatrix}$

$$\therefore (A+B)^2 = \begin{bmatrix} 2 & 1 \\ 1 & 2 \end{bmatrix}\begin{bmatrix} 2 & 1 \\ 1 & 2 \end{bmatrix} = \begin{bmatrix} 5 & 4 \\ 4 & 5 \end{bmatrix}$$

$$\text{और},\ A^2 = \begin{bmatrix} 1 & 1 \\ 0 & 1 \end{bmatrix}\begin{bmatrix} 1 & 1 \\ 0 & 1 \end{bmatrix} = \begin{bmatrix} 1 & 2 \\ 0 & 1 \end{bmatrix}, B^2 = \begin{bmatrix} 1 & 0 \\ 1 & 1 \end{bmatrix}\begin{bmatrix} 1 & 0 \\ 1 & 1 \end{bmatrix} = \begin{bmatrix} 1 & 0 \\ 2 & 1 \end{bmatrix},$$

$$2AB = 2\begin{bmatrix} 2 & 1 \\ 1 & 1 \end{bmatrix} = \begin{bmatrix} 4 & 2 \\ 2 & 2 \end{bmatrix} \qquad \left[\text{क्योंकि } AB = \begin{bmatrix} 2 & 1 \\ 1 & 1 \end{bmatrix}\right]$$

$$\therefore \quad A^2 + 2AB + B^2 = \begin{bmatrix} 1 & 2 \\ 0 & 1 \end{bmatrix} + \begin{bmatrix} 4 & 2 \\ 2 & 2 \end{bmatrix} + \begin{bmatrix} 1 & 0 \\ 2 & 1 \end{bmatrix} = \begin{bmatrix} 6 & 4 \\ 4 & 4 \end{bmatrix}$$

$$\therefore \quad (A+B)^2 \neq A^2 + 2AB + B^2.$$

**प्रश्न 6. $\mathbf{A} = \begin{bmatrix} \mathbf{1} & \mathbf{2} & \mathbf{6} \\ \mathbf{5} & \mathbf{4} & \mathbf{1} \\ \mathbf{7} & \mathbf{3} & \mathbf{2} \end{bmatrix}$ के लिए |A| ज्ञात कीजिए।**

**उत्तर–** हम $|A| = \begin{vmatrix} 1 & 2 & 6 \\ 5 & 4 & 1 \\ 7 & 3 & 2 \end{vmatrix}$ ज्ञात करना चाहते हैं। मान लीजिए $A_{ij}$, A की iवीं पंक्ति और jवें स्तंभ को हटा देने पर प्राप्त आव्यूह को प्रकट करता है।

तब, $A_{11} = \begin{bmatrix} 4 & 1 \\ 3 & 2 \end{bmatrix}, A_{12} = \begin{bmatrix} 5 & 1 \\ 7 & 2 \end{bmatrix}, A_{13} = \begin{bmatrix} 5 & 4 \\ 7 & 3 \end{bmatrix}$

अतः $|A_{11}| = 4 \times 2 - 1 \times 3 = 5, |A_{12}| = 5 \times 2 - 1 \times 7 = 3, |A_{13}| = 5 \times 3 - 4 \times 7 = -13$

इस तरह, $|A| = (-1)^{1+1} \times 1 \times |A_{11}| + (-1)^{1+2} \times 2 \times |A_{12}| + (-1)^{1+3} \times 6 \times |A_{13}| = 5 - 6 - 78 = -79$.

**प्रश्न 7.** $\Delta(A)$ ज्ञात कीजिए, जहाँ A है

(क) $\begin{bmatrix} 1 & 6 & 0 \\ 2 & 7 & 2 \\ 1 & 6 & 0 \end{bmatrix}$     (ख) $\begin{bmatrix} 1 & 2 & -1 & -3 \\ 2 & 4 & 5 & 0 \\ 0 & 2 & -1 & -2 \\ -1 & 0 & 0 & 1 \end{bmatrix}$

**उत्तर—** (क) क्योंकि A की पहली पंक्ति और तीसरी पंक्ति ($R_1$ और $R_3$) समान हैं, इसलिए $|A| = 0$.

(ख) यहाँ,

$|A| = \begin{vmatrix} 1 & 2 & -1 & -3 \\ 2 & 4 & 5 & 0 \\ 0 & 2 & -1 & -2 \\ -1 & 0 & 0 & 1 \end{vmatrix} = \begin{vmatrix} 1 & 2 & -1 & -3 \\ 2 & 4 & 5 & 0 \\ 0 & 2 & -1 & -2 \\ 0 & 2 & -1 & -2 \end{vmatrix}$, $R_1$ को $R_4$ में जोड़ने पर।

$= 0$, क्योंकि $R_3 = R_4$.

**प्रश्न 8.** मान लीजिए $A = \begin{bmatrix} a & b & b & b \\ b & a & b & b \\ b & b & a & b \\ b & b & b & a \end{bmatrix}$, जहाँ $a, b \in R$. $|A|$ ज्ञात कीजिए।

**उत्तर—** यहाँ, $|A| = \begin{vmatrix} a & b & b & b \\ b & a & b & b \\ b & b & a & b \\ b & b & b & a \end{vmatrix}$

$$= \begin{vmatrix} a+3b & a+3b & a+3b & a+3b \\ b & a & b & b \\ b & b & a & b \\ b & b & b & a \end{vmatrix}$$ (दूसरी, तीसरी और चौथी पंक्तियों को पहली पंक्ति में जोड़ने पर)

$$= \begin{vmatrix} a+3b & 0 & 0 & 0 \\ b & a-b & 0 & 0 \\ b & 0 & a-b & 0 \\ b & 0 & 0 & a-b \end{vmatrix}$$ (पहले स्तंभ को अन्य सभी स्तंभों से घटाने पर)

$$= (a+3b) \begin{vmatrix} a-b & 0 & 0 \\ 0 & a-b & 0 \\ 0 & 0 & a-b \end{vmatrix}$$ (पहली पंक्ति के द्वारा प्रसार करने पर)

$= (a + 3b)(a - b)^3$.

**प्रश्न 9.** आव्यूह

$$A = \begin{bmatrix} 0 & 2 & -1 \\ 3 & 4 & 1 \\ 2 & 1 & 6 \end{bmatrix}$$ के सहखंड $C_{12}$ और $C_{23}$ ज्ञात कीजिए।

**उत्तर—** यहाँ, $C_{12} = (-1)^{1+2} |A_{12}| = -\begin{vmatrix} 3 & 1 \\ 2 & 6 \end{vmatrix} = -16$

और $C_{23} = (-1)^{2+3} |A_{23}| = -\begin{vmatrix} 0 & 2 \\ 2 & 1 \end{vmatrix} = 4$.

**प्रश्न 10.** आव्यूह $A = \begin{bmatrix} \cos\theta & 0 & \sin\theta \\ 0 & 1 & 0 \\ \sin\theta & 0 & \cos\theta \end{bmatrix}$ का सहखंडज ज्ञात कीजिए।

**उत्तर—** यहाँ, $C_{11} = (-1)^{1+1} \begin{vmatrix} 1 & 0 \\ 0 & \cos\theta \end{vmatrix} = \cos\theta$,

$$C_{12} = (-1)^{1+2} \begin{vmatrix} 0 & 0 \\ \sin\theta & \cos\theta \end{vmatrix} = 0,$$

$$C_{13} = \begin{vmatrix} 0 & 1 \\ \sin\theta & 0 \end{vmatrix} = -\sin\theta$$

इसी प्रकार, $C_{21} = 0$, $C_{22} = \cos^2\theta + \sin^2\theta = 1$, $C_{23} = 0$ और $C_{31} = -\sin\theta$, $C_{32} = 0$, $C_{33} = \cos\theta$

$$\therefore \text{Adj}(A) = \begin{bmatrix} \cos\theta & 0 & -\sin\theta \\ 0 & 1 & 0 \\ \sin\theta & 0 & \cos\theta \end{bmatrix}^t = \begin{bmatrix} \cos\theta & 0 & -\sin\theta \\ 0 & 1 & 0 \\ -\sin\theta & 0 & \cos\theta \end{bmatrix}.$$

**प्रश्न 11.** मान लीजिए

$$A = \begin{bmatrix} \cos\theta & 0 & -\sin\theta \\ 0 & 1 & 0 \\ \sin\theta & 0 & \cos\theta \end{bmatrix}$$ तब $A^{-1}$ ज्ञात कीजिए।

**उत्तर—** यहाँ, $\det(A) = (-1)^{2+2} 1 \times \begin{bmatrix} \cos\theta & -\sin\theta \\ \sin\theta & \cos\theta \end{bmatrix}$ (दूसरी पंक्ति से प्रसार करने पर)

$= \cos^2\theta + \sin^2\theta = 1$

क्योंकि $\text{Adj}(A) = \begin{bmatrix} \cos\theta & 0 & \sin\theta \\ 0 & 1 & 0 \\ -\sin\theta & 0 & \cos\theta \end{bmatrix}$

इसलिए $A^{-1} = \dfrac{1}{\det(A)} \text{Adj}(A) = \text{Adj}(A)$ यथा $\begin{bmatrix} \cos\theta & 0 & \sin\theta \\ 0 & 1 & 0 \\ -\sin\theta & 0 & \cos\theta \end{bmatrix}.$

**प्रश्न 12.** प्रदर्शित करें कि—

(a) $\begin{vmatrix} 1 & 1 & 1 \\ a^2 & b^2 & c^2 \\ a^3 & b^3 & c^3 \end{vmatrix} = (a-b)(b-c)(c-a)(ab+bc+ca)$

(b) $\begin{vmatrix} a & b & c \\ a^2 & b^2 & c^2 \\ bc & ca & ab \end{vmatrix} = (a-b)(b-c)(c-a)(ab+bc+ca)$

उत्तर— (a) यहाँ, $\begin{vmatrix} 1 & 0 & 0 \\ a^2 & b^2-a^2 & c^2-b^2 \\ a^3 & b^3-a^3 & c^3-b^3 \end{vmatrix}$ विस्तार करते हुए $c_2 = c_2 - c_1$, $c_3$

$= c_3 - c_2$

$\Delta = \begin{vmatrix} 1 & 0 & 0 \\ a^2 & (b-a)(b+a) & (c-b)(c+b) \\ a^3 & (b-a)(b^2+ab+a^2) & (c-b)(c^2+bc+b^2) \end{vmatrix}$

$= (b-a)(c-b) \begin{vmatrix} 1 & 0 & 0 \\ a^2 & b+a & c+b \\ a^3 & b^2+a^2+ab & c^2+b^2+bc \end{vmatrix}$

$= (b-a)(c-b)[bc^2 + b^3 + b^2c + ac^2 + ab^2 + abc - a^2c - b^2c - abc - a^2b - b^3 - ab^2] = (b-a)(c-b)[bc^2 + ac^2 - a^2c - a^2b]$

अब, दाईं ओर $= (b-a)(c-b)(c-a)(ab+bc+ca)$
$= (b-a)(c-b)[abc + bc^2 + c^2a - a^2b - abc - ca^2]$
$= (b-a)(c-b)[bc^2 + c^2a - a^2b - a^2c]$.

(b) $\begin{vmatrix} a & b & c \\ a^2 & b^2 & c^2 \\ bc & ca & ab \end{vmatrix}$

पृष्ठ (1) को a से, (2) को b से तथा (3) को c से गुणा करते हुए—

$\Delta = \begin{vmatrix} a^2 & b^2 & c^2 \\ a^3 & b^3 & c^3 \\ abc & abc & abc \end{vmatrix} \times \frac{1}{abc} = abc \begin{vmatrix} a^2 & b^2 & c^2 \\ a^3 & b^3 & c^3 \\ 1 & 1 & 1 \end{vmatrix} \times \frac{1}{abc}$

$$= \begin{vmatrix} a^2 & b^2 & c^2 \\ a^3 & b^3 & c^3 \\ 1 & 1 & 1 \end{vmatrix}$$

$$= \begin{vmatrix} 1 & 1 & 1 \\ a^2 & b^2 & c^2 \\ a^3 & b^3 & c^3 \end{vmatrix}$$ (दो पंक्तियों का स्थान परिवर्तन करते हुए सारणिक के चिह्न अपरिवर्तित रहेंगे।)

$$= \begin{vmatrix} 1 & 0 & 0 \\ a^2 & b^2 - a^2 & c^2 - a^2 \\ a^3 & b^3 - a^3 & c^3 - a^3 \end{vmatrix} R_2 - R_1, \; R_3 - R_1$$

$$= (b - a)(c - a) \begin{vmatrix} 1 & 0 & 0 \\ a^2 & (b + a) & (c + a) \\ a^3 & (b^2 + bc + c^2) & (c^2 + ac + a^2) \end{vmatrix}$$

= (a – b) (b – c) (c – a) (ab + bc + ca).

**प्रश्न 13. निम्नलिखित आव्यूहों का वर्गीकरण कीजिए–**

**(a)** $\begin{bmatrix} 1 & 0 \\ 0 & 1 \end{bmatrix}$ **(b)** $\begin{bmatrix} 1 & 0 & 0 \\ 2 & 3 & 0 \\ 3 & 5 & -2 \end{bmatrix}$ **(c)** $\begin{bmatrix} 1 & -1 & 3 \end{bmatrix}$

**(d)** $\begin{bmatrix} 1 & 0 & 0 \\ 0 & 1 & 0 \\ 0 & 0 & 1 \end{bmatrix}$ **(e)** $\begin{bmatrix} 0 & 0 & 0 \\ 0 & 0 & 0 \\ 0 & 0 & 0 \end{bmatrix}$ **(f)** $\begin{bmatrix} -2 \\ 3 \\ 5 \end{bmatrix}$

**(g)** $\begin{bmatrix} 1 & -1 & 10 \\ 0 & 2 & -5 \\ 0 & 0 & 3 \end{bmatrix}$

**उत्तर–** (a) $I_2$ = कोटि 2 का समानिका समूह

(b) निचला त्रिकोणीय समूह
(c) पंक्ति समूह
(d) $I_3$ = कोटि 3 का समानिका समूह
(e) शून्य समूह
(f) पृष्ठ समूह
(g) ऊपरी त्रिकोणीय समूह

प्रश्न 14. (1) यदि $A = \begin{bmatrix} 0 & 2 & 3 \\ 2 & 1 & 4 \end{bmatrix}$ तथा $B = \begin{bmatrix} 7 & 6 & 3 \\ 1 & 4 & 3 \end{bmatrix}$ तब $2A + 3B$ ज्ञात कीजिए।

(2) यदि $A = \begin{bmatrix} 2 & 0 & 4 \\ 6 & 2 & 8 \\ 2 & 4 & 6 \end{bmatrix}$, $B = \begin{bmatrix} 8 & 4 & -2 \\ 0 & -2 & 0 \\ 2 & 2 & 6 \end{bmatrix}$, $C = \begin{bmatrix} 8 & 2 & 0 \\ 0 & 2 & -6 \\ -8 & 4 & -10 \end{bmatrix}$

तब, $3A + 2B - 3C$ ज्ञात कीजिए।

(3) यदि $A = \begin{bmatrix} 8 & 4 \\ 3 & 7 \end{bmatrix}$, $B = \begin{bmatrix} 3 & 2 \\ 1 & 5 \end{bmatrix}$, आव्यूह $X$ ज्ञात कीजिए जबकि $2A + 4B - 3X = 0$.

उत्तर— (1) यहाँ, $2A = 2 \begin{bmatrix} 0 & 2 & 3 \\ 2 & 1 & 4 \end{bmatrix} = \begin{bmatrix} 0 & 4 & 6 \\ 4 & 2 & 8 \end{bmatrix}$

और $3B = 3 \begin{bmatrix} 7 & 6 & 3 \\ 1 & 4 & 3 \end{bmatrix} = \begin{bmatrix} 21 & 18 & 9 \\ 3 & 12 & 9 \end{bmatrix}$

$\therefore 2A + 3B = \begin{bmatrix} 21 & 22 & 15 \\ 7 & 14 & 17 \end{bmatrix}$.

(2) यहाँ, $3A = \begin{bmatrix} 6 & 0 & 12 \\ 18 & 6 & 24 \\ 6 & 12 & 18 \end{bmatrix}$, $2B = \begin{bmatrix} 16 & 8 & -4 \\ 0 & -4 & 0 \\ 4 & 4 & 12 \end{bmatrix}$

तब, $3A + 2B - 3C = \begin{bmatrix} 22 & 8 & 8 \\ 18 & 2 & 24 \\ 10 & 16 & 30 \end{bmatrix} - 3 \begin{bmatrix} 8 & 2 & 0 \\ 0 & 2 & -6 \\ -8 & 4 & -10 \end{bmatrix}$

$$=\begin{bmatrix}22 & 8 & 8\\18 & 2 & 24\\10 & 16 & 30\end{bmatrix}+\begin{bmatrix}-24 & -6 & 0\\0 & -6 & 18\\24 & -12 & 30\end{bmatrix}=\begin{bmatrix}-2 & 2 & 8\\18 & -4 & 42\\34 & 4 & 60\end{bmatrix}.$$

**(3)** दिया है, $2A + 4B - 3X = 0$

$2A + 4B + (-3X) = 0$

3X दोनों ओर जमा करते हुए,

$$2A + 4B = 0 + 3X \text{ अथवा } X = \frac{1}{3}[2A + 4B] = \frac{2}{3}\begin{bmatrix}8 & 4\\3 & 7\end{bmatrix}+\frac{4}{3}\begin{bmatrix}3 & 2\\1 & 5\end{bmatrix}$$

$$=\begin{bmatrix}\frac{16}{3} & \frac{8}{3}\\ \frac{6}{3} & \frac{14}{3}\end{bmatrix}+\begin{bmatrix}\frac{12}{3} & \frac{8}{3}\\ \frac{4}{3} & \frac{20}{3}\end{bmatrix}=\begin{bmatrix}\frac{28}{3} & \frac{16}{3}\\ \frac{10}{3} & \frac{34}{3}\end{bmatrix}.$$

**प्रश्न 15. समीकरणों को हल कीजिए–**

**$2x - y + 3z = 1$**

**$x + 2y - z = 2$**

**$5y - 5z = 3$**

**उत्तर**– दिए गए समीकरण हैं–

$2x - y + 3z = 1$

$x + 2y - z = 2$

$0x + 5y - 5z = 3$

$$\text{माना कि } A=\begin{bmatrix}2 & -1 & 3\\1 & 2 & -1\\0 & 5 & -5\end{bmatrix}, X=\begin{bmatrix}x\\y\\z\end{bmatrix}, B=\begin{bmatrix}1\\2\\3\end{bmatrix}$$

दिया गया निकाय, $AX = B$

$$\text{अब } |A|=\begin{vmatrix}2 & -1 & 3\\1 & 2 & -1\\0 & 5 & -5\end{vmatrix}= 2(-10+5)+(-5+0)+3(5-0) = -10-5+$$

$15 = 0$

अत: निकाय का एक मात्र हल नहीं होगा।
यहाँ A के लिए हमारे पास है—

$A_{11} = -5$, $A_{12} = 5$, $A_{13} = 5$, $A_{21} = 10$, $A_{22} = -10$,
$A_{23} = -10$, $A_{31} = -5$, $A_{32} = 5$, $A_{33} = 5$.

$$\therefore \text{सहखंडज } A = \begin{bmatrix} -5 & 5 & 5 \\ 10 & -10 & -10 \\ -5 & 5 & 5 \end{bmatrix} = \begin{bmatrix} -5 & 10 & -5 \\ 5 & -10 & 5 \\ 5 & -10 & 5 \end{bmatrix}$$

$$\text{और (सहखंडज } A) B = \begin{bmatrix} -5 & 10 & -5 \\ 5 & -10 & 5 \\ 5 & -10 & 5 \end{bmatrix} \begin{bmatrix} 1 \\ 2 \\ 3 \end{bmatrix} = \begin{bmatrix} -5+20-15 \\ 5-20+15 \\ 5-20+15 \end{bmatrix} = \begin{bmatrix} 0 \\ 0 \\ 0 \end{bmatrix} = 0$$

∴ (सहखंडज A) B = 0 = शून्य आव्यूह है।
अत: निकाय के अन्नत हल होंगे।
अब माना कि y = k

तब (3) समीकरण $5k - 5z = 3$ से अथवा $z = \dfrac{5k-3}{5}$

अब समीकरण (2) से $x + 2k - \dfrac{5k-3}{5} = 2 \Rightarrow x = \dfrac{-5k+7}{5}$

तब यहाँ अन्नत हल होंगे— $x = \dfrac{-5k+7}{5}, y = k, z = \dfrac{5k-3}{5}$.

**प्रश्न 16.** निम्नलिखित राष्ट्रीय आय का नमूना है—
Y = C + I + G
C = a + b (Y − T)
T = d + tY

जहाँ Y, C तथा T अंतर्जात चर मूल्य तथा I और G वाहिर्जात चर मूल्य हैं। a, b, d और t अचर मूल्य हैं। अंतर्जात मूल्यों के नमूने को हल कीजिए।

**उत्तर—** दिए गए समीकरणों के निकाय को लिखा जा सकता है जैसे—
Y − C + 0T = I + G
bY − C − bT = −a
tY + 0C − T = −d

अब, $\Delta = \begin{vmatrix} 1 & -1 & 0 \\ b & -1 & -b \\ t & 0 & -1 \end{vmatrix}$

$= 1(1-0) - (-1)(-b+bt) + 0(0+t) = 1 - b + bt \neq 0$

अतः हम क्रेमर नियम लागू कर सकते हैं–

यहाँ, $\Delta_1 = \begin{vmatrix} I+G & -1 & 0 \\ -a & -1 & -b \\ -d & 0 & -1 \end{vmatrix}$

$= I + G(1-0) - (-1)(a-bd) + 0(0-d) = I + G + a - bd$

$\Delta_2 = \begin{vmatrix} 1 & I+G & 0 \\ b & -a & -b \\ t & -d & -1 \end{vmatrix}$

$= 1(a-bd) - (I+G)(-b+bt) + 0(-bd+at) = a - b(d - I - G) - (I+G)bt$

$\Delta_3 = \begin{vmatrix} 1 & -1 & I+G \\ b & -1 & -a \\ t & 0 & -d \end{vmatrix}$

$= 1(d-0) - (-1)(-bd+at) + (I+G)(0+t) = d - bd + at + (I+G)t$

तब क्रेमर नियम से हम पाते हैं– $Y = \dfrac{\Delta_1}{\Delta} = \dfrac{I+G+a-bd}{1-b+bt}$

$C = \dfrac{\Delta_2}{\Delta} = \dfrac{a - b(d - I - G) - (I+G)bt}{1-b+bt}$

$T = \dfrac{\Delta_3}{\Delta} = \dfrac{d + (-bd+at) + (I+G)t}{1-b+bt}$.

**प्रश्न 17.** दो वस्तुओं के बाजार मॉडलों की कीमतों और मात्राओं के संतुलन ज्ञात कीजिए– $x_{d1} = -2 - p + q$, $x_{s1} = -2 - q$; $x_{d2} = -3 - p - q$, $x_{s2} = -9 + p + q$ जहाँ p कीमत है तथा q मात्रा है।

**उत्तर–** बाजार मॉडल 1 के संतुलन के लिए–

$-2 - p + q = -2 - q \Rightarrow -p + 2q = 0$ ...(i)

बाजार मॉडल 2 के संतुलन के लिए—

$-3 - p - q = -9 + p + q \Rightarrow 2p + 2q = 6 \Rightarrow p + q = 3$ ...(ii)

समीकरणों के उपरोक्त निकायों को आव्यूह रूप में ऐसे लिखा जा सकता है—

$$\begin{bmatrix} -1 & 2 \\ 1 & 1 \end{bmatrix} \begin{bmatrix} p \\ q \end{bmatrix} = \begin{bmatrix} 0 \\ 3 \end{bmatrix}$$

यहाँ, $|A| = -1 - 2 = -3 \neq 0$ अतः $A'$ विद्यमान है।

तब, $A^{-1} = \dfrac{1}{-3} \begin{bmatrix} 1 & -2 \\ -1 & -1 \end{bmatrix}$

अब, $\begin{bmatrix} p \\ q \end{bmatrix} = A^{-1} B = \dfrac{1}{-3} \begin{bmatrix} 1 & -2 \\ -1 & -1 \end{bmatrix} \begin{bmatrix} 0 \\ 3 \end{bmatrix} = \begin{bmatrix} 2 \\ 1 \end{bmatrix}$

अतः संतुलन कीमत तथा मात्रा क्रमशः 2 तथा 1 हैं।

**प्रश्न 18.** एक कंपनी तीन वस्तुएँ x, y और z उत्पादित करती है जिनमें से हर एक तीन प्रकार के निवेशों A, B तथा C से बनाई जाती है। x के हर यूनिट के लिए A का एक यूनिट, B के 7 यूनिट और C के 3 यूनिट की आवश्यकता होती है। Y के हर यूनिट के लिए A के 4 यूनिट, B के 3 यूनिट और C के 1 यूनिट की आवश्यकता होती है और आगे Z के एक यूनिट के लिए A के 2 यूनिट, B के 4 यूनिट और C के 2 यूनिट की आवश्यकता होती है। एक विशेष दिन के उत्पादन में कंपनी A के 105 यूनिट, B के 135 यूनिट और C के 55 यूनिट प्रयुक्त हुए।

एक आव्यूह समीकरण बनाएँ तथा आव्यूह बीजगणित का प्रयोग करते हुए x, y, z ज्ञात करें जहाँ क्रमशः x, y, z वस्तुओं के उत्पादित यूनिट हैं।

**उत्तर—** क्योंकि x के 1 यूनिट के लिए A, A के एक यूनिट की आवश्यकता है, कुल x वस्तु में उत्पादन के लिए $1 \times x = x$ की आवश्यकता है, उसी प्रकार y में उत्पादन के लिए कुल मात्रा 4y और z में उत्पादन के लिए 2z है।

अब, $x + 4y + 2z = 105$

$7x + 3y + 4z = 135$

$3x + y + 2z = 55$

$\Rightarrow \begin{bmatrix} 1 & 4 & 2 \\ 7 & 3 & 4 \\ 3 & 1 & 2 \end{bmatrix} \begin{bmatrix} x \\ y \\ z \end{bmatrix} = \begin{bmatrix} 105 \\ 135 \\ 55 \end{bmatrix}$

रैखिक बीजगणित

$$\Rightarrow \begin{bmatrix} x \\ y \\ z \end{bmatrix} = \begin{bmatrix} 1 & 4 & 2 \\ 7 & 3 & 4 \\ 3 & 1 & 2 \end{bmatrix}^{-1} \begin{bmatrix} 105 \\ 135 \\ 55 \end{bmatrix} \quad ...(i)$$

यहाँ, सहगुणनखंड आव्यूह $= \begin{bmatrix} 2 & -2 & -2 \\ -6 & -4 & 11 \\ 10 & 10 & -25 \end{bmatrix}$

$\Delta = 1 \times 2 - 4 \times 2 + 2 \times (-2) = -10$

और सहखंडज आव्यूह $= \begin{bmatrix} 2 & -6 & 10 \\ -2 & -4 & 10 \\ -2 & 11 & -25 \end{bmatrix}$

अतः समीकरण (i) से—

$$\begin{bmatrix} x \\ y \\ z \end{bmatrix} = \frac{-1}{10} \begin{bmatrix} 2 & -6 & 10 \\ -2 & -4 & 10 \\ -2 & 11 & -25 \end{bmatrix} \begin{bmatrix} 105 \\ 135 \\ 55 \end{bmatrix} = \frac{-1}{10} \begin{bmatrix} 210 - 810 + 550 \\ -210 - 540 + 550 \\ -210 + 1485 - 1375 \end{bmatrix}$$

$$= \frac{-1}{10} \begin{bmatrix} -50 \\ -200 \\ -100 \end{bmatrix} = \begin{bmatrix} 5 \\ 20 \\ 10 \end{bmatrix}$$ अतः $x = 5, y = 20$ और $z = 10$.

**प्रश्न 19.** एक दुकान द्वारा 20 टेबल पंखे, 30 छत के पंखे और 10 पैडस्टल पंखे एक महीने में बेचे जाते हैं। टेबल पंखे की कीमत ₹300, छत के पंखे की कीमत ₹400 और पैडस्टल पंखे की कीमत ₹500 है। दुकान को इसकी कीमत टेबलफैन के लिए ₹220, छत के पंखे के लिए ₹325 तथा पैडस्टल पंखे के लिए ₹400 देने पड़ते हैं। दुकान को एक महीने में मिलने वाले लाभ को ज्ञात कीजिए।

**उत्तर—** मान लीजिए कि 3 आव्यूह ABC हैं जैसे—

$A = [20 \ 30 \ 10], B = \begin{bmatrix} 300 \\ 400 \\ 500 \end{bmatrix}$ तथा $C = \begin{bmatrix} 220 \\ 325 \\ 400 \end{bmatrix}$

तब $\pi$ = कुल आय (TR) – कुल कीमत (TC)

$\therefore\ \pi = A \times B - A \times C$

$$\Rightarrow \pi = \begin{bmatrix} 20 & 30 & 10 \end{bmatrix}_{1\times3} \begin{bmatrix} 300 \\ 400 \\ 500 \end{bmatrix}_{3\times1} - \begin{bmatrix} 20 & 30 & 10 \end{bmatrix}_{1\times3} \begin{bmatrix} 220 \\ 325 \\ 400 \end{bmatrix}_{3\times1}$$

$= [20 \times 300 + 30 \times 400 + 10 \times 500] - [20 \times 220 + 30 \times 325 + 10 \times 400]$

$= [6000 + 12000 + 5000] - [4400 + 9750 + 4000]$

$= [23000] - [18150] =$ ₹4850.

**प्रश्न 20. निम्नलिखित कार्य विवरण आव्यूह के लिए, हर एक उद्योग का निश्चित माँगों क्रमशः 18 तथा 44 यूनिटों के लिए सकल उत्पाद ज्ञात कीजिए।**

| **उद्योग** | **में आगत** | | **अंतिम माँग** |
|---|---|---|---|
| | **I** | **II** | |
| **I** | **16** | **20** | **4** |
| **II** | **8** | **40** | **32** |

**उत्तर**– यहाँ आगत–निर्गत सारणी इस प्रकार होगी–

| उद्योग | में आगत | | अंतिम माँग | सर्वजोड़ |
|---|---|---|---|---|
| | I | II | - | |
| I | 16 | 20 | 4 | 40 |
| II | 8 | 40 | 32 | 80 |

माना कि A आगत–निर्गत आव्यूह को निरूपित करता है–

क्योंकि (प्रौद्योगिक आव्यूह) $a_{ij} = \dfrac{X_{ij}}{X_j}$

$$\therefore\ A = \begin{bmatrix} \frac{16}{40} & \frac{20}{80} \\ \frac{8}{40} & \frac{40}{80} \end{bmatrix} = \begin{bmatrix} \frac{2}{5} & \frac{1}{4} \\ \frac{1}{5} & \frac{1}{2} \end{bmatrix}$$

यदि $X = \begin{bmatrix} X_1 \\ X_2 \end{bmatrix}$, अंतिम माँग $= \begin{bmatrix} 18 \\ 44 \end{bmatrix}$

तब हमें X के लिए हल करना है–

यहाँ, $X = AX + D$

$$\Rightarrow \begin{bmatrix} X_1 \\ X_2 \end{bmatrix} = \begin{bmatrix} \frac{2}{5} & \frac{1}{4} \\ \frac{1}{5} & \frac{1}{2} \end{bmatrix} \begin{bmatrix} X_1 \\ X_2 \end{bmatrix} + \begin{bmatrix} 18 \\ 44 \end{bmatrix}$$

$$\Rightarrow X_1 = \frac{2}{5}X_1 + \frac{1}{4}X_2 + 18$$

$$\Rightarrow X_2 = \frac{1}{5}X_1 + \frac{1}{2}X_2 + 44$$

$$\Rightarrow \frac{3}{5}X_1 - \frac{1}{4}X_2 = 18$$

$$\Rightarrow -\frac{1}{5}X_1 + \frac{1}{2}X_2 = 44$$

$X_1$ और $X_2$ के लिए हल करते हुए हम पाते हैं,
$X_1 = 80$, और $X_2 = 120$
हम वैकल्पिक का भी प्रयोग कर सकते हैं—

$$X = \{I - A\}^{-1} D \qquad \qquad ...(i)$$

जहाँ, $I = \begin{bmatrix} 1 & 0 \\ 0 & 1 \end{bmatrix}$ और $A = \begin{bmatrix} .4 & .25 \\ .2 & .5 \end{bmatrix}$

$$\therefore [I - A] = \begin{bmatrix} .6 & -.25 \\ -.2 & .5 \end{bmatrix}$$

$$\therefore \Delta = .6 \times .5 - .2 \times .25 = .25$$

सहगुणनखंड आव्यूह $= \begin{bmatrix} .5 & .2 \\ .25 & .6 \end{bmatrix}$

$\therefore$ सहखंडज आव्यूह = सहगुणनखंड आव्यूह का पक्षांतरण

$$= \begin{bmatrix} .5 & .25 \\ .2 & .6 \end{bmatrix}$$

$$\therefore [I - A]^{-1} = \frac{\begin{bmatrix} .5 & .25 \\ .2 & .6 \end{bmatrix}}{.25}$$

$$\therefore\ X = \frac{\begin{bmatrix} .5 & .25 \\ .2 & .6 \end{bmatrix}}{.25}\begin{bmatrix} 18 \\ 44 \end{bmatrix}$$ (समीकरण (i) से)

$$= \frac{1}{.25}\begin{bmatrix} 20 \\ 30 \end{bmatrix} = \begin{bmatrix} 80 \\ 120 \end{bmatrix}$$

अतः सकल उत्पाद = 80, 120 है।

**प्रश्न 21. यदि $A = \begin{bmatrix} 1 & 3 \\ 2 & 8 \\ 4 & 0 \end{bmatrix}$ और $B = \begin{bmatrix} 5 \\ 9 \end{bmatrix}$ AB ज्ञात कीजिए।**

**उत्तर**– दिया है, $A = \begin{bmatrix} 1 & 3 \\ 2 & 8 \\ 4 & 0 \end{bmatrix}$ और $B = \begin{bmatrix} 5 \\ 9 \end{bmatrix}$

अतः यहाँ $AB = \begin{bmatrix} 1\times5+3\times9 \\ 2\times5+8\times9 \\ 4\times5+0\times9 \end{bmatrix} = \begin{bmatrix} 5+27 \\ 10+72 \\ 20+0 \end{bmatrix} = \begin{bmatrix} 32 \\ 82 \\ 20 \end{bmatrix}$.

**प्रश्न 22. एक सीमित आगत निर्गत मॉडल में अर्थव्यवस्था के तीन उद्योगों में, औद्योगिक प्रवाह विश्लेषण तथा अंतिम माँग नीचे दिए गए हैं–**

| उद्योग | A | B | C | अंतिम माँग |
|---|---|---|---|---|
| A | 10 | 4 | 8 | 14 |
| B | 4 | 6 | 4 | 18 |
| C | 6 | 4 | 4 | 10 |

**तीन उद्योगों के, मॉडल से संगत उत्पादन स्तरों का गणन कीजिए। यदि तीन उद्योगों में श्रम गुणांक क्रमशः 3, 0.3 और 0.1 हैं तो उद्योग के लिए आवश्यक कुल श्रम भी ज्ञात कीजिए।**

**उत्तर**– तीनों उद्योगों A, B, C की कुल निर्गत क्रमशः हैं–

$X_1 = 10 + 4 + 8 + 14 = 36$

$X_2 = 4 + 6 + 4 + 18 = 32$

$X_3 = 6 + 4 + 4 + 10 = 24$

यहाँ, गुणांक आव्यूह हैं–

$$A = \begin{bmatrix} \frac{10}{36} & \frac{4}{32} & \frac{8}{24} \\ \frac{4}{36} & \frac{6}{32} & \frac{4}{24} \\ \frac{6}{36} & \frac{4}{32} & \frac{4}{24} \end{bmatrix} = \begin{bmatrix} \frac{5}{18} & \frac{1}{8} & \frac{1}{3} \\ \frac{1}{9} & \frac{3}{16} & \frac{1}{6} \\ \frac{1}{6} & \frac{1}{8} & \frac{1}{6} \end{bmatrix}$$

$$\therefore \quad I - A = \begin{bmatrix} \frac{13}{18} & \frac{-1}{8} & \frac{-1}{3} \\ \frac{-1}{9} & \frac{13}{16} & \frac{-1}{6} \\ \frac{-1}{6} & \frac{-1}{8} & \frac{5}{6} \end{bmatrix}$$

तथा $|I - A| = \frac{707}{1728}$ और

$$(I - A)^{-1} = \frac{\text{सहखंडज}(I - A)}{|I - A|} = \frac{1}{\frac{707}{1728}} \begin{bmatrix} \frac{21}{32} & \frac{7}{48} & \frac{7}{24} \\ \frac{13}{108} & \frac{59}{108} & \frac{17}{108} \\ \frac{43}{288} & \frac{1}{9} & \frac{55}{96} \end{bmatrix}$$

यहाँ, सकल निर्गत सदिश $X = (I - A)^{-1} D$ के द्वारा दिया जाता है।

अथवा
$$X = \frac{1728}{707} \begin{bmatrix} \frac{21}{32} & \frac{7}{48} & \frac{7}{24} \\ \frac{13}{108} & \frac{59}{108} & \frac{17}{108} \\ \frac{43}{288} & \frac{1}{9} & \frac{55}{96} \end{bmatrix} \begin{bmatrix} 14 \\ 18 \\ 10 \end{bmatrix} = \begin{bmatrix} 36 \\ 32 \\ 24 \end{bmatrix}$$

अतः तीनों उद्योगों के निर्गत स्तर हैं—
$X_1 = 36, X_2 = 32, X_3 = 24$
श्रम गुणांकों 3, 0.3 तथा 0.1 के साथ उद्योग के लिए कुल आवश्यक श्रम है—
$= 36 \times 3 + 32 \times .3 + 24 \times .1 = 108 + 9.6 + 2.4 = 120.$

**प्रश्न 23.** अर्थव्यवस्था के तीन खंडों का निम्नलिखित गुणांक आव्यूह A तथा निश्चित माँग सदिश F है।

जहाँ, $A = \begin{bmatrix} 0.3 & 0.2 & 0.2 \\ 0.2 & 0.1 & 0.5 \\ 0.2 & 0.4 & 0.2 \end{bmatrix}, F = \begin{bmatrix} 80 \\ 30 \\ 50 \end{bmatrix}$

निश्चित माँग की पूर्ति के लिए हर खंड का ठोस उत्पादन ज्ञात कीजिए।

**उत्तर—** माना कि निश्चित माँग पूर्ण करने के लिए तीन खंडों का ठोस उत्पादन क्रमशः $X_1, X_2$ तथा $X_3$ है।
तीन खंडों का संतुलन आव्यूह समीकरण होगा—
$AX + F = IX$
अर्थात् $(I - A) X = F \Rightarrow X = (I - A)^{-1} F$

यहाँ, $I - A = \begin{bmatrix} 1 & 0 & 0 \\ 0 & 1 & 0 \\ 0 & 0 & 1 \end{bmatrix} - \begin{bmatrix} 0.3 & 0.2 & 0.2 \\ 0.2 & 0.1 & 0.5 \\ 0.2 & 0.4 & 0.2 \end{bmatrix}$

$= \begin{bmatrix} 0.7 & -0.2 & -0.2 \\ -0.2 & 0.9 & -0.5 \\ -0.2 & -0.4 & 0.8 \end{bmatrix}$

$\therefore |I - A| = \begin{vmatrix} 0.7 & -0.2 & -0.2 \\ -0.2 & 0.9 & -0.5 \\ -0.2 & -0.4 & 0.8 \end{vmatrix}$

$= 0.7 (0.9 \times 0.8 - 0.4 \times 0.5) + 0.2 (-0.2 \times 0.8 - 0.2 \times 0.5) - 0.2 (0.2 \times 0.4 + 0.9 \times 0.2) = 0.26 \neq 0$

$\therefore (I - A)^{-1}$ विद्यमान है।

अतः $X = (I - A)^{-1} F$

$$= \frac{1}{0.26}\begin{bmatrix} 0.52 & 0.24 & 0.28 \\ 0.26 & 0.52 & 0.39 \\ 0.26 & 0.32 & 0.59 \end{bmatrix}\begin{bmatrix} 80 \\ 30 \\ 50 \end{bmatrix}$$

$$= \frac{1}{0.26}\begin{bmatrix} 62.8 \\ 55.9 \\ 59.9 \end{bmatrix} = \begin{bmatrix} 241.54 \\ 215 \\ 230.38 \end{bmatrix}$$

अतः $X_1 = 24.54$, $X_2 = 215$ तथा $X_3 = 230.38$.

**प्रश्न 24.** एक आगत गुणांक आव्यूह इस प्रकार दर्शाया गया है—

$$A = \begin{pmatrix} a_{11} & a_{12} & a_{13} \\ a_{21} & a_{22} & a_{23} \\ a_{31} & a_{32} & a_{33} \end{pmatrix} = \begin{pmatrix} 0.2 & 0.3 & 0.2 \\ 0.4 & 0.1 & 0.2 \\ 0.1 & 0.3 & 0.2 \end{pmatrix}$$ प्रौद्योगिकी आव्यूह ज्ञात कीजिए।

**उत्तर—** यहाँ, प्रौद्योगिकी आव्यूह $\begin{pmatrix} 0.2 & 0.3 & 0.2 \\ 0.4 & 0.1 & 0.2 \\ 0.1 & 0.3 & 0.2 \end{pmatrix}$

इसका $I - A = \begin{pmatrix} (1-a_{11}) & -a_{12} & -a_{13} \\ -a_{21} & (1-a_{22}) & -a_{23} \\ -a_{31} & -a_{32} & (1-a_{33}) \end{pmatrix}$

$$= \begin{pmatrix} (1-0.2) & -0.3 & -0.2 \\ -0.4 & (1-0.1) & -0.2 \\ -0.1 & -0.3 & (1-0.2) \end{pmatrix} = \begin{pmatrix} 0.8 & -0.3 & -0.2 \\ -0.4 & 0.9 & -0.2 \\ -0.1 & -0.3 & 0.8 \end{pmatrix}.$$

**प्रश्न 25.** मान लीजिए, $[A] = \begin{bmatrix} 0.8 & 0.2 \\ 0.9 & 0.7 \end{bmatrix}$, तो जाँच कीजिए कि क्या कोई समाधान इस समूह के लिए संभव होगा या नहीं?

**उत्तर—** दिया है— $[A] = \begin{bmatrix} 0.8 & 0.2 \\ 0.9 & 0.7 \end{bmatrix}$

तब, $[I-A] = \begin{bmatrix} 1-0.8 & -0.2 \\ -0.9 & 1-0.7 \end{bmatrix} = \begin{bmatrix} 0.2 & -0.2 \\ -0.9 & 0.3 \end{bmatrix}$

यहाँ, $[I-A]$ का मान $= 0.2 \times 0.3 - 0.2 \times 0.9 = 0.06 - 0.18 = -0.12 < 0$
अतः इस संबंध के लिए कोई समाधान संभव नहीं होगा।

**प्रश्न 26.** निम्नलिखित आव्यूह के प्रतिलोम का पता लगाइए—

$A = \begin{bmatrix} 4 & 1 & -1 \\ 0 & 3 & 2 \\ 3 & 0 & 7 \end{bmatrix}$

**उत्तर—** दिया है, $A = \begin{bmatrix} 4 & 1 & -1 \\ 0 & 3 & 2 \\ 3 & 0 & 7 \end{bmatrix}$

यहाँ, $|A| = 4 \begin{vmatrix} 3 & 2 \\ 0 & 7 \end{vmatrix} - 1 \begin{vmatrix} 0 & 2 \\ 3 & 7 \end{vmatrix} - 1 \begin{vmatrix} 0 & 3 \\ 3 & 0 \end{vmatrix}$

$= 4(21-0) - 1(0-6) - 1(0-9) = 84 + 6 + 9 = 99 \neq 0$

क्योंकि $|A| \neq 0$, अतः आव्यूह का प्रतिलोम निकाल सकते हैं।
अब, A के सहगुणनखंड $A_{ij}$ इस प्रकार होंगे—

$A_{11} = (-1)^{1+1} \begin{vmatrix} 3 & 2 \\ 0 & 7 \end{vmatrix} = 21$  $A_{12} = (-1)^{1+2} \begin{vmatrix} 0 & 2 \\ 3 & 7 \end{vmatrix} = -(-6) = 6$

$A_{13} = (-1)^{1+3} \begin{vmatrix} 0 & 3 \\ 3 & 0 \end{vmatrix} = -9$  $A_{21} = (-1)^{2+1} \begin{vmatrix} 1 & -1 \\ 0 & 7 \end{vmatrix} = -7$

$A_{22} = (-1)^{2+2} \begin{vmatrix} 4 & -1 \\ 3 & 7 \end{vmatrix} = 31$  $A_{23} = (-1)^{2+3} \begin{vmatrix} 4 & 1 \\ 3 & 0 \end{vmatrix} = -(-3) = 3$

$A_{31} = (-1)^{3+1} \begin{vmatrix} 1 & -1 \\ 3 & 2 \end{vmatrix} = 5$  $A_{32} = (-1)^{3+2} \begin{vmatrix} 4 & -1 \\ 0 & 2 \end{vmatrix} = -8$

और $A_{33} = (-1)^{3+3} \begin{vmatrix} 4 & 1 \\ 0 & 3 \end{vmatrix} = 12.$

A के सहखंडज: $(\text{adj. A}) = \begin{bmatrix} A_{11} & A_{12} & A_{13} \\ A_{21} & A_{22} & A_{23} \\ A_{31} & A_{32} & A_{33} \end{bmatrix}^T = \begin{bmatrix} 21 & 6 & -9 \\ -7 & 31 & 3 \\ 5 & -8 & 12 \end{bmatrix}^T$

$= \begin{bmatrix} 21 & -7 & 5 \\ 6 & 31 & -8 \\ -9 & 3 & 12 \end{bmatrix}$

$\therefore A^{-1} = \dfrac{\text{adj.A}}{|A|} = \dfrac{1}{99} \begin{bmatrix} 21 & -7 & 5 \\ 6 & 31 & -8 \\ -9 & 3 & 12 \end{bmatrix} = \begin{bmatrix} \dfrac{7}{33} & \dfrac{-7}{99} & \dfrac{5}{99} \\ \dfrac{2}{33} & \dfrac{31}{99} & \dfrac{-8}{99} \\ \dfrac{-1}{11} & \dfrac{1}{33} & \dfrac{4}{13} \end{bmatrix}$.

**प्रश्न 27.** आगत निर्गत आव्यूह और अंतिम माँग सदिश

$A = \begin{pmatrix} 0.05 & 0.25 & 0.34 \\ 0.33 & 0.10 & 0.12 \\ 0.19 & 0.38 & 0 \end{pmatrix}, D = \begin{bmatrix} 1800 \\ 200 \\ 900 \end{bmatrix}$ के रूप में दिए होने पर तीन उद्योगों के उत्पादन स्तर ज्ञात कीजिए।

**उत्तर—** दिया है, $A = \begin{pmatrix} 0.05 & 0.25 & 0.34 \\ 0.33 & 0.10 & 0.12 \\ 0.19 & 0.38 & 0 \end{pmatrix}$

यहाँ, $[I - A] = \begin{pmatrix} 0.95 & -0.25 & -0.34 \\ -0.33 & 0.90 & -0.12 \\ -0.19 & -0.38 & 1 \end{pmatrix}$

$\therefore |I - A| = 0.95\,[0.90 \times 1 - 0.12 \times 0.38] + 0.25\,(-0.33 \times 1 - 0.12 \times 0.19) - 0.34\,(0.33 \times 0.38 + 0.90 \times 0.19)$

$= 0.95\,(0.8544) + 0.25\,(-0.3528) - 0.34\,(0.2964) = 0.6227$

अत: $X_1 = \dfrac{1}{0.6227}[0.05 \times 1800 + 0.25 \times 200 + 0.34 \times 900] = 713$

$X_2 = \dfrac{1}{0.6227}[0.33 \times 1800 + 0.10 \times 200 + 900 \times 0.12] = 1160$

$X_3 = \dfrac{1}{0.6227}[0.19 \times 1800 + 0.38 \times 200 + 0 \times 900] = 671$

अत: उत्पादन स्तर : $X_1 = 713$, $X_2 = 1160$, $X_3 = 671$.

**प्रश्न 28.** कुल उपलब्ध श्रम आपूर्ति = 1000 इकाइयाँ दिए होने पर उपभोग संभाव्यता रेखापथ निर्धारित कीजिए जहाँ प्रौद्योगिकी आव्यूह निम्नवत् है—

$A = \begin{bmatrix} 0.4 & 0.5 \\ 0.4 & 0.3 \end{bmatrix}$ और $L = \begin{bmatrix} 0.2 \\ 0.2 \end{bmatrix}$.

**उत्तर—** दिया है, $A = \begin{bmatrix} 0.4 & 0.5 \\ 0.4 & 0.3 \end{bmatrix}$

यहाँ, $[I - A] = \begin{bmatrix} 0.6 & -0.5 \\ -0.4 & 0.7 \end{bmatrix} = 0.42 - 0.2 = 0.22$

तब, $X_1 = \dfrac{1}{0.22}[0.6F_1 - 0.5F_2]$

$X_2 = \dfrac{1}{0.22}[-0.4F_1 - 0.7F_2]$

श्रम आपूर्ति समीकरण में $X_1$ और $X_2$ का मान रखने पर प्राप्त होता है—
$1000 = 0.2 X_1 + 0.2 X_2$

$\Rightarrow 1000 = 0.2\{\dfrac{1}{0.22}(0.6F_1 - 0.5F_2)\} + 0.2\{\dfrac{1}{0.22}(-0.4F_1 + 0.7F_2)\}$

$\Rightarrow 1000 = \dfrac{0.2}{0.22}(0.6F_1 - 0.5F_2 - 0.4F_1 + 0.7F_2)$

$\Rightarrow 1000 = 0.9[0.2F_1 + 0.2F_2] \Rightarrow 1111.11 = 0.2F_1 + 0.2F_2$

जो वांछित उपभोग संभाव्यता रेखापथ है।

प्रश्न 29. एक द्वि उद्योगीय अर्थव्यवस्था है। पहला उद्योग एक रुपए योग्य वस्तु के उत्पाद के लिए 10 पैसे का अपना तथा उत्पाद 60 पैसे का दूसरे उद्योग के उत्पाद का प्रयोग करता है। दूसरा उद्योग अपने उत्पाद का प्रयोग नहीं करता किंतु पहले उद्योग के उत्पाद पर 50 पैसे खर्च कर एक रुपए योग्य वस्तु का उत्पादन करता है।

इस अर्थव्यवस्था का आदान आव्यूह बताइए तथा उत्पादन स्तरों का क्रेमर के नियम का प्रयोग कर आकलन भी कीजिए।

**उत्तर**— यहाँ अर्थव्यवस्था का आदान आव्यूह इस प्रकार होगा—

$$A = \begin{pmatrix} a_{11} & a_{12} \\ a_{21} & a_{22} \end{pmatrix} = \begin{pmatrix} 0.10 & 0.60 \\ 0 & 0.50 \end{pmatrix}$$

अब, $I - A = \begin{pmatrix} 1 & 0 \\ 0 & 1 \end{pmatrix} - \begin{pmatrix} 0.10 & 0.60 \\ 0 & 0.50 \end{pmatrix} = \begin{pmatrix} 0.90 & -0.60 \\ 0 & 0.50 \end{pmatrix}$

$\therefore |I - A| = \begin{vmatrix} 0.90 & -0.60 \\ 0 & 0.50 \end{vmatrix} = 0.45 > 0$

और $|I - A|^{-1} = \dfrac{1}{0.45} \begin{pmatrix} 0.50 & -0.60 \\ 0 & 0.90 \end{pmatrix} = \begin{pmatrix} 1.11 & -1.33 \\ 0 & 2 \end{pmatrix}$

यहाँ सकल निर्गत सदिश $X = (I - A)^{-1} D$ जहाँ हम मान लेते हैं कि $D = \begin{pmatrix} x_1 \\ x_2 \end{pmatrix}$

तब, $X = |I - A|^{-1} D = \begin{pmatrix} 1.11 & -1.33 \\ 0 & 2 \end{pmatrix} \begin{pmatrix} x_1 \\ x_2 \end{pmatrix}$

$= 1.11 x_1 - 1.33 x_2 = 1$

और $2x_2 = 1$ अथवा $x_2 = \dfrac{1}{2}$

$\Rightarrow 1.11 x_1 - 1.33 \times \dfrac{1}{2} = 1 \Rightarrow 1.11 x_1 - 0.665 = 1$

$\Rightarrow 1.11 x_1 = 1.665 \Rightarrow x_1 = 1.5$

अतः अपेक्षित उत्पादन स्तर = {1.5, 0.5}.

प्रश्न 30. एक दो उद्योगों वाली काल्पनिक अर्थव्यवस्था का आदान–उत्पाद आव्यूह इस प्रकार है—

|   | A | B | अंतिम माँग | कुल उत्पादन |
|---|---|---|---|---|
| A | 150 | 240 | 210 | 600 |
| B | 200 | 120 | 160 | 480 |

यदि अर्थव्यवस्था का माँग सदिश बदल कर A = 100, B = 200 हो जाए तो कुल उत्पाद सदिश क्या होगा?

उत्तर– यहाँ (प्रौद्योगिक आव्यूह) $A = \begin{bmatrix} \dfrac{150}{600} & \dfrac{240}{480} \\ \dfrac{200}{600} & \dfrac{120}{480} \end{bmatrix} = \begin{bmatrix} \dfrac{1}{4} & \dfrac{1}{2} \\ \dfrac{1}{3} & \dfrac{1}{4} \end{bmatrix}$

अब, हमारे पास $I - A = \begin{bmatrix} 1 & 0 \\ 0 & 1 \end{bmatrix} - \begin{bmatrix} \dfrac{1}{4} & \dfrac{1}{2} \\ \dfrac{1}{3} & \dfrac{1}{4} \end{bmatrix} = \begin{bmatrix} 0.75 & -0.5 \\ -0.33 & 0.75 \end{bmatrix}$

∴ $|I - A| = 0.5625 - 0.165 = 0.3975$

$(I-A)^{-1} = \dfrac{\text{सहजखंडज}(I-A)}{|I-A|} = \dfrac{1}{0.3975} \begin{bmatrix} 0.75 & 0.5 \\ 0.33 & 0.75 \end{bmatrix}$ और $D = \begin{bmatrix} 100 \\ 200 \end{bmatrix}$

सकल निर्गत सदिश $X = (I-A)^{-1} D$ के द्वारा दिया जाता है।

अथवा $X = \dfrac{1}{0.3975} \begin{bmatrix} 0.75 & 0.5 \\ 0.33 & 0.75 \end{bmatrix} \begin{bmatrix} 100 \\ 200 \end{bmatrix} = \dfrac{1}{0.3975} \begin{bmatrix} 175 \\ 183 \end{bmatrix} = \begin{bmatrix} 440.252 \\ 460.377 \end{bmatrix}.$

**प्रश्न 31.** यदि आगत (input) आव्यूह और अंतिम–माँग सदिश हो।

$A = \begin{bmatrix} 0.05 & 0.25 & 0.34 \\ 0.33 & 0.10 & 0.12 \\ 0.19 & 0.30 & 0 \end{bmatrix} \quad D = \begin{bmatrix} 1800 \\ 200 \\ 900 \end{bmatrix}$

(i) अवयवों 0.33, 0, और 200 के आर्थिक अर्थ का वर्णन कीजिए।
(ii) क्या ऊपर दिए गए आँकड़े हॉकिन्स–साइमन शर्त को संतुष्ट करते हैं?

उत्तर– दिया है, $A = \begin{bmatrix} 0.05 & 0.25 & 0.34 \\ 0.33 & 0.10 & 0.12 \\ 0.19 & 0.30 & 0 \end{bmatrix} \quad D = \begin{bmatrix} 1800 \\ 200 \\ 900 \end{bmatrix}$

(i) यहाँ $a_{21} = 0.33$ का आर्थिक अर्थ यह है कि क्षेत्र 1 को 1 इकाई के उत्पादन के लिए क्षेत्र 2 से 0.33 इकाई की आवश्यकता है, $a_{33} = 0$ का आर्थिक अर्थ यह है कि क्षेत्र 3 को स्वयं से किसी इकाई की आवश्यकता नहीं है और 200 का आर्थिक अर्थ यह है कि वह क्षेत्र 2 की अंतिम माँग है।

(ii) यहाँ, $I - A = \begin{bmatrix} 1 & 0 & 0 \\ 0 & 1 & 0 \\ 0 & 0 & 1 \end{bmatrix} - \begin{bmatrix} 0.05 & 0.25 & 0.34 \\ 0.33 & 0.10 & 0.12 \\ 0.19 & 0.30 & 0 \end{bmatrix}$

$= \begin{bmatrix} 0.95 & -0.25 & -0.34 \\ -0.33 & 0.90 & -0.12 \\ -0.19 & -0.30 & 1 \end{bmatrix}$

यहाँ सभी विकर्ण अवयव यथा 0.95, 0.90, 1 धनात्मक हैं।

और $|I - A| = 0.95(0.90 - 0.036) + 0.25(-0.33 - 0.0228) - 0.34(0.099 + 0.171)$

$= 0.95(0.864) + 0.25(-0.3528) - 0.34(0.27)$

$= 0.8208 - 0.0882 - 0.0918 = 0.6408 > 0.$

अतः यहाँ हॉकिन्स-साइमन शर्तें संतुष्ट हैं।

**प्रश्न 32.** निम्नलिखित समीकरण को हल करने के लिए क्रेमर नियम का प्रयोग करें—

4x + 3y − 2z = 1
x + 2y = 6
3x + z = 4

**उत्तर—** दिया है,
4x + 3y − 2z = 1
x + 2y = 6
3x + z = 4

यहाँ, A X = B के प्रारूप में हम पाते हैं—

$A = \begin{bmatrix} 4 & 3 & -2 \\ 1 & 2 & 0 \\ 3 & 0 & 1 \end{bmatrix}, X = \begin{bmatrix} x \\ y \\ z \end{bmatrix}$ और $B = \begin{bmatrix} 1 \\ 6 \\ 4 \end{bmatrix}$

यहाँ, $|D| = 4(2 \times 1 - 0 \times 0) - 3(1 \times 1 - 0 \times 3) - 2(1 \times 0 - 2 \times 3)$
$= 4(2) - 3(1) - 2(-6) = 8 - 3 + 12 = 17 \neq 0$

अत: हम क्रेमर नियम का प्रयोग कर सकते हैं–

यहाँ, $D_1 = \begin{bmatrix} 1 & 3 & -2 \\ 6 & 2 & 0 \\ 4 & 0 & 1 \end{bmatrix}$

$\therefore |D_1| = 1(2 \times 1 - 0 \times 0) - 3(6 \times 1 - 0 \times 4) - 2(6 \times 0 - 2 \times 4)$
$= 1(2) - 3(6) - 2(-8) = 2 - 18 + 16 = 0$

$D_2 = \begin{bmatrix} 4 & 1 & -2 \\ 1 & 6 & 0 \\ 3 & 4 & 1 \end{bmatrix}$

$\therefore |D_2| = 4(6 \times 1 - 0 \times 4) - 1(1 \times 1 - 0 \times 3) - 2(1 \times 4 - 6 \times 3)$
$= 4(6) - 1(1) - 2(-14) = 24 - 1 + 28 = 51$

$D_3 = \begin{bmatrix} 4 & 3 & 1 \\ 1 & 2 & 6 \\ 3 & 0 & 4 \end{bmatrix}$

$\therefore |D_3| = 4(2 \times 4 - 0 \times 6) - 3(1 \times 4 - 6 \times 3) + 1(1 \times 0 - 2 \times 3)$
$= 4(8 - 0) - 3(4 - 18) + 1(-6) = 32 + 42 - 6 = 68$

अत: क्रेमर के नियम का उपयोग करते हुए–

$x = \dfrac{|D_1|}{|D|} = \dfrac{0}{17} = 0$

$y = \dfrac{|D_2|}{|D|} = \dfrac{51}{17} = 3$ और

$z = \dfrac{|D_3|}{|D|} = \dfrac{68}{17} = 4.$

प्रश्न 33. यदि $A = \begin{bmatrix} 7 & -1 \\ 6 & 9 \end{bmatrix}, B = \begin{bmatrix} 8 & 3 \\ 6 & 1 \end{bmatrix}$ ज्ञात कीजिए B – A.

रैखिक बीजगणित

उत्तर— दिया है, $A = \begin{bmatrix} 7 & -1 \\ 6 & 9 \end{bmatrix}, B = \begin{bmatrix} 8 & 3 \\ 6 & 1 \end{bmatrix}$

तब, $B - A = \begin{bmatrix} 8 & 3 \\ 6 & 1 \end{bmatrix} - \begin{bmatrix} 7 & -1 \\ 6 & 9 \end{bmatrix} = \begin{bmatrix} 1 & 4 \\ 0 & -8 \end{bmatrix}.$

**प्रश्न 34.** यदि आगत गुणांक है आव्यूह $A = \begin{bmatrix} 0.2 & 0.3 & 0.2 \\ 0.4 & 0.1 & 0.2 \\ 0.1 & 0.3 & 0.2 \end{bmatrix}$ और अंतिम माँग वेक्टर $\begin{bmatrix} 3 & 0 \\ 1 & 5 \\ 1 & 0 \end{bmatrix}$.

(a) तीन उद्योगों के समाधान उत्पादन स्तरों का पता लगाइए।
(b) जाँच कीजिए कि क्या सिस्टम हॉकिन्स–साइमन शर्त को संतुष्ट करता है?
उत्तर— यहाँ,

$I - A = \begin{bmatrix} 1 & 0 & 0 \\ 0 & 1 & 0 \\ 0 & 0 & 1 \end{bmatrix} - \begin{bmatrix} 0.2 & 0.3 & 0.2 \\ 0.4 & 0.1 & 0.2 \\ 0.1 & 0.3 & 0.2 \end{bmatrix} = \begin{bmatrix} 0.8 & -0.3 & -0.2 \\ -0.4 & 0.9 & -0.2 \\ -0.1 & -0.3 & 0.8 \end{bmatrix}$

$\therefore |I - A| = 0.8(0.72 - 0.06) + 0.3(-0.32 - 0.02) - 0.2(0.12 + 0.09)$
$= 0.8(0.66) + 0.3(-0.34) - 0.2(0.21) = 0.528 - 0.102 - 0.042 = 0.384$

(a) सकल निर्गत सदिश $X = (I - A)^{-1} D$ के द्वारा दिया जाता है।

जहाँ, $D = \begin{bmatrix} 3 & 0 \\ 1 & 5 \\ 1 & 0 \end{bmatrix}$

adj. $I - A$ के लिए
$a_{11} = (-1)^{1+1} (0.72 - 0.06) \quad = 0.66$
$a_{12} = (-1)^{1+2} (-0.32 - 0.02) \quad = -0.34$
$a_{13} = (-1)^{1+3} (0.12 + 0.09) \quad = 0.21$

$a_{21} = (-1)^{2+1} (-0.24 - 0.06) = 0.30$
$a_{22} = (-1)^{2+2} (0.64 - 0.02) = 0.62$
$a_{23} = (-1)^{2+3} (-0.24 - 0.03) = 0.27$
$a_{31} = (-1)^{3+1} (0.06 + 0.18) = 0.24$
$a_{32} = (-1)^{3+2} (-0.16 - 0.08) = 0.24$
$a_{33} = (-1)^{3+3} (0.72 - 0.12) = 0.60$

अतः adj. $(I - A) = \begin{bmatrix} 0.66 & -0.34 & 0.21 \\ 0.30 & 0.62 & 0.27 \\ 0.24 & 0.24 & 0.60 \end{bmatrix}^T$

$= \begin{bmatrix} 0.66 & 0.30 & 0.24 \\ -0.34 & 0.62 & 0.24 \\ 0.21 & 0.27 & 0.60 \end{bmatrix}$

यहाँ, $(I - A)^{-1} = \dfrac{\text{adj.} (I - A)}{|I - A|} = \dfrac{1}{0.384} \begin{bmatrix} 0.66 & 0.30 & 0.24 \\ -0.34 & 0.62 & 0.24 \\ 0.21 & 0.27 & 0.60 \end{bmatrix}$

$\therefore X = \dfrac{1}{0.384} \begin{bmatrix} 0.66 & 0.30 & 0.24 \\ -0.34 & 0.62 & 0.24 \\ 0.21 & 0.27 & 0.60 \end{bmatrix} \begin{bmatrix} 3 & 0 \\ 1 & 5 \\ 1 & 0 \end{bmatrix} = \dfrac{1}{0.384} \begin{bmatrix} 2.52 & 1.5 \\ -0.16 & 3.1 \\ 1.5 & 1.35 \end{bmatrix}$

$= \begin{bmatrix} 6.56 & 3.91 \\ -0.42 & 8.07 \\ 3.91 & 3.52 \end{bmatrix}$

अतः $x_1 = 6.56$, $x_2 = 3.91$, $y_1 = -0.42$, $y_2 = 8.07$, $z_1 = 3.91$, $z_2 = 3.52$. अपेक्षित उत्पादन स्तर है।

**(b)** यहाँ सभी विकर्ण अवयव यथा 0.8, 0.9, 0.8 धनात्मक हैं और $|I - A| = 0.384 > 0$. अतः यहाँ हॉकिन्स–साइमन शर्तें संतुष्ट हैं।

# अध्याय 4

## बहुचर अभीष्टीकरण

### भूमिका

बहुचरीय उद्देश्य फलनों वाले अभीष्टीकरण प्रश्नों का हल ज्ञात करने की पृष्ठभूमि तैयार करने के लिए, यह जानना आवश्यक होता है कि उनके प्रतिबंधों को अवकलों के पदों में किस प्रकार व्यक्त किया जा सकता है। इस अध्याय में संरोधरहित अभीष्टीकरण के बारे में बताया गया है, जिसमें उन फलनों के अभीष्टीकरण पर चर्चा है जिन पर कोई संरोध लागू नहीं होते हैं। इसके अतिरिक्त इसमें संरोधों के अधीन रहते हुए अभीष्टीकरण के बारे में समझाया गया है। इस अध्याय के अंत में अभीष्टीकरण, विशेषक बहुचर अभीष्टीकरण, संरोधहीन एवं संरोधसहित से जुड़े कुछ विशेष विषयों पर चर्चा की गई है।

## 4.1 अभीष्टीकरण प्रतिबंधों का अवकल संस्करण

### प्रथम कोटि प्रतिबंध

माना एक फलन निम्न प्रकार है–

$z = f(x)$ ...(1)

फलन के अधिकतम तथा न्यूनतम मान वाले बिंदुओं पर, z का स्तब्ध मान होता है। दूसरे शब्दों में, z के एक चरम मान के लिए यह आवश्यक है कि जब x परिवर्तित होता है तो $dz = 0$ हो। यह चरम मान के लिए प्रथम कोटि प्रतिबंध का अवकल रूप है। इस बात की पुष्टि करने के लिए कि यह प्रतिबंध, शून्य ढाल वाले प्रथम अवकलज प्रतिबंध के समतुल्य हैं, आइए, हम समीकरण (1) का संपूर्ण अवकलन करें/अवकलज ज्ञात करें। समीकरण (1) का संपूर्ण अवकलन करने पर हम पाते हैं कि–

$dz = f'(x)dx$ ...(2)

ध्यान दें कि यदि $dx = 0$ हो, तो dz स्वतः ही शून्य के बराबर हो जाता है। परंतु, प्रथम कोटि प्रतिबंध का अर्थ केवल इतना ही नहीं है। प्रथम कोटि प्रतिबंध के लिए आवश्यक है कि चरम बिंदुओं पर dz शून्य के बराबर होना चाहिए चाहे x में परिवर्तन कितना भी छोटा क्यों न हो। अनंत–सूक्ष्म ही क्यों न हो। अब $dx \neq 0$ के लिए dz केवल तभी शून्य हो सकता है जब $f'(x) = 0$ हो। अतः, प्रथम अवकलज प्रतिबंध (first-derivative condition) $f'(x) = 0$ और dx के यादृच्छिक शून्येतर (arbitrary non zero) मानों कि लिए प्रथम अवकल प्रतिबंध $dz = 0$ समतुल्य हैं।

### द्वितीय कोटि प्रतिबंध

किसी फलन का कोई स्तब्ध बिंदु, एक आपेक्षिक उच्चतम भी हो, इसके लिए पर्याप्त प्रतिबंध यह है कि उस बिंदु के सन्निकट प्रतिवेश में $dz < 0$ हो। दूसरे शब्दों में जैसे–जैसे हम इस बिंदु से दूर (बाईं अथवा दाईं ओर) जाएँ, z का मान कम होता जाए। उच्चतम बिंदु पर $dz = 0$ तथा बिंदु के दोनों ओर $dz < 0$ होने का अर्थ है कि यदि हम बिंदु के किसी भी ओर उससे दूर जाते हैं तो dz का मान कम होने लगता है। इसलिए, एक स्तब्ध बिंदु z के उच्चतम मान बिंदु होने के लिए पर्याप्त शर्त यह है कि dx के यादृच्छिक शून्येतर मान के लिए $d(dz) < 0$ हो, अर्थात् $d^2z < 0$ हो। यह उच्चतम मान बिंदु ज्ञात करने के लिए अवकल रूप में द्वितीय कोटि प्रतिबंध है। पुनः यह सत्यापित करने के लिए यह प्रतिबंध द्वितीय कोटि अवकलज प्रतिबंध के समतुल्य है, हम समीकरण (2) का संपूर्ण अवकलज ज्ञात करते हैं। समीकरण (2) संपूर्ण अवकलन करने पर हम पाते हैं कि–

$$d^2z = d(f'(x)dx)$$

है। परंतु dx = अचर (यादृच्छिक मान) है, इसलिए

$$d^2z = [df'(x)]dx$$

$$= [f''(x)dx]dx$$

$$= f''(x)(dx)^2$$
$$d^2z = f''(x)(dx)^2$$
यहाँ $(dx)^2 = (\text{constant})^2 > 0$ है।
इसलिए, $d^2z < 0$ के लिए $f''(x) < 0$ है।

इससे यह सिद्ध होता है कि उच्चतम मान के लिए द्वितीय कोटि अवकल प्रतिबंध और द्वितीय कोटि अवकल प्रतिबंध समतुल्य हैं। तुलनात्मक रूप से, z के एक स्तब्ध मान के आपेक्षिक न्यूनतम होने के लिए यह पर्याप्त है कि $d(dz) > 0$ हो अर्थात् $d^2z > 0$ हो। यह न्यूनतम मान के लिए पर्याप्त प्रतिबंध का अवकल रूप है।

## 4.2 दो चरों के फलन से अभीष्टतम मान

### 4.2.1 दो चरों वाले उद्देश्य फलन के प्रथम कोटि प्रतिबंध

माना
$$z = f(x, y) \qquad \ldots(3)$$

एक चर वाले फलनों की तरह इस स्थिति में भी अभीष्टतम (उच्चतम अथवा निम्नतम) के लिए अनिवार्य प्रतिबंध $dz = 0$ है। परंतु, क्योंकि अब दो वरण चर (choice variables) उपस्थित हैं, प्रथम कोटि प्रतिबंध को इस प्रकार संशोधित किया जा सकता है—

$dx$ और $dy$ के यादृच्छिक शून्येतर मानों के लिए $dz = 0$ होना चाहिए।

एक अभीष्टतम बिंदु का एक स्तब्ध बिंदु होना अनिवार्य है, एक स्तब्ध बिंदु पर चरों $x$ और $y$ में अनंत सूक्ष्म परिवर्तन के लिए $dz = 0$ होना चाहिए। समीकरण (3) का संपूर्ण अवकलन करने पर हम प्राप्त करते हैं—

$$dz = f_x dx + f_y dy$$

जहाँ $f_x = df/dx = x$ के सापेक्ष आंशिक अवकलज तथा $f_y = df/dy = y$ के सापेक्ष आंशिक अवकलज है।

अब $dx \neq 0$ तथा $dy \neq 0$ है। \qquad (A)
और एक स्तब्ध बिंदु पर $dz = 0$ है। \qquad (B)

(A) और (B) के साथ सत्य होने के लिए यह अनिवार्य है कि $f_x = f_y = 0$ हो।
अतः एक दो चरों वाले उद्देश्य फलन के अभीष्टतम बिंदु के लिए प्रथम कोटि प्रतिबंधन है—
$f_x = f_y = 0$ or $\partial z/\partial x = \partial z/\partial y = 0$

### 4.2.2 द्वितीय कोटि आंशिक अवकलज और संपूर्ण अवकल

किसी फलन के आंशिक अवकलज स्वयं भी स्वतंत्र चरों के फलन होते हैं। अतः उन्हें पुनः अवकलित करके "उच्च कोटि के आंशिक अवकलज" ज्ञात किए जा सकते हैं। दो स्वतंत्र

चरों वाले उद्देश्य फलनों के अभीष्टतम (उच्चतम/न्यूनतम) के लिए द्वितीय कोटि प्रतिबंध अथवा पर्याप्त प्रतिबंध सूत्रबद्ध करने में इनका महत्त्वपूर्ण योगदान है।

**द्वितीय कोटि आंशिक अवकलज**

एक बार पुनः हम निम्नलिखित उद्देश्य फलन से प्रारंभ करते हैं–

$$z = f(x, y)$$

इसके दो प्रथम कोटि आंशिक अवकलज हैं– $f_x = {}^{df}/_{dx} = x$ के सापेक्ष आंशिक अवकलज तथा $f_y = {}^{df}/_{dy} = y$ के सापेक्ष आंशिक अवकलज।

फलन $f_x(x, y)$ तथा $f_y(x, y)$ जो कि उद्देश्य फलन के क्रमशः 'x' और 'y' के सापेक्ष आंशिक अवकलज हैं, स्वयं भी x और y के फलन हैं। परिणामतः हम y को अचर मान कर x के सापेक्ष $f_x$ में परिवर्तन की दर ज्ञात कर सकते हैं। इस प्रकार हमें एक द्वितीय कोटि आंशिक अवकलज प्राप्त होता है, जिसे हम प्रतीकात्मक रूप में $f_{xx}$ से निरूपित करते हैं।

$$f_{xx} = {}^{\partial}/_{\partial x}(f_x) = {}^{\partial}/_{\partial x}\left({}^{\partial z}/_{\partial x}\right) = {}^{\partial^2 z}/_{\partial^2 x}$$

संकेत चिह्न $f_{xx}$ में पादांक युग्म xx यह इस तथ्य को बतलाता है कि मूल उद्देश्य फलन $f(x, y)$ का x के सापेक्ष दो बार आंशिक अवकलज ज्ञात किया गया है। इसी प्रकार हम y के सापेक्ष द्वितीय कोटि आंशिक अवकलज ज्ञात कर सकते हैं। क्योंकि $f_y$, y का फलन है (और x का भी), हम x को एक अचर मानते हुए, $f_y$ को y के सापेक्ष परिवर्तन की दर ज्ञात कर सकते हैं–

$$f_{yy} = {}^{\partial}/_{\partial y}(f_y) = {}^{\partial}/_{\partial y}\left({}^{\partial z}/_{\partial y}\right) = {}^{\partial^2 z}/_{\partial^2 y}$$

संकेत चिह्न $f_{yy}$ को पादांक के रूप में युग्म yy यह दर्शाता है कि उद्देश्य फलन $f(x, y)$ का y के सापेक्ष दो बार आंशिक अवकलन किया गया है। इसी प्रकार $f(x, y)$ के दो अन्य द्वितीय कोटि आंशिक अवकलज इस प्रकार परिभाषित किए जा सकते हैं–

$$f_{yx} = {}^{\partial}/_{\partial y}(f_x) = {}^{\partial}/_{\partial y}\left({}^{\partial z}/_{\partial x}\right) = {}^{\partial^2 z}/_{\partial y \partial x}$$

$$f_{xy} = {}^{\partial}/_{\partial x}(f_y) = {}^{\partial}/_{\partial x}\left({}^{\partial z}/_{\partial y}\right) = {}^{\partial^2 z}/_{\partial x \partial y}$$

इन्हें "क्रॉस/वज्र" (cross) अथवा मिश्रित (mixed) आंशिक अवकलज भी कहा जाता है।

हमें दो महत्त्वपूर्ण बिंदुओं को ध्यान में रखना चाहिए–

(1) प्रथम यह कि यद्यपि $f_{xy}$ और $f_{yx}$ अलग–अलग प्रकार से परिभाषित किए गए हैं तो भी दोनों एक–दूसरे के बराबर होते हैं यदि वे संतत फलन हों (यंग की प्रमेय -Young's

Theorem)। अतः, हम अपनी चर्चा में यह मान कर चलेंगे कि $f_{xy} = f_{yx}$ है, जब तक कि अन्यथा कहा न गया हो।

(2) दूसरे, प्रत्येक द्वितीय कोटि आंशिक अवकलज अर्थात् $f_{xx}, f_{yy}$ और $f_{xy}$ भी प्रथम कोटि आंशिक अवकलजों $f_x$ और $f_y$ की भाँति ही, x और y के फलन होते हैं।

### द्वितीय कोटि संपूर्ण अवकल

आंशिक अवकलजों की अवधारणा हमें किसी फलन का संपूर्ण अवकल ज्ञात करने में सहायता करती है। फलन $z = f(x, y)$ के लिए, संपूर्ण अवकल इस प्रकार व्यक्त किया जा सकता है—

$$d_z = f_x dx + f_y dy \qquad \qquad ...(4)$$

जहाँ dx और dy क्रमशः x और y में होने वाले शून्येतर यादृच्छिक अनंत–सूक्ष्म परिवर्तन हैं, जिन्हें अचर के रूप में माना जाता है। फलस्वरूप, dz केवल $f_x$ और $f_y$ पर निर्भर करता है और क्योंकि $f_x$ और $f_y$ स्वयं x और y के फलन हैं, dz भी, z की भाँति ही, चयन चरों x और y का ही फलन होगा।

द्वितीय कोटि संपूर्ण अवकल $d^2z \equiv d(dz), dz$ में परिवर्तन का माप है और इसे अचर परिभाषित द्वितीय कोटि आंशिक अवकलजों के पद में परिभाषित किया जा सकता है। $d^2z$ प्राप्त करने के लिए हमें समीकरण (4) की सहायता से dz का एक बार पुनः संपूर्ण अवकल ज्ञात करने की आवश्यकता पड़ेगी—

$$d^2z \equiv d(dz)$$

$$= \frac{\partial(dz)}{\partial x}dx + \frac{\partial(dz)}{\partial y}dy$$

$$= \frac{\partial}{\partial x}\left(f_x dx + f_y dy\right)dx + \frac{\partial}{\partial y}\left(f_x dx + f_y dy\right)dy$$

$$= \left(f_{xx}dx + f_{xy}dy\right)dx + \left(f_{yx}dx + f_{yy}dy\right)dy$$

$$= f_{xx}(dx)^2 + f_{xy}dydx + f_{yx}dxdy + f_{yy}(dy)^2$$

$$= f_{xx}(dx)^2 + 2f_{xy}dxdy + f_{yy}(dy)^2 \quad as f_{yx} = f_{xy}$$

दूसरे शब्दों में, द्वितीय कोटि संपूर्ण अवकल, द्वितीय कोटि आंशिक अवकलों पर निर्भर होता है।

$$d^2z = f_{xx}(dx)^2 + 2f_{xy}dxdy + f_{yy}(dy)^2 \qquad (A)$$

स्मरण करें कि dz, z में परिवर्तन की दर का माप है, जबकि $d^2z$, dz में परिवर्तन की दर की माप है। यदि $d^2z > 0$ हो, तो इसका अर्थ होगा कि dz बढ़ रहा (वर्धमान) है और यदि $d^2z < 0$ हो तो इसका अर्थ होगा कि dz घट रहा है/ह्रासमान है।

### 4.2.3 दो चरों वाले उद्देश्य फलन के द्वितीय कोटि प्रतिबंध

$d^2z$ की संकल्पना का प्रयोग करते हुए हम फलन $z = f(x, y)$ के उच्चतम के लिए द्वितीय कोटि पर्याप्त प्रतिबंध को इस प्रकार व्यक्त कर सकते हैं–

**dx और dy के शून्येतर यादृच्छिक मानों के लिए $d^2z < 0$ होना चाहिए।**

तुलनात्मक रूप में, $z = f(x, y)$ के न्यूनतम के लिए द्वितीय कोटि पर्याप्त प्रतिबंध को इस प्रकार व्यक्त किया जा सकता है–

**dx और dy के शून्येतर यादृच्छिक मानों के लिए $d^2z > 0$ होना चाहिए।**

$d^2z$ द्वितीय कोटि फलनों $f_{xx}, f_{xy}$ और $f_{yy}$ का फलन है। यह स्पष्ट है कि द्वितीय कोटि प्रतिबंध को इन अवकलजों के पदों में व्यक्त किया जा सकता है। परंतु वास्तव में, $d^2z$ को इस रूप में लिखने के लिए द्विघातीय समघात (quadratic form) की संकल्पना की आवश्यकता पड़ेगी।

dx और dy के किसी भी मानों के लिए जबकि दोनों मान एक साथ शून्य न हों।

$d^2z < 0$ होगा यदि और केवल यदि $f_{xx} < 0; f_{yy} < 0$ और $f_{xx}f_{yy} > f_{xy}^2$ हो

और

$d^2z > 0$ होगा यदि और केवल यदि $f_{xx} > 0; f_{yy} > 0$ और $f_{xx}f_{yy} > f_{xy}^2$ हो।

संक्षेप में, दो चरों वाले किसी उद्देश्य फलन $z = f(x, y)$ के लिए प्रथम तथा द्वितीय कोटि अभीष्टीकरण प्रतिबंधों को निम्नलिखित रूप से सारणीबद्ध किया जा सकता है–

**तालिका 4.1** : अभीष्टीकरण के प्रथम कोटि तथा द्वितीय कोटि प्रतिबंध

| | **Maximum** | **Minimum** |
|---|---|---|
| प्रथम कोटि अनिवार्य शर्तें | $f_x = f_y = 0$ | $f_x = f_y = 0$ |
| द्वितीय कोटि पर्याप्त शर्तें | $f_{xx}, f_{yy} < 0$ और $f_{xx}f_{yy} > f^2_{xy}$ | $f_{xx}, f_{yy} > 0$ और $f_{xx}f_{yy} > f^2_{xy}$ |

ये शर्तें केवल तभी लागू होंगी जबकि फलन प्रथम कोटि शर्तों को संतुष्ट करता हो।

यहाँ

$$\Pi = 400 - 3Q^2 - 4Q + 2QA - 5A^2 + 48A$$

$$\Pi_A = \partial\Pi/\partial A = 2Q - 10A + 48 \quad ...(5)$$

$$\Pi_Q = \partial\Pi/\partial Q = -6Q - 4 + 2A \quad ...(6)$$

है।

$\Pi_A$ और $\Pi_Q$ को शून्य के बराबर रखने पर तथा Q और A के लिए हल करने पर हम पाते हैं कि $Q^* = 1$ और $A^* = 5$ है जहाँ अभीष्टतम स्तर को दर्शाता है।

द्वितीय कोटि प्रतिबंध के लिए हमें निम्नलिखित आंशिक अवकलजों को ज्ञात करने की आवश्यकता पड़ेगी—

$$\frac{\partial \Pi^2}{\partial A^2}, \frac{\partial \Pi^2}{\partial Q^2} \text{ और } \frac{\partial \Pi^2}{\partial A \partial Q}$$

समीकरण (5) का A के सापेक्ष आंशिक अवकलज ज्ञात करने पर हमें प्राप्त होता है—

$$\Pi_{AA} = \frac{\partial \Pi^2}{\partial A^2} = -10 < 0 \qquad \ldots(7)$$

समीकरण (6) का Q के सापेक्ष आंशिक अवकलज ज्ञात करने पर हमें प्राप्त होता है—

$$\Pi_{QQ} = \frac{\partial \Pi^2}{\partial Q^2} = -6 < 0 \qquad \ldots(8)$$

समीकरण (6) का A के सापेक्ष आंशिक अवकलज ज्ञात करने पर हमें प्राप्त होता है—

$$\Pi_{AQ} = \frac{\partial \Pi^2}{\partial A \partial Q} = 2$$

अब

$$\Pi_{AA} \cdot \Pi_{QQ} = -10^* - 6 = 60$$

और $(\Pi_{AQ})^2 = (2)^2 = 4$

अतः $\Pi_{AA} \cdot \Pi_{QQ} > (\Pi_{AQ})^2 \qquad \ldots(9)$

समीकरण (7), (8) और (9) से यह प्रमाणित होता है कि फलन उत्पादन स्तर (Q) के मान 1 के लिए तथा विज्ञापन व्यय (A) के मान 5 के लिए द्वितीय कोटि प्रतिबंध संतुष्ट करता है।

## 4.3 द्विघातीय समघात

एक ऐसा बहुपक्षीय व्यंजक जिसमें प्रत्येक पद घात दो का है (अर्थात् प्रत्येक पद में प्रयुक्त सभी चरों की घात का योग दो है), एक "द्विघातीय समघात" कहलाता है।

'n' चरों वाले एक द्विघातीय समघात समीकरण को व्यापक रूप में इस प्रकार व्यक्त किया जा सकता है—

$$Q = a_{11}x_1^2 + a_{12}x_1x_2 + a_{13}x_1x_3 + \ldots + a_{1n}x_1x_n$$
$$+ a_{21}x_1x_2 + a_{22}x_2^2 + a_{23}x_2x_3 + \ldots + a_{2n}x_2x_n$$

$$+\ldots\ldots\ldots\ldots\ldots\ldots\ldots\ldots\ldots\ldots\ldots\ldots\ldots\ldots$$

$$+a_{n1}x_1x_n + a_{n2}x_2x_n + a_{n3}x_3x_n + \ldots + a_{nn}x_n^2$$

$a_{ij} = a_{ji}$ मानने पर हम प्राप्त करते हैं–

$$Q = a_{11}x_1^2 + a_{12}x_1x_2 + a_{13}x_1x_3 + \ldots + a_{1n}x_1x_n$$

$$+a_{12}x_1x_2 + a_{22}x_2^2 + a_{23}x_2x_3 + \ldots + a_{2n}x_2x_n$$

$$+\ldots\ldots\ldots\ldots\ldots\ldots\ldots\ldots\ldots\ldots\ldots\ldots\ldots\ldots$$

$$+a_{1n}x_1x_n + a_{2n}x_2x_n + a_{3n}x_3x_n + \ldots + a_{nn}x_n^2$$

माना x एक $(n \times 1)$ कॉलम सदिश है जिसमें n चर हैं तथा A एक $n \times n$ वर्ग सममित आव्यूह है जो गुणांकों $a_{ij}$ से बनी है अर्थात्

$$X = \begin{bmatrix} x_1 \\ x_2 \\ . \\ . \\ x_n \end{bmatrix}_{n \times 1} \quad \text{और} \quad A = \begin{bmatrix} a_{11} & a_{12} & . & a_{1n} \\ a_{12} & a_{22} & . & a_{2n} \\ . & . & . & . \\ a_{1n} & a_{2n} & . & a_{nn} \end{bmatrix}_{n \times n}$$

है। हम Q को इन आव्यूहों के गुणन के रूप में लिख सकते हैं, अर्थात् $Q = X'AX$ होगा जहाँ X', X के परिवर्त को व्यक्त करता है।

**नोट–**

**तथ्य 1**–n चरों वाली एक द्विघातीय समघात $Q = X'AX$ "धनात्मक निश्चित" होगी यदि इसका मान चरों के सभी मानों के लिए (बशर्ते वे सभी एक साथ शून्य न हों), धनात्मक हो।

**तथ्य 2**–n चरों वाली एक द्विघातीय समघात $Q = X'AX$ "ऋणात्मक निश्चित" होगी यदि इसका मान चरों के सभी मानों के लिए (बशर्ते वे सभी एक साथ शून्य न हों), ऋणात्मक हो।

**तथ्य 3**–n चरों वाली एक द्विघातीय समघात $Q = X'AX$ "धनात्मक निश्चित" होगी यदि और केवल यदि A के सारणिक के सभी प्रमुख उपसारणिक धनात्मक हों। ध्यान दे कि परिभाषा के अनुसार A एक वर्ग, समित तथा व्युत्क्रमणीय आव्यूह है। इसके प्रमुख उपसारणिक A के अंतिम $(n-i)$ पंक्तियों और $(n-i)$ स्तंभों को हटाकर प्राप्त किए जा सकते हैं।

**तथ्य 4**–n चरों वाली एक द्विघातीय समघात $Q = X'AX$ "ऋणात्मक निश्चित" होगी यदि और केवल यदि A के सारणिक के पहले प्रमुख उपसारणिक ऋणात्मक हों तथा तत्पश्चात् सभी प्रमुख उपसारणिक के चिह्न एकातरतः भिन्न हों। जी.पी.एच. की पुस्तकों का मुख्य उद्देश्य ज्ञान के साथ–साथ अच्छे नम्बर दिलाना है।

## 4.4 द्वितीय कोटि संपूर्ण अवकल एक द्विघातीय समघात के रूप में

दो चरों वाले एक उद्देश्य फलन $z = f(x, y)$ के लिए द्वितीय कोटि संपूर्ण अवकल
$d^2z = f_{xx}(dx)^2 + 2f_{xy}dxdy + f_{yy}(dy)^2$
है। इसे इस प्रकार भी व्यक्त किया जा सकता है—
$d^2z = f_{xx}(dx)^2 + f_{xy}dxdy$
$+ f_{xy}dxdy + f_{yy}(dy)^2$

$d^2z$ को आव्यूह के रूप में लिखने पर हम प्राप्त करते हैं—

$d^2z = X'AX$ जहाँ $X = \begin{bmatrix} dx \\ dy \end{bmatrix}_{2 \times 1}$ तथा $A = \begin{bmatrix} f_{xx} & f_{xy} \\ f_{xy} & f_{yy} \end{bmatrix}_{2 \times 2}$ है।

$d^2z$ के निम्नतम के लिए द्वितीय कोटि पर्याप्त शर्त है कि $d^2z$ ऋणात्मक निश्चित है, चाहे $dx$ और $dy$ के मान कुछ भी हों (ध्यान रहें कि ये दोनों एक साथ शून्य नहीं होने चाहिए)।

अतः, न्यूनतम के लिए

$d^2z > 0 \Leftrightarrow A = \begin{bmatrix} f_{xx} & f_{xy} \\ f_{xy} & f_{yy} \end{bmatrix}_{2 \times 2}$ के सभी प्रमुख उपसारणिक धनात्मक हों। दूसरे शब्दों में

$|A_{11}| : f_{xx} ; f_{yy} > 0$ और $|A_{22}|$ अर्थात् $f_{xx}f_{yy} - (f_{xy})^2 > 0 \Rightarrow f_{xx}f_{yy} > (f_{xy})^2$ है।

और उच्चतम के लिए

$d^2z < 0 \Leftrightarrow A = \begin{bmatrix} f_{xx} & f_{xy} \\ f_{xy} & f_{yy} \end{bmatrix}_{2 \times 2}$ के सभी प्रमुख उपसारणिक ऋणात्मक तथा दूसरा प्रमुख उपसारणिक धनात्मक हों। दूसरे शब्दों में

$|A_{11}| : f_{xx} ; f_{yy} < 0$ तथा $|A_{22}|$ अर्थात् $f_{xx}f_{yy} - (f_{xy})^2 > 0 \Rightarrow f_{xx}f_{yy} > (f_{xy})^2$ है।

## 4.5 दो से अधिक चरों वाले उद्देश्य फलन

### 4.5.1 चरम बिंदुओं के लिए प्रथम कोटि प्रतिबंध यदि उद्देश्य फलन में दो से अधिक चर हों

माना तीन चरों वाला एक फलन निम्न प्रकार है—

$z = f(x_1, x_2, x_3)$ ...(1)

इस फलन के प्रथम कोटि आंशिक अवकलज $f_1, f_2$ और $f_3$ हैं तथा द्वितीय कोटि आंशिक अवकलज $f_{ij} \left( \equiv \dfrac{\partial^2 z}{\partial x_i \partial x_j} \right)$ हैं जहाँ $j = 1, 2, 3$ है। यंग के प्रमेय के आधार पर हम कह सकते हैं कि प्रत्येक $i \neq j$ के लिए $f_{ij} = f_{ji}$ है।

हम जानते हैं कि एक चरम बिंदु (उच्चतम अथवा न्यूनतम) सदैव एक स्तब्ध मान 'z' के संगत होता है। दूसरे शब्दों में, z का एक चरम मान होने के लिए यह अनिवार्य है कि $dx_1, dx_2$ और $dx_3$ के यादृच्छिक मानों के लिए, जो कि सभी एक साथ शून्य न हों, $dz = 0$ होना चाहिए। समीकरण (1) का संपूर्ण अवकलन ज्ञात करने पर हमें प्राप्त होता है कि

$$dz = f_1 dx_1 + f_2 dx_2 + f_3 dx_3 \qquad ...(2)$$

है, जहाँ $f_1 = \dfrac{\partial f}{\partial x_1}, f_2 = \dfrac{\partial f}{\partial x_2}$ और $f_3 = \dfrac{\partial f}{\partial x_3}$ है। क्योंकि $dx_1, dx_2$ और $dx_3$ स्वतंत्र चरों में यादृच्छिक (अनंत सूक्ष्म) परिवर्तन है, जो कि सभी एक साथ शून्य नहीं हैं, dz का मान शून्य केवल तभी हो सकता है यदि $f_1 = f_2 = f_3 = 0$ हो। एक बार पुनः हम पाते हैं कि चरम बिंदु के लिए अनिवार्य शर्त यह है कि सभी प्रथम कोटि आंशिक अवकलज शून्य के बराबर हैं।

### 4.5.2 चरम बिंदुओं के लिए द्वितीय कोटि प्रतिबंध यदि उद्देश्य फलन में दो से अधिक चर हों

यदि प्रथम कोटि प्रतिबंध पूरे हो रहे हैं तो पर्याप्त शर्त जिसका संतुष्ट होना आवश्यक है, इस प्रकार है—z के एक स्तब्ध मान पर, यदि हम पाएँ कि $d^2z$ "धनात्मक निश्चित" है तो यह इतना स्थापित करने के पर्याप्त होगा कि z एक न्यूनतम है। तुलनात्मक रूप से z के एक स्तब्ध मान पर, यदि हम पाएँ कि $d^2z$ "धनात्मक निश्चित" है तो यह इतना स्थापित करने के पर्याप्त होगा कि z एक न्यूनतम है। तुलनात्मक रूप से z के एक स्तब्ध मान पर यदि हम पाते हैं कि $d^2z$ ऋणात्मक निश्चित है तो यह z को एक उच्चतम के रूप में स्थापित करने के लिए पर्याप्त होगा।

हम जानते हैं कि $d^2z$ का मान समीकरण (2) का संपूर्ण अवकलन करके प्राप्त किया जा सकता है। स्मरण करें कि $f_i = f_i(x_1, x_2 x_3)$ है और $dx_i, i = 1, 2, 3$ सभी के लिए यादृच्छिक शून्येतर मान अचर परिवर्तन को व्यक्त करता है। अतः $dz = \Phi(x_1, x_2, x_3)$ है।

पूरा व्यंजक ज्ञात करने के लिए समीकरण (2) का संपूर्ण अवकलन करने पर हम प्राप्त करते हैं—

$$d^2z = d(dz)$$
$$= \dfrac{\partial(dz)}{\partial x_1} dx_1 + \dfrac{\partial(dz)}{\partial x_2} dx_2 + \dfrac{\partial(dz)}{\partial x_3} dx_3$$
$$= \dfrac{\partial}{\partial x_1}(f_1 dx_1 + f_2 dx_2 + f_3 dx_3) dx_1$$

$$+\frac{\partial}{\partial x_2}(f_1 dx_1 + f_2 dx_2 + f_3 dx_3) dx_2$$

$$+\frac{\partial}{\partial x_3}(f_1 dx_1 + f_2 dx_2 + f_3 dx_3) dx_3$$

$$= (f_{11} dx_1 + f_{12} dx_2 + f_{13} dx_3) dx_1$$

$$+ (f_{12} dx_1 + f_{22} dx_2 + f_{23} dx_3) dx_2$$

$$+ (f_{13} dx_1 + f_{23} dx_2 + f_{33} dx_3) dx_3$$

$f_{ij} = f_{ji}$ मानने पर।

अथवा

$$d^2 z = f_{11} dx_1^2 + f_{12} dx_1 dx_2 + f_{13} dx_1 dx_3$$

$$+ f_{11} dx_1 dx_2 + f_{22} dx_2^2 + f_{23} dx_2 dx_3 \qquad ...(3)$$

$$+ f_{13} dx_1 dx_3 + f_{23} dx_2 dx_3 + f_{33} dx_3^2$$

यह तीन चरों $dx_1$, $dx_2$ और $dx_3$ में एक द्विघातीय समघात समीकरण के रूप में है जिसमें गुणांक द्वितीय कोटि अवकलजों के पदों में हैं। समीकरण (3) को हम आव्यूह रूप में व्यक्त कर सकते हैं जैसा कि नीचे दर्शाया गया है—

माना $X = \begin{bmatrix} dx_1 \\ dx_2 \\ dx_3 \end{bmatrix}_{3 \times 1}$ और $A = \begin{bmatrix} f_{11} & f_{12} & f_{13} \\ f_{12} & f_{22} & f_{23} \\ f_{13} & f_{23} & f_{33} \end{bmatrix}_{3 \times 3}$

है। अतः

$$d^2 z = X'AX \qquad ...(4)$$

होगा जहाँ A परिभाषा के अनुसार एक वर्ग सममित आव्यूह है। हम जानते हैं कि द्वितीय कोटि पर्याप्त शर्त के अनुसार यदि z न्यूनतम है तो $d^2 z$ धनात्मक निश्चित होना चाहिए। $d^2 z$ धनात्मक निश्चित होता है यदि और केवल यदि Bordered-Hessian A में सारणिक के सभी प्रमुख उपसारणिक धनात्मक हों अर्थात् $f_{11}, f_{22} > 0$, $\begin{vmatrix} f_{11} & f_{12} \\ f_{12} & f_{22} \end{vmatrix} > 0$ तथा $|A| > 0$ हो।

तीन चयन चरों वाले एक उद्देश्य फलन के उच्चतम के लिए द्वितीय कोटि शर्त बन जाती है — z उच्चतम होगा अर्थात् $d^2 z$ ऋणात्मक निश्चित होगा यदि और केवल यदि Bordered-Hessian A के सारणिक के पहले प्रमुख उपसारणिक का चिह्न ऋणात्मक हों तथा तत्पश्चात् सभी प्रमुख उपसारणिक के चिह्न एकांतरतः भिन्न हो (धनात्मक तथा ऋणात्मक हों)। अर्थात्

$|A_{11}| < 0, |A_{22}| > 0, |A_{33}| < 0 \Rightarrow f_{11} < 0, \begin{vmatrix} f_{11} & f_{12} \\ f_{12} & f_{22} \end{vmatrix} > 0$ और $|A| < 0$

तीन चयन चरों वाले किसी उद्देश्य फलन के अभीष्टतम के लिए अपेक्षित अनिवार्य तथा पर्याप्त प्रतिबंधों/शर्तों को नीचे तालिका 4.2 में संकलित किया गया है—

**तालिका 4.2:** अभीष्टतम के लिए प्रतिबंध : $z = f(x_1, x_2, x_3)$

| प्रतिबंध | उच्चतम | न्यूनतम |
|---|---|---|
| प्रथम कोटि | $f_1 = f_2 = f_3 = 0$ | $f_1 = f_2 = f_3 = 0$ |
| द्वितीय कोटि | $f_{11} < 0$ तथा $f_{11}f_{22} > (f_{12})^2$ तथा $\begin{vmatrix} f_{11} & f_{12} & f_{13} \\ f_{12} & f_{22} & f_{23} \\ f_{13} & f_{23} & f_{33} \end{vmatrix} < 0$ | $f_{11} > 0$ तथा $f_{11}f_{22} > (f_{12})^2$ तथा $\begin{vmatrix} f_{11} & f_{12} & f_{13} \\ f_{12} & f_{22} & f_{23} \\ f_{13} & f_{23} & f_{33} \end{vmatrix} > 0$ |

## 4.6 n चरों वाले फलन

माना $z = f(x_1, x_2, \ldots, x_n)$

के अभीष्टीकरण के लिए अनिवार्य एवं पर्याप्त प्रतिबंध ज्ञात करने के लिए विस्तारित किए जा सकते हैं।

### प्रथम कोटि प्रतिबंध

प्रथम कोटि (अनिवार्य) प्रतिबंध यह है कि $z$ उस बिंदु पर स्तब्ध हो, अर्थात् $dx_1, dx_2, \ldots, dx_n$ को यादृच्छिक मानों के लिए, जो कभी एक साथ शून्य न हों, $dz = 0$ हो। समीकरण (34) का संपूर्ण अवकलन करने पर, हम प्राप्त करते हैं—

$dz = f_1 dx_1 + f_2 dx_2 + \ldots + f_n dx_n$

प्रथम कोटि प्रतिबंध के सत्य होने के लिए, यह आवश्यक है कि $f_1 = f_2 = \ldots = f_n = 0$ हो।

### द्वितीय कोटि प्रतिबंध

द्वितीय कोटि अवकल को द्विघातीय समघात के रूप में व्यक्त किया जा सकता है। इसके संगत हैसिन सारणिक है—

$$|A| = \begin{bmatrix} f_{11} & f_{12} & f_{13} & . & f_{1n} \\ f_{12} & f_{22} & f_{23} & . & f_{2n} \\ . & . & . & . & . \\ . & . & . & . & . \\ f_{1n} & f_{2n} & f_{3n} & . & f_{nn} \end{bmatrix}_{n \times n}$$

जहाँ $f_{ij}$ इत्यादि द्वितीय कोटि आंशिक अवकल है और यंग के प्रमेय के अनुसार सभी $i \neq j$ के लिए $f_{ij} = f_{ji}$ है। n-प्रमुख उपसारिणक $|A_{11}|, |A_{22}|, \ldots, |A_{nn}|$ अंतिम (n-i) पंक्तियों तथा (n-i) स्तंभों को हटाकर प्राप्त किए जा सकते हैं।

## 4.7 अर्थशास्त्र में अभीष्टीकरण के अनुप्रयोग

### 4.7.1 गुणक एकाधिकारी

माना एकाधिकारी के लिए कुल बाजार माँग (Q) केवल मूल्य (P) का फलन है जैसा कि नीचे दिया गया है—

$Q = 100 - 2P$

$Q = 100 - \frac{1}{2}Q$ ...(1)

माना कि दो अलग-अलग कारखानों में उत्पादन करने की लागत निम्नलिखित है—

$C_1 = 10Q_1$ और $C_2 = \frac{1}{4}Q_2^2$ ...(2)

जहाँ $C_1$ और $C_2$ क्रमशः कारखाने 1 और कारखाने 2 में वस्तु के उत्पादन की लागत है तथा $Q_1$ और $Q_2$ क्रमशः सजातीय उत्पाद की कारखाना 1 और कारखाना 2 में उत्पादित मात्राएँ हैं। स्वाभाविक रूप से

$Q = Q_1 + Q_2$ ...(3)

एकाधिकारी का लाभ फलन होगा—

$\Pi = R - C_1 - C_2$

जहाँ R कुल राजस्व है।

अब

$R = PQ$

$= \left(100 - \frac{1}{2}Q\right)Q$

$= \left(100 - \frac{1}{2}(Q_1 + Q_2)\right)(Q_1 + Q_2)$

$= 100(Q_1 + Q_2) - \frac{1}{2}(Q_1 + Q_2)^2$

$=100Q_1 + 100Q_2 - \frac{1}{2}(Q_1^2 + Q_2^2 + 2Q_1Q_2)$

अतः

$R = -\frac{1}{2}Q_1^2 - \frac{1}{2}Q_2^2 + 100Q_1 + 100Q_2 - Q_1Q_2$ ...(4)

समीकरण (4) से प्राप्त R का मान, लाभ फलन में रखने पर हम प्राप्त करते हैं–

$\Pi = -\frac{1}{2}Q_1^2 - \frac{1}{2}Q_2^2 + 100Q_1 + 100Q_2 - Q_1Q_2 - C_1 - C_2$

समीकरण (2) में दिए $C_1$ और $C_2$ को इस समीकरण में प्रतिस्थापित करने पर हम प्राप्त करते हैं–

$\Pi = -\frac{1}{2}Q_1^2 - \frac{1}{2}Q_2^2 + 100Q_1 + 100Q_2 - Q_1Q_2 - 10Q_1 - \frac{1}{4}Q_2^2$

$\Pi = -\frac{1}{2}Q_1^2 - \frac{3}{4}Q_2^2 + 90Q_1 + 100Q_2 - Q_1Q_2$

$Q_1$ और $Q_2$ का मान ज्ञात करने के लिए हम प्रथम कोटि अवकलजों को शून्य के बराबर रखते हैं–

$\frac{\partial \Pi}{\partial Q_1} = \frac{\partial \Pi}{\partial Q_2} = 0$ और हम पाते हैं कि

$\Pi_1 = \frac{\partial \Pi}{\partial Q_1} = -Q_1 + 90 - Q_2 = 0$ ...(5)

$Q_1 + Q_2 = 90$

$\Pi_2 = \frac{\partial \Pi}{\partial Q_2} = -\frac{3}{2}Q_2 + 100 - Q_1 = 0$ ...(6)

$2Q_1 + 3Q_2 = 200$

समीकरणों (5) और (6) को एक साथ हल करने पर हमें उत्पाद की निम्नलिखित मात्राएँ प्राप्त होती हैं–

$Q_1^* = 70$ और $Q_2^* = 20$

अब हम जाँच करते हैं कि क्या इस बिंदु पर द्वितीय कोटि प्रतिबंध संतुष्ट होते हैं। यहाँ Bordered-Hessian सारणिक है–

$$|A| = \begin{vmatrix} \Pi_{11} & \Pi_{12} \\ \Pi_{12} & \Pi_{22} \end{vmatrix} = \begin{vmatrix} -1 & -1 \\ -1 & -3/2 \end{vmatrix}$$

जहाँ $\Pi_{ij}$ इत्यादि द्वितीय कोटि आंशिक अवकलज हैं। उच्चतम के लिए पर्याप्त शर्त यह है कि इस सारणिक का पहला प्रमुख सारणिक ऋणात्मक हो तथा तत्पश्चात् सभी प्रमुख सारणिक एंकातरतः धनात्मक और ऋणात्मक हों अर्थात्

$|A_{11}| = \Pi_{11} < 0$ and

$|A_{22}| = |A| > 0$

हों। ध्यान दें कि यहाँ

$|\Pi_{11}| = -1 < 0$ and

$$|A| = \begin{vmatrix} -1 & -1 \\ -1 & -3/2 \end{vmatrix} = 1/2 > 0$$

अतः, हम पाते हैं कि इस फलन के लिए बिंदु $Q_1^* = 70$ और $Q_2^* = 20$ के लिए उच्चतम लाभ के लिए अनिवार्य और पर्याप्त दोनों शर्तें संतुष्ट होती हैं।

इस उत्पादन संयोजन के लिए एकाधिकारी का उच्चतम लाभ अर्थात् $\Pi^* = 3525$ है। अतः हम पाते हैं कि

उच्चतम लाभ के लिए पहले कारखाने में उत्पादन = 70 इकाइयाँ

उच्चतम लाभ के लिए दूसरे कारखाने में उत्पादन = 20 इकाइयाँ

उच्चतम लाभ = 3525 इकाइयाँ

### 4.7.2 मूल्य विभेदक एकाधिकारी

यह आवश्यक नहीं है कि कोई एकाधिकारी अपना सारा उत्पाद एक ही बाजार में बेचे। कुछ स्थितियों में वह अपना उत्पाद दो या दो से अधिक बाजारों में अलग–अलग मूल्य पर बेचने में सफल हो जाता है तथा अपने कुल लाभ में बढ़ोतरी कर लेता है। मूल्य विभेद की एक मूलभूत आवश्यकता यह है कि क्रेता उत्पाद को एक बाजार से खरीद कर दूसरे बाजार में न बेच पाएँ। मूल्य विभेदक सामान्यतः उन्हीं बाजारों में संभव होता है जो क्षेत्रीय रूप से अलग हों जैसे कि अपना देश और विदेश। यह अकसर "बिजली" जैसे उत्पादों में देखने को मिला है जिनको दोबारा बेचना संभव/व्यवहार्य नहीं होता।

माना कि एक एकाधिकारी अपने उत्पादों को दो बाजारों में बेचता है जिनके माँग फलन इस प्रकार हैं–

बाजार 1 में: $p_1 = 80 - 5q_1$ है जहाँ $p_1$ तथा $q_1$ इस बाजार में उत्पाद का मूल्य तथा बेची गई मात्रा है।

बाजार 2 में: $p_2 = 180 - 20q_2$ है, जहाँ $p_2$ तथा $q_2$ इस बाजार में उत्पाद का मूल्य तथा बेची गई मात्रा है।

इस प्रकार एकाधिकारी का कुल लागत फलन है–

$C = 50 + 20(q_1 + q_2)$

बाजार 1 से एकाधिकारी को प्राप्त होने वाला राजस्व है–

$$R_1 = p_1q_1 = (80 - 5q_1)q_1 = 80q_1 - 5q_1^2$$

बाजार 2 से एकाधिकारी को प्राप्त होने वाला राजस्व है–

$$R_2 = p_2q_2 = (180 - 20q_2)q_2 = 180q_2 - 20q_2^2$$

इस प्रकार एकाधिकारी को कुल लाभ प्राप्त होगा–

$$\Pi = R_1 + R_2 - C$$

इसमें $R_1$, $R_2$ तथा C का मान रखने पर हम प्राप्त करते हैं–

$$\Pi = 80q_1 - 5q_1^2 + 180q_2 - 20q_2^2 - 50 - 20q_1 - 20q_2$$

उच्चतम के लिए प्रथम कोटि प्रतिबंध के लिए यह नीचे दिए गए समीकरणों का एक साथ हल ज्ञात करना अनिवार्य है–

$$\Pi_1 = \frac{\partial \Pi}{\partial q_1} = 80 - 10q_1 - 20 = 0$$

अथवा $q_1^* = 6$

$$\Pi_2 = \frac{\partial \Pi}{\partial q_2} = 180 - 40q_2 - 20 = 0$$

अथवा $q_2^* = 4$

उच्चतम के लिए पर्याप्त शर्त यह है कि इस सारणिक का पहला प्रमुख सारणिक ऋणात्मक हो तथा तत्पश्चात् सभी प्रमुख सारणिक एंकातरतः धनात्मक और ऋणात्मक हों। यहाँ Bordered Hessian

$$|A| = \begin{vmatrix} \Pi_{11} & \Pi_{12} \\ \Pi_{12} & \Pi_{22} \end{vmatrix} = \begin{vmatrix} -10 & 0 \\ 0 & -40 \end{vmatrix}$$

है।

ध्यान दें कि $|A_s| = -10 < 0$ है तथा $|A_{22}| = |A| = 400 > 0$ है।

इससे यह स्पष्ट होता है कि यह उत्पाद संयोजन द्वितीय कोटि प्रतिबंध को संतुष्ट करता है। मूल्य विभेदक एकाधिकारी द्वारा अर्जित उच्चतम लाभ समीकरण (A) में $q_1^* = 6$ और $q_2^* = 4$ रखकर ज्ञात किया जा सकता है। अतः

$$\Pi = 80(6) - 5(36) + 180(4) - 20(16) - 50 - 20(6) - 20(4) = 450$$

अतः हम पाते हैं कि–

बाजार 1 में बेची गई मात्रा = 6 इकाई

बाजार 2 में बेची गई मात्रा = 4 इकाई

अधिकतम लाभ = 450 इकाई

## 4.8 स्थिरमान ज्ञात करना

### 4.8.1 प्रतिस्थापन विधि

हम एक सरल उदाहरण पर विचार करेंगे। बिंदु (0, 0) पर केंद्रित वह छोटे से छोटा वृत्त ज्ञात कीजिए। जिसका सरल रेखा $x + y = 10$ के साथ एक उभयनिष्ठ बिंदु है। हम जाते हैं कि वृत्त का समीकरण $x^2 + y^2 = r^2$ होता है। छोटे से छोटा वृत्त वह होगा जिसकी त्रिज्या न्यूनतम होगी। दिए हुए प्रतिबंध के अनुसार वृत्त और एक दी हुई सरल लेखा में एक बिंदु उभयनिष्ठ होना चाहिए। इस प्रतिबंध के बिना, यह सरलता से देखा जा सकता है कि यह वृत्त 0 त्रिज्या वाला एक वृत्त अर्थात् एक बिंदु होगा।

हम दी हुई समस्या को इस प्रकार सूत्रबद्ध कर सकते हैं–

यदि $x + y = 10$ है तो $x^2 + y^2$ का न्यूनतमीकरण कीजिए।

इस स्थिति में यह देखा जा सकता है कि अप्रतिबंधित हल $x = 0, y = 0$, इस समस्या का हल नहीं है क्योंकि यह दिए हुए प्रतिबंध $x + y = 10$ को संतुष्ट नहीं करता। हमें करना यह होगा कि हम फलन के प्रांत में से केवल उन्हीं बिंदुओं $(x, y)$ पर विचार करें जिनके लिए $x + y = 10$ हो। हम देख सकते हैं। कि प्रतिबंध के कारण प्रांत सीमित हो गया है। दिए हुए प्रतिबंध से हम पाते हैं कि $y = 10 - x$ है। अब यदि हम इसे $x^2 + y^2$ में प्रतिस्थापित करें, तो हमें $x^2 + (10-x)^2$ प्राप्त होता है। इसमें प्रतिबंध को सम्मिलित कर लिया गया है। आइए, अब हम इस व्यंजक का न्यूनतमीकरण करें–

$$\frac{d}{dx}\left[x^2 + (10-x)^2\right] = 2x + 2(10-x)(-1) = 4x - 20$$

स्थिर मान के लिए $4x - 20 = 0$ अथवा $x = 5$ है।

यह ज्ञात करने के लिए कि यह स्थिर मान, वास्तव में है अथवा नहीं, हम इस फलन/व्यंजक का एक बार पुनः $x$ के सापेक्ष अवकलन करते हैं। अतः,

$$\frac{d^2}{dx^2}\left[x^2 + (10-x)^2\right]$$

जिससे यह सिद्ध होता है कि $x = 5$ पर फलन का मान न्यूनतम है अर्थात् हमने व्यंजक $x^2 + y^2$ का न्यूनतमीकरण कर लिया है।

प्रतिबंध $y = 10 - x$ में $x = 5$ रखने पर हम पाते हैं कि $y = 5$ है, अर्थात् $x = 5$, $y = 5$ पर फलन का न्यूनतम है तथा अभीष्ट वृत्त $x^2 + y^2 = 50$ है।

व्यापक रूप में हमें एक फलन $f(x,y)$ दिया होगा जिसका न्यूनतमीकरण/अधिकतमीकरण किसी दिए हुए प्रतिबंध समीकरण $g(x,y) = 0$ के तहत किया जाना है। फलन $f(x,y)$ को हम उद्देश्य फलन कहते हैं। प्रतिबंध को $x + y - 10 = 0$ के रूप में लिखा जा सकता है।

इस उदाहरण में प्रयुक्त विधि को हम इस प्रकार चरणबद्ध कर सकते हैं–

**चरण 1**–दिए हुए प्रतिबंध समीकरण को हल करके एक चर को दूसरे चर के पदों में व्यक्त करें। उपरोक्त उदाहरण में हमने y को x के पद में लिखा, अर्थात् $y = 10 - x$ लिया।

**चरण 2**–इस प्रकार प्राप्त हल को दिए हुए उद्देश्य फलन में प्रतिस्थापित करें। इस प्रकार प्राप्त संशोधित उद्देश्य फलन केवल एक चर का फलन होगा। साथ ही x और y के मान दिए हुए प्रतिबंध को भी संतुष्ट करेंगे।

**चरण 3**–संशोधित उद्देश्य फलन का x के सापेक्ष अवकलज ज्ञात करें और x का वह मान ज्ञात करें जिसके लिए यह अवकलज शून्य के बराबर हो।

**चरण 4**–इस प्रकार प्राप्त x के मान को दिए हुए प्रतिबंध में रखकर y का मान प्राप्त करें।

**चरण 5**–इस प्रकार प्राप्त युग्म (x, y) पर उद्देश्य फलन का मान ज्ञात करें।

**चरण 6**–यह जानने के लिए कि यह स्थित बिंदु अभीष्टतम है अथवा नहीं। द्वितीय कोटि शर्तों का प्रयोग करें।

व्यापक रूप में प्रतिबंध समीकरण का हल निकालना कठिन भी हो सकता है। ऐसी स्थिति में हमें, ऊपर दी हुई विधि के पहले चरण में ही समस्या का सामना करना पड़ सकता है। उदाहरण के लिए, हमें $x^3 + 2x^2y + 9y^3 - 2y - 117 = 0$ जैसा समीकरण प्रतिबंध के रूप में दिया हो सकता है जिसमें y को x के पदों में या x को y के पदों में व्यक्त करना अत्यंत कठिन है।

माना कि हमें प्रतिबंध समीकरण का हल $y = h(x)$ के रूप में मिलता है। अब हम अगले चरण की ओर चलते हैं। चरण 2 में उद्देश्य फलन $f(x,y)$, फलन $f(x,h(x))$ में परिवर्तित हो जाता है। चरण 3 में जब हम इसका अवकलन करते हैं तो हमें $f_x + f_y \frac{dh(x)}{dx}$ प्राप्त होता है। यदि हमें $\frac{dh(x)}{dx}$ ज्ञात हो तो हम ऊपर वाले व्यंजक को 0 के बराबर रखकर हल कर सकते हैं। इससे चरण 3 पूरा हो जाता है। अगले चरणों में कोई समस्या नहीं आती। ध्यान रहें कि हमें इस विधि में h(x) का ठीक–ठीक रूप जानना आवश्यक नहीं है। हमें केवल h(x) के अवकलज को जानने की आवश्यकता है जिससे इस विधि के चरण 1 से 6 तक पूरे हो जाते हैं।

परंतु अब प्रश्न यह है कि किसी फलन का रूप/प्रकार जाने बिना हम उसका अवकलज कैसे ज्ञात कर सकते हैं?

यह अजीब अवयव है परंतु हमारे पास ऐसा प्रमेय है जो हमें यह बतलाता है कि कैसे किया जा सकता है और इसके लिए फलन को कौन सी शर्तें पूरी करनी होंगी। इस प्रेमय को अंतर्जात फलन प्रमेय (implicit function theorem) कहते हैं।

**अंतर्जात फलन प्रमेय**

यदि $F(x,y)$ एक संतत (continuous) फलन है जिसके आंशिक अवकलज $F_x$ और $F_y$ भी संतत हैं और यदि $F(x_0,y_0) = 0$ है परंतु $F_y(x_0,y_0) \neq 0$ है, तो

(1) हमें एक आयत $x_1 \leq x \leq x_2$ और $y_1 \leq y \leq y_2$ मिल जाएगा जिसमें प्रत्येक $x \in [x_1, x_2]$ के लिए समीकरण $F(x,y) = 0$ से एक और केवल एक $y = m(x)$ प्राप्त होता है जहाँ $y \in [y_1, y_2]$ है अर्थात् इस आयात के भीतर y, x के एक फलन $y = m(x)$ के रूप में लिखा जा सकता है।

(2) फलन $y_0 = m(x_0)$ को संतुष्ट करता है तथा प्रत्येक $x \in [x_1, x_2]$ के लिए $F(x, m(x)) = 0$ होगा।

(3) फलन $m(x)$ संतत एवं अवकलनीय होगा और इसका अवकलज

$$\frac{dy}{dx} = \frac{dm(x)}{dx} = -\frac{F_x}{F_y}$$

होगा क्योंकि $F(x,y) = 0$ का संपूर्ण अवकलन लेने पर हम पाते हैं कि $F_x dx + F_y dy = 0$ होगा।

अर्थात् $\frac{dy}{dx} = -\frac{F_x}{F_y}$ होगा।

हम पुनः अपनी मूल समस्या पर आते हैं जहाँ हमें व्यापक रूप $g(x,y) = 0$ में दिए प्रतिबंध समीकरण में से y को x के पदों में व्यक्त करना है। अतः हमारा ध्येय है $F(x,y), F_y \neq 0$ को अधिकतमीकरण अथवा न्यूनतमीकरण ज्ञात करना जबकि हमें प्रतिबंध के रूप में समीकरण $g(x,y) = 0$ दिया है। इस प्रमेय के अनुसार—

(1) यदि g एक ऐसा संतत फलन है जिसके आंशिक अवकलज भी संतत हैं, और

(2) यदि $(x_0, y_0)$ समीकरण $g_y(x,y) = 0$ को संतुष्ट करने वाला एक बिंदु है और इस बिंदु पर $g_y(x,y) \neq 0$ है, तो हम बिना फलन $y = h(x)$ को ज्ञात किए ही ऊपर दिए गए चरणों का प्रयोग कर सकते हैं। तीसरे चरण में हमें $h'(x)$ की आवश्यकता होगी और इस प्रमेय के अनुसार $h'(x) = -\frac{g_x}{g_y}$ में ज्ञात किया जा सकता है।

उदाहरण के लिए,

फलन $f(x,y) = x^2 + y^2$ का अधिकतम मान ज्ञात कीजिए जबकि $x^2 + y^2 - 4x - 2x + 4 = 0$ तथा

$g_y = \frac{\delta}{\delta y}(x^2 + y^2 - 4x - 2y + 4) = 2y - 2$ है। $y \neq 1$ के लिए यह शून्येतर है।

अंतर्जात फलन प्रमेय के अनुसार $g_y \neq 0$ है, हम y को x के एक फलन अर्थात् $y = h(x)$ के रूप में व्यक्त कर सकते हैं, चाहे हमें उसका ठीक-ठीक सूत्र न ज्ञात हो। इसे $f(x, y)$ में रखने पर हम प्राप्त करते हैं—

$$f(x,y) = f(x, h(x)) = x^2 + (h(x))^2$$

z का स्थिर मान ज्ञात करने के लिए हम $\dfrac{dz}{dx} = 0$. को हल करते हैं—

$$\dfrac{dz}{dx} = 2x + 2h(x)(h'(x)) = 2x + 2y(h'(x)) = 2x + 2y\left(-\dfrac{g_t}{g_y}\right)$$

$$= 2x + 2y\left(-\dfrac{2x-4}{2y-2}\right) = -x + 2y$$

अर्थात् z के स्थिर मान के लिए $x = 2y$ होना चाहिए।

चरण 4 के अनुसार $x^2 + y^2 - 4x - 2y + 4 = 0$ में $x = 2y$ रखने पर हम पाते हैं कि $5y^2 - 10y + 4 = 0$

है जिससे हमें $y = 1 \pm \dfrac{1}{\sqrt{5}}$ प्राप्त होता है तथा $x = 2\left(1 \pm \dfrac{1}{\sqrt{5}}\right)$ प्राप्त होता है। अब हम चरण 5 पर आते हैं जिसमें उद्देश्य फलन बन जाता है।

$$x^2 + y^2 = \left(1 \pm \dfrac{1}{\sqrt{5}}\right)^2 = 2(3 \pm \sqrt{5})$$

### 4.8.2 लैगरांजियन गुणक विधि

हम फलन $f(x, y)$ का अभीष्टीकरण करेंगे जिसमें प्रतिबंध $g(x, y) = 0$ दिया हो। यदि $g_y(x, y) \neq 0$ हो तो $y = h(x)$ होगा।

अतः यह समस्या निम्नलिखित रूप में परिवर्तित हो जाती है—

$f(x, h(x))$ का अभीष्टीकरण कीजिए।

प्रथम कोटि शर्त से हम पाते हैं कि $f_x + f_y h(x) = 0$ ...(i)

$g(x, h(x)) = 0$ एक सर्वसमिका है, अतः हम प्राप्त करते हैं—

$g_x + g_y h'(x) = 0$ ...(ii)

अब $\lambda = \dfrac{f_x}{g_y}$. लीजिए।

समीकरण (iii) को $\lambda$ से गुणा करने पर हम प्राप्त करते हैं—

$$\lambda g_x + f_y h'(x) = 0 \quad ...(iii)$$

(i) और (iii) से हम प्राप्त करते हैं,

$$f_x - \lambda g_x = 0 \quad ....(1)$$

$$\lambda = \frac{f_y}{g_y}, f_y - \lambda g_y = 0 \quad ....(2)$$

साथ ही, प्रतिबंध समीकरण $g(x, y) = 0$ है। ..(3)

समीकरण (1), (2) और (3) तीन चरों x, y और $\lambda$ में तीन चर है। जब हम तीन समीकरणों के इस निकाय को एक साथ हल करते हैं तो हमें x और y के मान प्राप्त होते हैं जिससे हमारी समस्या हल हो जाती है। हमें इस प्रक्रिया में $\lambda$ का मान भी प्राप्त होता है जिसे हम लैगरांजियन गुणक (Lagrangian multiplier) कहते हैं।

यहाँ $g_y(x, y) \neq 0$ और $g_y = 0$ है। यदि हम पुनः यह दोहराएँ और प्रारंभ से $\lambda = \frac{f_x}{g_x}$. लेकर चले तो हम पाएँगे कि हमें पुनः उपरोक्त समीकरण (1), (2) और (3) ही प्राप्त होते हैं। इसी प्रकार एक अत्यधिक चरों जैसे कि $x_1, x_2, ........, x_{17}$ वाली समस्या में भी हमें इसी प्रकार से समीकरण प्राप्त होंगे जो कि सभी चरों के लिए सममित होंगे। परंतु यह शर्त अवयव पूरी होनी चाहिए कि प्रतिबंध फलन का किसी एक चर के सापेक्ष आंशिक अवकलज शून्येतर होना चाहिए।

**नोट**—उपभोक्ता संतुलन के संदर्भ में, हम उपोगिता (संतुष्टि) का अधिकतमीकरण आय या बजट प्रतिबंधों के तहत्/आधार पर करते हैं। इसी प्रकार, उत्पादक संतुलन के लिए हम संसाधन प्रतिबंध के तहत् न्यूनतम घटक/गुणक लागत (factor cost) के संगत उत्पाद प्राप्त करते हैं।

हम नीचे इसके लिए आवश्यक विभिन्न चरण नीचे दे रहे हैं—

(1) जिस फलन का अभीष्टीकरण करना है, उसकी स्पष्ट रूप से पहचान कीजिए अथवा लिखिए। इसे उद्देश्य फलन (Objective Function - OF) कहते हैं।

(2) प्रतिबंध फलन (Constraint Function - CF) को पहचानिए तथा इसे $C - ax - by = 0$ के रूप में (अर्थात् अंतर्जात फलन के रूप में लिखें)।

(3) एक फलन $v = OF + \lambda CF$ बनाइए (इसे z अथवा v से निरूपित किया जा सकता है)। यहाँ $\lambda$ एक अनुपात है ($\lambda$ को लैम्डा LAMDA पढ़ते हैं)।

(4) $V_x = 0$ तथा $V_y = 0$ लिखें तथा इन समीकरणों को x और y के लिए हल करें। यदि x और y के मान स्पष्ट रूप से ज्ञात न किए जा सकें, तो $V_\lambda = 0$ लिखें (यह प्रतिबंध

फलन हो जाएगा) $V_x = 0$ $V_y = 0$ तथा $V_\lambda = 0$ की सहायता से अभीष्ट हल (अर्थात् x और y के मान ज्ञात किए जा सकते हैं)।

## 4.9 द्वितीय कोटि प्रतिबंध

अधिकतमीकरण तथा न्यूनतमीकरण दोनों ही अभीष्टीकरण में सम्मिलित होते हैं। हम इन तत्त्वों का अधिकतमीकरण करना चाहते हैं जिनसे हमें लाभ होता है और उनतत्त्वों का न्यूनतमीकरण जिनसे हमें हानि होती है। उदाहरण के लिए हम एक शहर में बस सेवा का अधिकतमीकरण करना चाहेंगे तथा प्रदूषण का न्यूनतमीकरण। एक विद्यार्थी न्यूनतम प्रयास करके अधिकतम अंक प्राप्त करना चाहेगा।

हम प्रतिबंधित अभीष्टीकरण के लिए पर्याप्त शर्तें प्राप्त करना चाहते हैं। अधिकतमीकरण और न्यूनतमीकरण, दोनों स्थितियों में, प्रथम कोटि समस्याएँ समान हैं। चूँकि हम स्थिर मान/बिंदु ज्ञात करना चाहे रहे थे, हमने लैगरांजियन फलन बनाया और उसके प्रथम कोटि अवकलजों का शून्य के बराबर रखा। द्वितीय कोटि शर्तें हमें यह निर्धारित करने में सहायता करती हैं कि किसी स्थिर बिंदु पर उद्देश्य फलन का मान अधिकतम होगा अथवा न्यूनतम।

**संपूर्ण अवकल**–संपूर्ण अवकल की संकल्पना प्रतिबंधित अभीष्टीकरण में अत्यंत उपयोगी सिद्ध होती है। संपूर्ण अवकल की संकल्पना की चर्चा करते हुए ध्यान रखें कि यदि $f(x, y)$ एक फलन है तो $f_x, \frac{\partial f}{\partial x}$ को निरूपित करता है।

यदि $z = f(x, y)$ घात एक का एक समघाती फलन है, तो इसका संपूर्ण अवकल dz इस प्रकार व्यक्त किया जाता है–

$$dz = f_x d_x + f_y d_y = \frac{\partial z}{\partial x} \cdot d_x + \frac{\partial z}{\partial y} d_y \quad \text{(लगभग)}$$

यह सूत्र दोनों स्थितियों में लागू होता है, x तथा y स्वतंत्र चर हों अथवा निर्भर। dz, x और y में होने वाले अतिसूक्ष्म/अत्यंणु के सापेक्ष फलन $z = f(x, y)$ में होने वाले परिवर्तन को दर्शाता है। उदाहरण के लिए यदि $z = x^3 + y^3$ है, तो संपूर्ण अवकलज

$dz = f_x d_x + f_y d_y = 3x^2 d_x + 3y^2 d_y$ के रूप में व्यक्त किया जा सकता है।

संपूर्ण अवकल के निम्नलिखित नियम अत्यंत उपयोगी सिद्ध होंगे। मान लिजिए z और w, x और y के दो फलनों को निरूपित करते हैं। इन फलनों के लिए नीचे दिए नियम सत्य होते हैं।

(1) $d(w \pm z) = dw \pm dz$

$$= \left(f_x d_x + f_y d_y\right) \pm \left(g_x d_x + g_y d_y\right)$$

(2) $d(wz) = w.dz + z\,dw$

$\quad = w\left(g_x d_x + g_y d_y\right) + z\left(f_x d_x + f_y d_y\right)$ (गुणनफल नियम)

(3) $d\left(\dfrac{w}{z}\right) = \dfrac{z.dw - w\,dz}{z^2}$

$\quad = \dfrac{z\left(f_x d_x + f_y d_y\right) - w\left(g_x d_x + g_x(d_y)\right)}{z^2}$ (भागफल नियम)

(4) यदि $z = f(u)$ है तथा $u = f(x, y)$ तो $dz = f'(u) \cdot du$ होगा, जहाँ $du$, का अवकल है जबकि $u, x$ और $y$ का एक फलन है।

उदाहरण के लिए, यदि $z = u^n$ है, जहाँ $u = f(x, y)$ है, तो

$dz = \dfrac{d}{dx}\left(u^n\right) \cdot du = n u^{n-1} \cdot du$ होगा

प्रतिबंधित अभीष्टीकरण की प्रथम कोटि शर्तों का अध्ययन करने के लिए हमें प्रथम कोटि अवकलों के परिकलन की आवश्यकता होगी।

यहाँ हम एक आधारभूत परिणाम देते हैं। यदि $z = f(x, y)$ है, तो इसकी द्वितीय कोटि संपूर्ण अवकल सूत्र

$d^2 z = f_{xx} dx^2 + 2 f_{xy} dx\,dy + f_{yy} dy^2 + f_y d^2 y$ द्वारा प्राप्त होता है।

अब हम प्रतिबंधित अभीष्टतम के लिए द्वितीय कोटि पर्याप्त शर्तों पर विचार करेंगे।

माना

$z = f(x, y)$

दिया हुआ उद्देश्य फलन है तथा

$g(x, y) = c$

दिया हुआ प्रतिबंध है। यहाँ $c$ एक अचर है।

हम सर्वप्रथम लैगरांजियन फलन

$L = f(x, y) + \lambda[c - g(x, y)]$

ज्ञात करते हैं। L के स्थिर मान ज्ञात करने के लिए अनिवार्य शर्तें हैं—

$L_x = f_x - \lambda g_x = 0$

$L_y = f_y - \lambda g_y = 0$

$L_\lambda = c - g(x, y) = 0$

क्योंकि L तीन चरों $\lambda, x, y$ का एक फलन है।

किसी स्थिर बिंदु के लिए द्वितीय कोटि अनिवार्य एवं पर्याप्त शर्तें, संपूर्ण अवकल की बीजगणितीय चिह्न पर निर्भर करती हैं। परंतु प्रतिबंधित अभीष्टीकरण की स्थिति में एक अंतर है। इसमें, हम $d^2z$ के चिह्न तथा इसकी निश्चितता (definite) अथवा अर्द्ध–निश्चितता (semi-definite) के बारे में जानकारी की आवश्यकता पड़ती है। सभी मानों के लिए नहीं, केवल $dx$ और $dy$ के मानों के लिए जो कि रैखिक प्रतिबंध $g_x dx + g_y dy = 0$ को संतुष्ट करते हैं।

द्वितीय कोटि अनिवार्य शर्तें इस प्रकार हैं–

z के अधिकतम के लिए, $d^2z$ ऋणात्मक अर्द्ध–निश्चित है जबकि $dg = 0$ है।

z के न्यूनतम के लिए, $d^2z$ धनात्मक अर्द्ध–निश्चित है जबकि $dg = 0$ है।

द्वितीय कोटि पर्याप्त शर्तें इस प्रकार हैं–

z के अधिकतम के लिए $d^2z$ ऋणात्मक निश्चित है जबकि $dg = 0$ है।

z के न्यूनतम के लिए, $d^2z$ धनात्मक निश्चित है जबकि $dg = 0$ है।

प्रथम कोटि पर्याप्त शर्तें हैजियन सारणिक (Hessian determinant) के प्रयोग के व्यक्त की जा सकती हैं। प्रतिबंधित अभीष्टीकरण के संदर्भ में बार्डर्ड हैजियन (bordered Hessian) प्राप्त होता है। यह सारणिक मूल हैजियन सारणिक में सबसे ऊपर एक अतिरिक्त तथा बाईं और एक संलग्न करके प्राप्त होता है। इसके अतिरिक्त, हमने द्वितीय कोटि अवकल को इस प्रकार व्यक्त किया था–

फलन $z = f(x, y)$ के लिए द्वितीय कोटि अवकल

$$d^2z = f_{xx}dx^2 + 2f_{xy}dxdy + f_{yy}dy^2 + f_y d^2y.$$

होता है।

प्रथम कोटि शर्तों का उल्लेख इस प्रकार किया गया है–

$$L_x = f_x - \lambda g_x = 0$$

$$L_y = f_y - \lambda g_y = 0$$

$$L_\lambda = c - g(x, y) = 0$$

इन अवकलजों के पुनः आंशिक अवकलज ज्ञात करने पर हम पाते हैं–

$$L_{xx} = f_{xx} - \lambda g_{xx}$$

$$L_{yy} = f_{yy} - \lambda g_{yy}$$

$$L_{xy} = f_{xy} - \lambda g_{xy} = L_{yx}$$

लैगरांजियन के प्रयोग से, हम $d^2z$ को इस प्रकार व्यक्त कर सकते हैं–

$$d^2z = L_{xx}dx^2 + L_{xy}dxdy + L_{yx}dydx + L_{yy}dy^2$$

इस स्थिति में यदि हम परिवेशित (बार्डर्ड) हेसियन लगाते हैं तो हमें निम्न शर्तें प्राप्त होती हैं—

$d^2z$ धनात्मक निश्चित होगा जबकि $dg = 0$ हो, यदि सारणिक $\begin{bmatrix} 0 & g_x & g_y \\ g_x & L_{xx} & L_{xy} \\ g_y & L_{yx} & L_{yy} \end{bmatrix} < 0$ हो।

ऋणात्मक निश्चितता के लिए भी शर्त इसी प्रकार प्राप्त की जा सकती है, केवल परिवेशित (बार्डर्ड) हेसियन का चिह्न उल्टा अर्थात् $> 0$ हो जाएगा।

n-चरों वाली व्यापक स्थिति में सापेक्ष प्रतिबंधित अभीष्टतम के लिए ये परिणाम इस प्रकार हैं—

मान लीजिए उद्देश्य फलन

$z = f(x_1, ..., x_n)$

जबकि प्रतिबंध $g(x_1, ......, x_n) = c$ है।

स्वाभाविक रूप से, लैगरांजियन L

$L = f(x_1, ....., x_n) + \lambda [c - g(x_1, ....., x_n)]$ होगा।

अधिकतम के लिए प्रथम कोटि शर्तें हैं—

$L_\lambda = L_1 = ... = L_n = 0$

यहाँ पादांक उस चर को निरूपित करते हैं जिसके सापेक्ष L का आंशिक अवकलज लिया गया है। न्यूनतम के लिए भी प्रथम कोटि शर्तें यही हैं।

अधिकतम के लिए द्वितीय कोटि पर्याप्त शर्तें इस प्रकार हैं—

$|\bar{H}_2| > 0; |\bar{H}_3| < 0; |\bar{H}_4| > 0.....(-1)^n |\bar{H}_n| > 0$

न्यूनतम के लिए द्वितीय कोटि शर्तें इस प्रकार हैं—

$|\bar{H}_1|, |\bar{H}_2|, ..., |\bar{H}_n| < 0$

यहाँ H के ऊपर लगाया गया चिह्न '–' परिवेशित (बार्डर्ड) हेसियन को निरूपित करता है तथा पादांक सारणिक की विभिन्न कोटियों का निरूपण करता है।

## 4.10 अर्थशास्त्र में अनुप्रयोग

### 4.10.1 उपभोक्ता का संतुलन

माना उपयोगिता फलन u (x, y) तथा बजट प्रतिबंध $p_x x + p_y y = M$ है।

लैगरांजियन गुणक विधि द्वारा हम पाते हैं कि अनिवार्य प्रथम कोटि शर्तों के लिए $\frac{u_x}{u_y} = \frac{p_x}{p_y}$ होना चाहिए तथा x और y के मान बजट प्रतिबंध को संतुष्ट करने चाहिए। द्वितीय

कोटि शर्तों में फलन u के द्वितीय कोटि आंशिक अवकलज सम्मिलित होंगे परंतु ये आंशिक अवकलज x, y के उन मानों के लिए परिभाषित होंगे जो प्रतिबंधों को संतुष्ट करते हों। प्रतिबंध समीकरण $p_x x + p_y y = M$ से हम पाते हैं कि $p_x dx + p_y dy = 0$ है। इससे हमें $dx = -\frac{p_y}{p_x} dy$ प्राप्त होता है। अधिकतम उपयोगिता के लिए स्थिर बिंदु ऐसे होने चाहिए जिनके लिए द्विघातीय समघात $d^2u = u_{xx} + 2u_{xy}dxdy + u_{yy}dy^2$ ऋणात्मक हैं। विचारधीन प्रतिबंधित अधिकतमीकरण समस्या के लिए हम सभी dx और dy का परीक्षण नहीं करते; अपितु हम उन्हीं dx और dy तक सीमित रहते हैं जो प्रतिबंध को संतुष्ट करते हैं, अर्थात् जिनके लिए समीकरण $dx = -\frac{p_y}{p_x} dy$ संतुष्ट होता हो। यह सुनिश्चित करने के लिए प्रतिस्थापन द्वारा यह देखा जा सकता है कि

$$u_{xx}\left(\frac{p_y}{p_x}dy\right)^2 + 2u_{xy}\left(\frac{p_y}{p_x}dy\right)dy + u_{yy}dy^2$$

$$= \left[\frac{p^2{}_y}{p^2{}_x}u_{xx} - 2\frac{p_y}{p_x}u_{yy}\right]dy^2$$

$$= (u_{xx}p_y^2 - 2u_{xy}p_x p_y + u_{xy}p_y^2)$$

$$= -\begin{bmatrix} 0 & p_x & p_y \\ p_x & u_{xx} & u_{xy} \\ p_y & u_{yx} & u_{yy} \end{bmatrix}\frac{dy^2}{p_x^2} \text{ होना चाहिए।}$$

यह सारणिक स्वाभाविक कारणों से, परिवेशित (बार्डर्ड) हेसियन सारणिक के नाम से जाना जाता है। एक अधिकतम के लिए $d^2u$ द्वारा परिभाषित द्विघातीय समघात ऋणात्मक होनी चाहिए; जब फलन के साथ एक प्रतिबंध भी हो, तो द्विघातीय समघात परिवर्तित हो जाती है परंतु यह भी ऋणात्मक होनी चाहिए। क्योंकि $d^2y$ और $p^2x$ दोनों धनात्मक हैं और पूरा व्यंजक एक ऋणात्मक चिह्न से प्रारंभ होता है, एक अधिकतम से परिवेशित हैसियन सारणिक धनात्मक होनी चाहिए। इसी तर्क का प्रयोग करते हुए हम प्राप्त करते हैं कि एक न्यूनतम के लिए यह सारणिक ऋणात्मक हो सकती है।

उपयोगिता अधिकतमीकरण समस्या, दो कारणों से सरल है–(i) इसमें प्रतिबंध रैखिक है; और (ii) और इसमें केवल दो ही चर लिए हैं। उपयोगिता का एक प्रदत्त स्तर प्राप्त करने के लिए न्यूनतम कीमत ज्ञात करने की समस्या एक अरैखिक प्रतिबंध वाली न्यूनतमीकरण समस्या है। औपचारिक रूप से हम इस समस्या को इस प्रकार व्यक्त कर सकते हैं।

यदि $u(x, y) = \bar{u}$ है तो $p_x x + p_y y$ का न्यूनतमीकरण कीजिए।

यहाँ दिया हुआ प्रतिबंध एक उदासीनता वक्र (indifference curve) है जो मूल बिंदु के सापेक्ष उत्तल है। कोई भी समस्या जिसमें $n, n > 2$ चर हों, ऊपर दी गई विधि द्वारा हल नहीं की जा सकती। इन दोनों प्रकार की समस्याओं के लिए आवश्यक गणित अत्यंत जटिल है।

माना दी हुई समस्या इस प्रकार है–

प्रतिबंध $g(x_1, x_2, ....x_n) \neq 0$ के अंतर्गत $f(x_1, x_2, ......x_n)$ का अधिकतमीकरण कीजिए जबकि g एक अरैखिक फलन है। हम स्थिति में द्वितीय कोटि शर्त है कि नीचे दिया गया परिवेशित हैसियन सारणिक

$$(D) = \begin{vmatrix} 0 & g_1 & g_2 & g_n \\ g_1 & f_{11} - \lambda g_{11} & f_{12} - \lambda g_{12} & f_{1n} - \lambda g_{1n} \\ g_2 & f_{21} - \lambda g_{21} & f_{22} - \lambda g_{22} & f_{nn} - \lambda g_{2n} \\ g_n & f_{n1} - \lambda g_{1n} & f_{n2} - \lambda g_{2n} & f_{nn} - \lambda g_{2n} \end{vmatrix}$$

का चिह्न $(-1)^n$ हो और $t \geq 2$ के लिए उपसारणिकों के चिह्न $(-1)^t$ हों, जहाँ t, मुख्य उपसारणिक की कोटि को निरूपित करता है।

न्यूनतम के लिए D और इसके सभी मुख्य उपसारणिक ऋणात्मक होनी चाहिए।

### 4.10.2 लागत/ कीमत तथा आपूर्ति

L और K चर आगतों वाला एक मसृण उत्पादन फलन लीजिए जहाँ L और K क्रमशः श्रम और पूँजी को निरूपित करते हैं। माना उत्पादन फलन Q = Q (L, K) है, जहाँ $Q_L, Q_K > 0$ है यदि w और r क्रमशः श्रम और पूँजी की कीमत हे, तो यह समस्या लागत

C = wL + rK का न्यूनतमीकरण उत्पादन प्रतिबंध $Q(L, K) = Q_0$ करने की है।

अतः लैंगरैंजियन फलन

$$Z = wL + rK + \lambda[Q_0 - Q(L, K)].$$

है। प्रथम कोटि शर्तें हैं–

$$Z_\lambda = Q_0 - Q(L, K) = 0$$

$$Z_L = w - \lambda \frac{\partial Q}{\partial L} = 0$$

$$Z_K = r - \lambda \frac{\partial Q}{\partial K} = 0$$

अंतिम दो शर्तों से हमें नीचे दी गई शर्त प्राप्त होती है–

$$\frac{w}{\partial Q/\partial L} = \frac{r}{\partial Q/\partial K} = \lambda$$

इस समीकरण में हर आगतों के सीमांत उत्पाद को व्यक्त करते हैं।

अतः आगतों के अभीष्टतम बिंदुओं के संयोजन पर प्रत्येक आगत के लिए कीमत–सीमांत उत्पाद अनुपात (price-marginal product ratio) बराबर होना चाहिए। क्योंकि यह अनुपात प्रति सीमांत उत्पाद को व्यक्त करता है, लैंगरैंजियन की व्याख्या हम अभीष्टतम अवस्था में उत्पादन की सीमांत लागत के रूप में की जा सकती है।

इसी समीकरण को इस प्रकार भी लिखा जा सकता है–

$$\frac{w}{r} = \frac{MP_L}{MP_K}$$

इस प्रकार प्राप्त समीकरण के अनुसार सीमांत उत्पादों का अनुपात, जो कि तकनीकी प्रतिस्थापन की सीमांत दर है, आगत कीमतों के अनुपात के बराबर होती है।

## 4.11 तुलनात्मक स्थैतिकी की संकल्पना

स्थैतिकी एक दी हुई स्थिति में जहाँ संतुलन विद्यमान है अर्थात् विश्राम की स्थिति है और हमें संतुलन में अंतर्जात चरों के मान ज्ञात हैं; यदि ऐसी स्थिति में प्राचलों के मान में परिवर्तन होता है, तो क्या होगा? उदाहरण के लिए, एक माँग–आपूर्ति परिदृश्य में, मान लीजिए हमें वस्तुओं की मात्राओं का, जिनका आदान–प्रदान हो रहा है, संतुलन मान ज्ञात करना है और प्रचलित संतुलन कीमतें भी, तो आय या अन्य वस्तुओं की कीमतें इत्यादि प्राचलों में परिवर्तनों का क्या परिणाम होगा? इसी प्रकार, एक दिन हुए अभीष्टीकरण के परिदृश्य में, उदाहरण के लिए उपभोक्ता द्वारा उपयोगिता अधिकतमीकरण की स्थिति में, मान लीजिए, हमें वस्तुओं की मात्राओं के वह अभीष्ट मान ज्ञात हैं जिनके लिए बजट प्रतिबंधों के रहते, उपयोगिता अधिकतम है तो बजट प्रतिबंधों में उपस्थिति प्राचलों में जैसे कि कीमतों और आय में परिवर्तन का क्या परिणाम होगा?

### 4.11.1 गैर–अभीष्टीकरण के संदर्भ में तुलनात्मक स्थैतिकी

तुलनात्मक स्थैतिकी का संबंध विभिन्न संतुलन अवस्थाओं की तुलना से है जो कि प्राचलों एवं बर्हिजात चरों के विभिन्न मानों से संबद्ध है। हम एक दी हुई संतुलन अवस्था से प्रारंभ करते हैं और देखते हैं कि एक असंतुलित करने वाले परिवर्तन का क्या परिणाम होता है। प्रारंभिक संतुलन अवस्था को अशांत/उत्तेजित किया जाएगा तथा फलस्वरूप, बर्हिजात चरों में कुछ अनुकूलन होगा। यदि हम यह मान लें कि प्राचलों और बर्हिजात चरों के मानों में परिवर्तन के परिणामस्वरूप एक नई संतुलन अवस्था प्राप्त होगी, तो तुलनात्मक स्थैतिकी विश्लेषण यह जाँच करेगा कि नई संतुलन अवस्था की तुलना पुरानी संतुलन अवस्था के सापेक्ष किस प्रकार की जा सकती है। यदि हमारी रुचि केवल परिवर्तन की दिशा जानने में है तो तुलना गुणात्मक होगी; यदि हम परिवर्तन की दिशा और मात्रा दोनों जानना चाहें तो यह तुलना परिमाणात्मक होगी।

यदि हम माँग और आपूर्ति फलनों के एक युग्म को एक साथ हल करें तो हमें संतुलन कीमत तथा संतुलन मात्रा प्राप्त होती हैं। आलेखीय रूप में, यह माँग और आपूर्ति वक्रों का उभयनिष्ठ बिंदु होता है तथा हमें संतुलन कीमत तथा मात्रा प्रदान करता है। यदि इनमें से कोई एक वक्र, मान लिजिए माँग वक्र, स्थानांतरित हो जाए तो क्या होगा? हमें एक नया उभयनिष्ठ बिंदु प्राप्त होगा जोकि स्थानांतरित माँग वक्र और आपूर्ति वक्र के लिए संतुलन कीमत और मात्रा को दर्शाएगा।

यह तुलनात्मक स्थैतिकी का एक ऐसा उदाहरण है जिसमें हम दो संतुलन अवस्था संतुलन विन्यासों का तुलना करते हैं। इसे स्थैतिकी कहा जाता है। क्योंकि इस विश्लेषण में समय की कोई भूमिका नहीं है। हम इसे एक ऐसी समस्या के रूप में देख सकते हैं जिसमें माँग वक्र की दो अलग-अलग स्थितियाँ सम्मिलित हैं जोकि किसी प्राचल, मान लीजिए आय, के दो अलग-अलग मानों से संबद्ध हैं। हम प्राचल के मान में होने वाले परिवर्तन के फलस्वरूप संतुलन कीमत तथा मात्रा में होने वाले परिवर्तन का निर्धारण करना चाहते हैं।

**अरैखिक प्रतिमान**—जब हमारे पास रैखिक समीकरण न हों, जैसे कि समीकरण $q = a + bp + \alpha y$, और $q = c + dp$ में थे, तो उनका हल ज्ञात करना उतना सरल नहीं होगा। हालाँकि तुलनात्मक स्थैतिकी के लिए बिल्कुल सही (exact) हल की आवश्यकता नहीं होती, हमारे लिए केवल प्राचल आय के सापेक्ष संतुलन कीमत और संतुलन मात्रा का अवकलज ज्ञात करना ही पर्याप्त होता है। क्या हम बिना सही हल ज्ञात किए इस हल के, प्राचल के सापेक्ष, अवकलज ज्ञात कर सकते हैं—

इस प्रश्न का उत्तर "हाँ" है, यदि हम अंतर्जात फलन प्रमेय की सहायता लें।

यदि $f^1(x_1, x_2, \ldots, x_n; a_1, a_2, \ldots, a_t)$

$f^2(x_1, x_2, \ldots, x_n; a_1, a_2, \ldots, a_t)$

$f^n(x_1, x_2, \ldots, x_n; a_1, a_2, \ldots, a_t)$

फलन

$\left(x_1^0, x_2^0, \ldots, x_n^0; a_1^0, a_2^0, \ldots, a_t^0\right)$ and if $f^1\left(x_1^0, x_2^0, \ldots, x_n^0; a_1^0, a_2^0, \ldots, a_t^0\right) = 0$

के लिए संततत: अवकलनीय फलन है और यदि

यदि $i = 1, 2, \ldots, n$ है जहाँ

$$j = \begin{vmatrix} f_1^1 & f_2^1 & \ldots & f_n^1 \\ f_1^2 & f_2^2 & \ldots & f_n^2 \\ . & . & \ldots & \\ f_1^n & f_2^n & \ldots & f_n^n \end{vmatrix} \neq 0 \quad \text{जहाँ}, \quad f = \frac{\partial f}{\partial x_3}$$

है तो हमें $\left(a_{1,}^{0}a_{2}^{0},......,a_{t}^{0}\right)$ का एक प्रतिवेश R प्राप्त होगा और फलनों का एक (अद्वितीय) समुच्चय $h^{1}(a_1, a_2, ........, a_t), 1 = 1, 2, ......, n$ जहाँ $x_1 = h^1$ है तथा

(i) $x_1^0 = h\left(a_1^0, a_2^0, ......, a_t^0\right), i = 1, 2, .....n.$

(ii) $f^1\left[h^1, h^2, ......, h^n; a_1, a_2, .......a_t\right] = 0$ for all $a_1 \in R$

(iii) $h^1R$ पर संततत: अवकलनीय हैं।

इस जटिल कथन का वास्तविक अथवा सरल अर्थ यह है कि किसी समीकरण के समुच्चय, जिन्हें अंतर्जात फलनों के रूप में लिखा गया हो, का हल का अस्तित्व सुनिश्चित है, यह हल प्रत्येक चर को प्राचल का फलन बना देता है; और जब इस हल अर्थात् इन चरों को दिए हुए समीकरण में प्रतिस्थापित किया जाता है, तो वे सर्वसमिकाओं में परिवर्तित हो जाते हैं जिससे समिकाओं के दोनों पक्षों का अवकलज करना और उन्हें एक दूसरे के समान रखना संभव हो जाता है। यह सामान्य समीकरण में संभव नहीं है। उदाहरण के लिए हम देख सकते हैं कि समीकरण $x^2 - 4x + 3 = 0$ का हम अवकलन ज्ञात करें, तो इसके अवकलज $2x - 4$ का मान समीकरण के हल $x = 1$ अथवा $x = 3$ के लिए शून्य नहीं है।

इन परिणामों के लिए अनिवार्य शर्त यह है कि जैकोबियन सारणिक (jacobian determinant) शून्य न हो, जो यह सुनिश्चित करना है कि समीकरण स्वतंत्र है और इनका हल का अस्तित्व है।

अब हम इस प्रमेय का प्रयोग समीकरणों (1) और (2) हल करने के लिए करेंगे।

पहले हम इन समीकरणों को व्यापक रूप में लिखते हैं जिससे अंतर्जात फलन प्रेमय की प्रासंगिकता सरलता से देखी जा सके–

$$f^1(q, p, y) = q - D(p, y) = 0 \qquad ....(1)$$

$$f^2(q, p, y) = q - S(p) = 0 \qquad .....(2)$$

अंतर्जात फलन प्रमेय q(y) तथा p(y) प्राप्त होते हैं जिन्हें (1) और (2) में रखने पर हम प्राप्त करते हैं–

$$d(y) - D(p,(y), y) = 0$$

$$q(y) - S(p,(y)) = 0$$

ध्यान दें कि यह सर्वसमिकाएँ हैं।

इनका अवकलन करने पर हम पाते हैं कि–

$$\frac{dq}{dy} - \frac{dD}{dp}\frac{dp}{dy} = \frac{dD}{dy}$$

$$\frac{dq}{dy} - \frac{dS}{dp}\frac{dp}{dy} = 0$$

यह दो चरों $\frac{dq}{dy}$ और $\frac{dp}{dy}$ में दो रैखिक समीकरण हैं।

इन्हें क्रैमर के नियम द्वारा हल करने पर हम प्राप्त करते हैं–

$$\frac{dq}{dy} = \frac{\begin{vmatrix} \frac{dD}{dy} & -\frac{dD}{dp} \\ 0 & -\frac{dS}{dp} \end{vmatrix}}{\begin{vmatrix} 1 & -\frac{dD}{dp} \\ 1 & -\frac{dS}{dp} \end{vmatrix}} = \frac{\frac{dD}{dy}\frac{dS}{dp}}{\frac{dS}{dp} - \frac{dD}{dp}}$$

और $$\frac{dq}{dy} = \frac{\begin{vmatrix} 1 & \frac{dD}{dy} \\ 1 & 0 \end{vmatrix}}{\begin{vmatrix} 1 & -\frac{dD}{dp} \\ 1 & -\frac{dS}{dp} \end{vmatrix}} = \frac{\frac{dD}{dy}}{\frac{dS}{dp} - \frac{dD}{dp}}$$

यहाँ हमने गुणांकों के सारणिक से विभाजन किया है। हमारी प्रक्रिया/विधि के लिए यह आवश्यक है कि इस सारणिक का मान शून्य हो। क्योंकि जैकोबियन सारणिक (jacobian determinant)

$$j \equiv \begin{vmatrix} f_1^1 & f_2^1 \\ f_1^2 & f_2^2 \end{vmatrix} = \begin{vmatrix} \frac{\partial f^1}{\partial q} & \frac{\partial f^1}{\partial p} \\ \frac{\partial f^2}{\partial q} & \frac{\partial f^2}{\partial p} \end{vmatrix} = \begin{vmatrix} \frac{\partial q}{\partial q} & -\frac{\partial D}{\partial p} \\ \frac{\partial q}{\partial q} & -\frac{\partial S}{\partial p} \end{vmatrix}$$

है। वास्तव में यह सारणिक जैकोबियन सारणिक है जिसका शून्येतर होना अंतर्जान फलन प्रमेय का प्रयोग करने के लिए अनिवार्य है।

### 4.11.2 अभीष्टीकरण एवं तुलनात्मक स्थैतिकी

हम केवल अभीष्टीकरण समस्याओं में संतुलन का विचार ही सम्मिलित नहीं करते हैं। प्रमुख समस्या है कि एक उद्देश्य फलन को प्रतिबंधों के साथ या उनके बिना अनुकूलित

करना। एक उद्देश फलन, एक निर्भर चर को एक या एक से अधिक स्वतंत्र चरों के फलन के रूप में दर्शाता है। इसके अतिरिक्त, उद्देश्य फलन अथवा प्रतिबंधों अथवा दोनों में प्राचल भी सम्मिलित हो सकते हैं। अब, अवकलन गणित की तकनीकों/विधियों का प्रयोग करके, मान लीजिए हमने स्वतंत्र चर (चरों) के वे अभीष्ट मान ज्ञात कर लिए हैं जिनके लिए उद्देश्य फलन का मान अधिकतम है। अब स्वतंत्र चरों के इन अभीष्टतम मानों के संगत, निर्भर चर का एक अभीष्टतम मान होगा। इस प्रकार हमें निर्भर चर के अभीष्टतम मान की प्राप्ति हो जाती है।

यदि प्राचलों के मान में परिवर्तन होगा तो निर्भर चर का अभीष्टतम मान भी परिवर्तित होगा। अभीष्टीकरण के संदर्भ में निर्भर चर के अभीष्टतम मान का प्राचलों से एक फलन के रूप में संबंध, तुलनात्मक स्थैतिकी की विषयवस्तु है। इसे एक उदाहरण द्वारा समझा जा सकता है। मान लीजिए, हमें उपयोगिता फलन का अधिकतम मान ज्ञात करना है अर्थात् प्रश्न है–

$U = U(x_1, x_2, ..., x_n)$ अधिकतमीकरण करें।

जबकि $p_1x_1 + ... + p_nx_n = m$ है।

यहाँ $x_1,....x_n$ इत्यादि n वस्तुएँ हैं, और $p_1,...,p_n$ उनके संगत कीमतें। यहाँ आय को m द्वारा व्यक्त किया गया है। यहाँ उपयोगिता निर्भर चर है, वस्तुओं की मात्राएँ स्वतंत्र चर, तथा कीमतें और आय प्राचल हैं। अब, मान लीजिए, कि हमनें वस्तुओं की अभीष्टतम मात्राएँ ज्ञात कर ली हैं और वे $(x_1^*,...,x_n^*)$ हैं। इससे हम U का अभीष्टतम मान ज्ञात कर सकते हैं। जिसे हमें $U^*$ द्वारा व्यक्त करते हैं। तुलनात्मक स्थैतिकी हमें यह बताती है कि यदि कीमतें तथा आय में परिवर्तन हों तो $U^*$ के मान में किस प्रकार के परिवर्तन होंगे।

### 4.12 अधिकतम मान फलन एवं आवरण प्रमेय

#### 4.12.1 अधिकतम मान फलन

माना $u = f(x, y, \alpha)$ एक उद्देश्य फलन है, जिसमें $\alpha$ एक प्राचल है। मान लीजिए इसे u के लिए हल करने पर x और y के मान $x^*$ और $y^*$ प्राप्त होते हैं। ध्यान दें कि $x^*$ और $y^*, \alpha$ पर निर्भर होंगे। अतः, $x^*$ और $y^*$ ज्ञात होने पर तथा $\alpha$ के विभिन्न मान लेने पर हम एक फलन $U^*$ प्राप्त करते हैं जो कि वास्तव में $\alpha$ का एक फलन होता है–

$$u^* = f(x^*(\alpha), y^*(\alpha), \alpha) = V(\alpha)$$

यहाँ $v(\alpha)$ एक अधिकतम मान फलन (maximum value function) कहलाता है। इसका अर्थ है कि उद्देश्य फलन का अधिकतम मान, स्वतंत्र चरों के उन मानों से प्रभावित होगा जो उद्देश्य फलन को अधिकतम बनाते हैं। अतः, u का अधिकतम मान x और y के उन मानों पर निर्भर होगा जो u को अधिकतम बनाते हैं। यह स्पष्ट तथा सदैव सत्य प्रतीत होता है।

बहुचर अभीष्टीकरण

परंतु अधिकतम मान फलन हमें यह भी बताता है कि x और y के वे मान, जिन पर u अधिकतम होता है, स्वयं प्राचल $\alpha$ के फलन हैं। अत:, उद्देश्य फलन का अधिकतम मान x और y के उन मानों का फलन है जो u को अधिकतम बनाते हैं तथा प्राचल $\alpha$ का भी (क्योंकि x और y, u के फलन हैं) अर्थात् परोक्ष रूप से, उद्देश्य फलन का अधिकतम मान प्राचल का एक फलन है।

### 4.12.2 अप्रतिबंधित अभीष्टीकरण के लिए आवरण प्रमेय

अब हम शृंखला नियम का प्रयोग अधिकतम मान फलन का प्राचल के सापेक्ष अवकलज ज्ञात करने में करेंगे। हम $V = f(x^*(\alpha), y^*(\alpha), \alpha)$ का अवकलज $\alpha$ के सापेक्ष ज्ञात करेंगे। शृंखला नियम के अनुसार हम पाते हैं कि

$$\frac{dV}{d\alpha} = \frac{\partial f}{\partial x}\frac{\partial x^*}{\partial \alpha} + \frac{\partial f}{\partial y}\frac{\partial y^*}{\partial \alpha} + \frac{\partial V}{\partial \alpha}$$

होगा

अभीष्टीकरण की प्रथम कोटि शर्तों के आधार पर, हम जानते हैं कि

$$\frac{\partial f}{\partial x} = 0, \frac{\partial f}{\partial y} = 0$$

होगा। अत: ऊपर प्राप्त प्रतिबंध के पहले दो पद शून्य/समाप्त हो जाएँगे और हमें प्राप्त होगा—

$$\frac{dV}{d\alpha} = \frac{\partial V}{\partial \alpha}.$$

आवरण प्रमेय के अनुसार, अभीष्टतम मान के लिए, जब $\alpha$ परिवर्तित होता है और उसके अनुसार $x^*$ और $y^*$ के मान अनुकूलित होते हैं, तो $\frac{dV}{d\alpha}$ वही परिणाम देता है जैसा कि हमें $x^*$ और $y^*$ को अचर मानने पर प्राप्त हुआ होगा। हम देख सकते हैं कि $\alpha$, अधिकतम मान फलन में प्रत्यक्ष रूप में भी उपस्थित है और $x^*$ और $y^*$ के माध्यम से अप्रत्यक्ष रूप में भी। अर्थात् प्रभावी रूप में $\alpha$, अधिकतम मान फलन में तीन स्थानों पर प्रवेश करता है। आवरण प्रमेय की मूल संकल्पना यह है कि अधिकतम मान के लिए, केवल प्राचल में होने वाले परिवर्तन पर विचार करना पर्याप्त है। यद्यपि प्राचल, अंतर्जात चरों के माध्यम से अधिकतम को अप्रत्यक्ष रूप से भी प्रभावित करता है तथापि प्राचल का प्रत्यक्ष प्रभाव ही महत्त्वपूर्ण है। यह ध्यान रहे कि अंतर्जात चर दो से अधिक भी हो सकते हैं तथा प्राचल भी एक से अधिक हो सकते हैं।

### 4.12.3 प्रतिबंधित अभीष्टीकरण के लिए आवरण प्रमेय

माना कि $u = f(x, y, \alpha)$ एक प्रदत्त उद्देश्य फलन है। माना कि हमें इस उद्देश्य फलन का अभीष्टीकरण किसी प्रतिबंध के आधार पर करना है। मान लीजिए, प्रतिबंध फलन $h(x, y, \alpha) = 0$ द्वारा व्यक्त किया गया है।

इन अभीष्टीकरण समस्याओं के लिए लैगरॉजियन का मान है–

$$L = f(x, y, \alpha) + \lambda\left[0 - h(x, y, \alpha)\right]$$

प्रथम कोटि प्रतिबंध होंगे–

$$\frac{\partial L}{\partial x} = \frac{\partial f}{\partial x} - \lambda \frac{\partial h}{\partial x} = 0$$

$$\frac{\partial L}{\partial y} = \frac{\partial f}{\partial y} - \lambda \frac{\partial h}{\partial y} = 0$$

$$\frac{\partial L}{\partial \lambda} = -h(x, y, \alpha) = 0$$

इस संकाय को हल करने पर हम प्राप्त करते हैं–

$$x = x^*(\alpha);\ y = y^*(\alpha);\ \text{and}\ \lambda = \lambda^*(\alpha)$$

इन मानों को उद्देश्य फलन मे रखने पर हम पाते हैं–

$$u^* = f\left(x^*(\alpha), y^*(\alpha), \lambda^*(\alpha)\right) = V(\alpha)$$

यह जानने के लिए $\alpha$ में हुए परिवर्तन के सापेक्ष $V(\alpha)$ किस प्रकार परिवर्तित होते हैं, हम V का अवकलज $\alpha$ के सापेक्ष ज्ञात करते हैं तथा पाते हैं–

$$\frac{dV}{d\alpha} = \frac{\partial f}{\partial x}\frac{\partial x^*}{\partial \alpha} + \frac{\partial f}{\partial y}\frac{\partial y^*}{\partial \alpha} + \frac{\partial f}{\partial \alpha}$$

प्रतिबंधित अभीष्टीकरण में, अप्रतिबंधित अभीष्टीकरण की तरह यह आवश्यक नहीं है कि $\frac{\partial f}{\partial x}$ और $\frac{\partial f}{\partial y}$ शून्य ही हों, ये शून्य से अलग भी हो सकते हैं। अतः हम सीधे $\frac{dV}{d\alpha} = \frac{\partial V}{\partial \alpha}$ प्राप्त नहीं कर सकते हैं। यदि हम x और y के मान प्रतिबंध समीकरण में रखें तो हम प्राप्त करते हैं–

$$h\left(x^*(\alpha), y^*(\alpha), \alpha\right) \equiv 0$$

यदि हम इसका अवकलज $\alpha$ के सापेक्ष ज्ञात करें, तो हम प्राप्त करते हैं–

$$\frac{\partial h}{\partial x}\frac{\partial x^*}{\partial \alpha} + \frac{\partial h}{\partial y}\frac{\partial y^*}{\partial \alpha} + \frac{\partial h}{\partial \alpha} = 0$$

इस समीकरण को $\lambda$ से गुणा कर, लैगरॉजियन के व्यंजन का प्रयोग करते हुए, प्राप्त व्यंजक को $\frac{dV}{d\alpha}$ में परिस्थिति करने पर हम प्राप्त करते हैं–

$$\frac{dV}{d\alpha}=\left(\frac{\partial f}{\partial x}-\lambda\frac{\partial h}{\partial x}\right)\left[\frac{\partial x^*}{\partial \alpha}\right]+\left(\frac{\partial f}{\partial y}-\lambda\frac{\partial h}{\partial y}\right)\left[\frac{\partial y^*}{\partial \alpha}\right]+\frac{\partial h}{\partial \alpha}-\lambda\frac{\partial h}{\partial \alpha}=\frac{\partial L}{\partial \alpha}$$

प्रथम कोटि शर्तों के प्रयोग से हम प्राप्त करते हैं–

$$\frac{dV}{d\alpha}=\frac{\partial L}{\partial \alpha}$$

यह प्रतिबंधित अभीष्टीकरण के संदर्भ में आवरण प्रमेय है। यह सरलता से देखा जा सकता है कि प्रतिबंधित अभीष्टीकरण के लिए आवरण प्रमेय, अप्रतिबंधित अभीष्टीकरण के लिए आवरण प्रमेय से किस प्रकार भिन्न है। अप्रतिबंधित अभीष्टीकरण की स्थिति में $\frac{dV}{d\alpha}$ उद्देश्य फल के प्राचल के सापेक्ष आंशिक अवकलज के बराबर था जबकि प्रतिबंधित अभीष्टीकरण की स्थिति में $\frac{dV}{d\alpha}$ लैगरांजियन के प्राचल के सापेक्ष आंशिक अवकलज के बराबर है। प्रतिबंधित अभीष्टीकरण के संदर्भ में आवरण प्रमेय का महत्त्व यह है कि यदि हम प्राचल (प्राचलों) में होने वाले परिवर्तन के फलस्वरूप अधिकतम मान फलन में होने वाले परिवर्तन ज्ञात करना चाहते हैं, तो लैगरांजियन का प्राचल (प्राचलों) के सापेक्ष आंशिक अवकलज ज्ञात करना पर्याप्त है।

### 4.12.4 लैगरांजियन गुणक की व्याख्या

प्रतिबंध $u=f(x,y)$ के आधार पर फलन $h(x,y)=c$ के न्यूनतमीकरण की समस्या पर विचार करें। यहाँ हम एक व्यापक प्रतिबंध फलन पर विचार कर रहे हैं, केवल रैखिक फलन पर नहीं। इस स्थिति में लैगरांजियन है–

$$L=f(x,y)+\lambda[c-h(x,y)]$$

प्रथम कोटि शर्तें हैं–

$$\frac{\partial L}{\partial x}=\frac{\partial f}{\partial x}-\lambda\frac{\partial h}{\partial x}=0$$

$$\frac{\partial L}{\partial y}=\frac{\partial f}{\partial y}-\lambda\frac{\partial h}{\partial y}=0$$

$$\frac{\partial L}{\partial \lambda}=c-h\,(x,y)=0$$

पहले दो समीकरणों से हम प्राप्त करते हैं—

$$\lambda = \frac{\partial f/\partial x}{\partial h/\partial x} = \frac{\partial f/\partial y}{\partial h/\partial y}$$

प्रथम कोटि शर्तें अंतर्निहित रूप से निम्न हल परिभाषित करती हैं—

$x^* = x^*(c), y^* = y^*(c), \lambda^* = \lambda^*(c)$

इस हल को लैगरांजियन में हमें निम्न अधिकतम मान फलन प्राप्त होता है—

$$V(c) = L^*(c) = f\left(x^*(c), y^*(c)\right) + \lambda^*(c)\left[c - h\left(x^*(c), y^*(c)\right)\right]$$

c के सापेक्ष अवकलन करने पर हमें प्राप्त होता है—

$$\frac{dV}{dc} = \frac{dL}{dc} = \frac{\partial f}{\partial x}\frac{\partial x^*}{\partial c} + \frac{\partial f}{\partial y}\frac{\partial y^*}{\partial c} + \left[c - h\left(x^*(c), y^*(c)\right)\right]$$

$$\frac{\partial \lambda^*}{\partial c} - \lambda^*(c)\frac{\partial h}{\partial x}\frac{\partial x^*}{\partial c} - \lambda^*(c)\frac{\partial h}{\partial y}\frac{\partial y^*}{\partial c}\lambda^*(c)\frac{dc}{dc}$$

इन समीकरणों में विभिन्न पदों को पुन: व्यवस्थित करने पर हम प्राप्त करते हैं—

$$\frac{dL^*}{dC} = \left[\frac{\partial f}{\partial x} - \lambda^*\frac{\partial h}{\partial x}\right]\frac{\partial x^*}{\partial c} + \left[\frac{\partial f}{\partial y} - \lambda^*\frac{\partial h}{\partial y}\right]\frac{\partial y^*}{\partial c} + \left[c - h(x^*, y^*)\right]\frac{\partial \lambda^*}{\partial c} + \lambda^*$$

दाएँ पक्ष के पहले तीन पद शून्य हैं। अत: यह समीकरण—

$$\frac{dL^*}{dc} = \lambda^* = \frac{dV}{dc}$$

है। हम लैगरांजियन गुणक को ग्राहक माँग के संदर्भ में समझते हैं। तीन वस्तुओं वाली एक स्थिति पर विचार करने पर—

$$u^* \equiv u\left(x_1(p_1, p_2, p_3, M), x_2(p_1, p_2, p_3, M), x_3(p_1, p_2, p_3, M)\right)$$

M के सापेक्ष अवकलन करने पर, हम पाते हैं—

$$\frac{\partial u^*}{\partial M} = u_1\frac{\partial x_1}{\partial M} + u_2\frac{\partial x_2}{\partial M} + u_3\frac{\partial x_3}{\partial M}, \text{ where } u_i = \frac{\partial u}{\partial x_i}, i = 1, 2, 3.$$

प्रथम कोटि शर्तों के अनुसार $u = \lambda p_i, i = 1, 2, 3$ है।

अत:

$$\frac{\partial u^*}{\partial M} = \lambda\left[p_i\frac{\partial x_1}{\partial M} + p_2\frac{\partial x_2}{\partial M} + p_3\frac{\partial x_3}{\partial M}\right]$$

होगा। दूसरी ओर

$p_1 x_1(p_1, p_2, p_3, M) + p_2 x_2(p_1, p_2, p_3, M) \, p_3 x_3(p_1, p_2, p_3, M) \equiv M$

है। M के सापेक्ष अवकलन करने पर, हम प्राप्त करते हैं—

$$p_i \frac{\partial x_1}{\partial M} + p_2 \frac{\partial x_2}{\partial M} + p_3 \frac{\partial x_3}{\partial M} = 1$$

इस परिणाम का उपयोग कर हम पाते हैं $\frac{\partial u^*}{\partial M} = \lambda.$

यहाँ एक प्रतिबंध अभीष्टतम समस्या में लैगरांजियन गुणक एक ऐसा गणितीय उपकरण है जो सुविधाजनक भी है और प्रासंगिक भी। यह उस दर का माप है जिस दर पर प्रतिबंध में एक सूक्ष्म परिवर्तन के सापेक्ष उद्देश्य फलन परिवर्तित होता है। उपयोगिता अधिकतमीकरण समस्या में, यह आय के सापेक्ष सीमांत उपयोगिता को दर्शाता है।

## 4.1 3 अधिकतम मान फलन एवं आवरण प्रमेय के अर्थशास्त्र के कुछ अनुप्रयोग

### 4.1 3.1 अप्रत्यक्ष उपयोगिता फलन

$u(x[p_x, p_y, I], y[p_x, p_y, I])$ यह दर्शाता है कि उपयोगिता दो वस्तुओं x और y की कीमतों, $p_x$ और $p_x$ तथा आमदनी I का फलन है। अतः हम उपयोगिता को, अप्रत्यक्ष रूप से, वस्तुओं की कीमतों तथा आमदनी के फलन के रूप में लिख सकते हैं– $v = v(p_x, p_y, I)$ जहाँ v उपयोगिता को निरूपित करता हैं यहाँ हमने उपयोगिता को v से इसलिए व्यक्त किया है क्योंकि अप्रत्यक्ष उपयोगिता फलन को निरूपित करता है। यहाँ विश्लेषण "अप्रत्यक्ष" (indirect) का प्रयोग इसलिए किया गया है कि यहाँ उपयोगिता प्राचलों का फलन है। ध्यान रहें कि वस्तुओं की कीमत तथा आय प्राचल हैं।

हम जानते हैं कि एक अधिकतम मान फलन, उद्देश्य फलन के अभीष्टतम पर उसका मान प्रदान करता है। एक मान फलन उन अंतर्जात चरों को अभीष्टतम मान प्रदान करता है जिनका अभीष्टीकरण किया जाना है। उदाहरण के लिए, उपयोगिता फलन में, उपभोक्ता उपयोगिता का अधिकतमीकरण उपभोग की गई वस्तुओं के फलन के रूप में करता है। मान लीजिए $x_1$ और $x_2$ दो वस्तुएँ हैं। अतः उपयोगिता फलन $u = f(x_1, x_2)$ के प्रकार का होगा। उपभोक्ता इस फलन का अधिकतम प्रतिबंध $p_1x_1 + p_2x_2 = m$ के अंतर्गत करता है, जहाँ $p_1$ और $p_2$ इन वस्तुओं की कीमतें हैं तथा m उपभोक्ता की आय है। मान लिजिए कि उपयोगिता फलन का अधिकतम मान $u^*$ है और यह अधिकतम मान, वस्तुओं की मात्राओं $x_1^*$ और $x_2^*$ पर प्राप्त होता है। यहाँ हमने वस्तुओं की कीमतें तथा उपभोक्ता की आय को अचर माना है। मान लीजिए कि ये मान परिवर्तित होते हैं। दूसरे शब्दों में $p_1, p_2$ और m यद्यपि अचर हैं, परंतु क्योंकि उनके कोई विशिष्ट मान नियत नहीं किए गए हैं, उन्हें चर माना जा सकता है। अर्थात् ये अचर हैं परंतु चर की भाँति प्रयोग हो रहे हैं। अतः ये अचर हैं।

### 4.13.2 रॉय की समिका

यह सर्वसमिका यह दावा करती है कि किसी उपभोक्ता का व्यक्तिगत सामान्य माँग फलन, अधिकतम मान फलन की वस्तुओं के सापेक्ष तथा उपभोक्ता की आय के सापेक्ष आंशिक अवकलों के अनुपात का योगात्मक प्रतिलोम के बराबर होता है। इसे हम इस प्रकार प्राप्त कर सकते हैं–

हम परोक्ष/अप्रत्यक्ष उपयोगिता फलन लेते हैं जोकि उपभोक्ता के प्रत्यक्ष उपयोगिता अधिकतमीकरण समस्या का अधिकतम मान फलन है।

**मानक उपभोक्ता समस्या (Standard consumer's problem)**

यहाँ हम प्रतिबंध $p_x x + p_x y = m$ के अंतर्गत $u(x, y)$ का अधिकतम मान ज्ञात करेंगे।

प्रथम कोटि शर्तों के अनुसार, हमें निम्नलिखित माँग फलन प्राप्त होते हैं–

$x = x(p_x, p_y, m)$ और $y = y(p_x, p_y, m)$

इन्हें उपयोगिता फलन में रखने पर हम प्राप्त करते हैं–

$$u = u\left[x(p_x, p_y, m), y(p_x, p_y, m)\right]$$

$$= V(p_x, p_y, m)$$

जहाँ V अप्रत्यक्ष उपयोगिता फलन है। यह अधिकतम मान फलन है।

उपभोक्ता की विचारधीन उपयोगिता अधिकतमीकरण समस्या से हम निम्नलिखित लैगरांजियन फलन प्राप्त करते हैं–

$$L = u(x, y) + \lambda\left[m - p_x x - p_y y\right]$$

अब हम लैगरांजियन और अप्रत्यक्ष उपयोगिता फलन को आवरण प्रमेय के माध्यम से जोड़ने के महत्त्वपूर्ण भाग पर चर्चा करते हैं। एक प्राचल के सापेक्ष अधिकतम मान फलन का आंशिक अवकलज, उस प्राचल के सापेक्ष लैगरांजियन फलन के आंशिक अवकलज के बराबर होता है। आवरण प्रमेय का प्रयोग करने पर हम प्राप्त करते हैं–

$$\frac{\partial V}{\partial m} = \frac{\partial L}{\partial m} = \lambda$$

इसी प्रकार अन्य प्राचलों के सापेक्ष आंशिक अवकलजों पर आवरण प्रमेय का प्रयोग करने पर हम प्राप्त करते हैं–

$$\frac{\partial V}{\partial p_x} = \frac{\partial L}{\partial p_x} = -\lambda x(p_x, p_y, m)$$

$$\frac{\partial V}{\partial p_y} = \frac{\partial L}{\partial p_y} = -\lambda y(p_x, p_y, m)$$

अतः हम पाते हैं कि

$$\frac{\partial V / \partial p_x}{\partial V / \partial m} = -x$$

तथा $$\frac{\partial V / \partial p_y}{\partial V / \partial m} = -y$$

है। ये अंतिम दो परिणाम रॉय की समिका कहलाते हैं।

### 4.13.3 हॉटेलिंग की उपप्रमेय

माना एक फर्म दो आगतों का प्रयोग करती है – श्रम (L) और पूँजी (K) इस फर्म के लिए उत्पादन फलन होगा–

$y = f(K, L)$

माना उत्पाद की कीमत P है, वेतन दर w है तथा पूँजी का लाभांश r है। इस स्थिति में कुछ राजस्व Pf (K, L) तथा कुल लागत wL + rK होगी।

लाभ, जिसे फर्म अधिकतम करना चाहती है,

$\pi = pwL - rK$

द्वारा व्यक्त की जा सकती है।

उत्पाद प्रतिबंधों पर आधारित, लाभ अधिकतमीकरण के लिए लैगरांजियन फलन है–

$L = py - wL - rK + \lambda[f(L,K) - y]$

प्रथम कोटि शर्त है–

$p - \lambda = 0$

$$\lambda \frac{\partial f}{\partial L} - w = 0$$

$$\lambda \frac{\partial f}{\partial K} - r = 0$$

$-y + f(L, K) = 0$

के समीकरण आगत माँग फलनों L (p, w, r) और K (p, w, r) तथा आगत आपूर्ति फलन y ( p,w,r) के लिए हल प्रदान करते हैं। इन फलनों को लाभ समीकरण में रखने पर हमें निम्नलिखित लाभ फलन प्राप्त होता है–

$\pi = py(p,w,r) - wL(p,w,r) - rK(p,w,r) = V(p,w,r)$

यह मान फलन है। अतः आवरण प्रमेय के प्रयोग से हम प्राप्त करते हैं–

$$\frac{\partial V}{\partial p} = \frac{\partial L}{\partial p} = y(p, w, r)$$

$$\frac{\partial V}{\partial w} = \frac{\partial L}{\partial w} = -L(p, w, r)$$

$$\frac{\partial V}{\partial r} = \frac{\partial L}{\partial r} = -K(p, w, r)$$

इसका अर्थ है कि लाभ फलन का कीमतों के सापेक्ष अवकलन करने पर हमें फर्म के आगत–आपूर्ति फलन तथा आगत–माँग फलन प्राप्त होते हैं। यह हॉटेलिंग का उपप्रमेय (Hotelling's lemma) कहलाता है।

## 4.14 द्वैतता तथा अभीष्टीकरण

द्वैतावस्था दो प्रतिबंधित अभीष्टीकरण समस्याओं के मध्य एक संबंध है। मोटे तौर पर, द्वैतता में हम एक दी हुई प्रतिबंधित अभीष्टीकरण समस्या को उसकी "द्वैत" समस्या में परिवर्तित करते हैं जिससे महत्त्वपूर्ण अंतर्दृष्टि तथा परिणाम प्राप्त किए जा सकें। एक दी हुई मूल समस्या को एक द्वैत समस्या में परिवर्तित करने का अर्थ है इसे एक ऐसी नई अभीष्टकरण समस्या के रूप में लिखना कि मूल अधिकतमीकरण (न्यूनतमीकरण) समस्या एक न्यूनतमीकरण (अधिकतमीकरण) समस्या में परिवर्तित हो जाए और जिसमें मूल समस्या के प्रतिबंध, नई समस्या के उद्देश्य फलन के रूप में परिवर्तित हो जाए। साथ ही, मूल समस्या के प्राचल नए उद्देश्य फलन के चर बन जाते हैं। अतः हमारे पास दो अभीष्टीकरण समस्याएँ हो जाती हैं। जिनमें से एक अधिकतमीकरण की समस्या है और दूसरी न्यूनतमीकरण की। इनमें किसी भी एक समस्या की संरचना एवं हल से दूसरी समस्या की संरचना एवं हल के बारे में सूचना उपलब्ध हो जाती है।

### 4.14.1 मूल समस्या

मान लीजिए, हमारे पास x और y दो वस्तुएँ हैं। मान लीजिए कि उपभोक्ता के पास आय या बजट m के बराबर है। मान लीजिए, इन वस्तुओं की कीमतें $p_x$ और $p_y$ हैं। अतः मूल समस्या, बजट प्रतिबंधों के रहते, उपयोगिता के अधिकतमीकरण की समस्या सामान्य है–

यदि $p_x x + p_y y = m$ है तो

$U = U(x, y)$ का अधिकतमीकरण कीजिए।

इस समस्या के लिए सामान्य लैगरांजियन है–

$$L = U(x, y) - \lambda\left(m - p_x x + p_y y\right)$$

हम प्रथम कोटि शर्तें प्राप्त करते हैं और इन्हें हल कर दोनों वस्तुओं के लिए माँग फलन प्राप्त करते हैं।

### 4.14.2 द्वैत समस्या

द्वैत समस्या में अधिकतमीकरण को न्यूनतमीकरण में परिवर्तित किया जाता है; और मूल समस्या के प्रतिबंध द्वैत समस्या में उद्देश्य फलन के रूप में उपस्थित होते हैं। हमने पहले उस स्थिति पर विचार किया है जहाँ उपभोक्ता ने उपयोगिता फलन का अधिकतमीकरण इस शर्त के साथ किया था कि उसके द्वारा उपभोग की गई वस्तुओं पर किया गया व्यय, उसकी आय से अधिक न हो। आइए, अब उपयोगिता अधिकतमीकरण की मूल समस्या की द्वैत समस्या पर विचार करें। इसकी द्वैत समस्या होगी दोनों वस्तुओं पर हुए व्यय का न्यूनतमीकरण करना जबकि उपयोगिता पर यह प्रतिबंध हो कि वह स्थित तट $\overline{u}$ पर ही रहे। इस प्रकार हम उपभोक्ता के लिए द्वैत समस्या को इस प्रकार व्यक्त कर सकते हैं–

$E = p_x x + p_y y$ का न्यूनतमीकरण कीजिए।

जबकि $u = u(x, y) = \overline{u}$ हो।

इस प्रकार प्राप्त द्वैत समस्या का उद्देश्य फलन व्यय फलन है।

## 4.15 द्वैतता के कुछ अर्थशास्त्रीय अनुप्रयोग

### 4.15.1 प्रतिपूर्ति माँग फलन

हम जानते हैं कि व्यय न्यूनतमीकरण समस्या, उपयोगिता अधिकतमीकरण समस्या का द्वैत है। इस द्वैत समस्या

$E = p_x x + p_y y$ का न्यूनतमीकरण करें

जबकि $u = u(x, y) = \overline{u}$ हो।

पर एक बार पुनः विचार करें–

इसका लैगरांजियन है–

$$L^d = p_x x + p_y y + \mu\left[\overline{u} - u((x, y))\right]$$

$L^d$ द्वैत समस्या के संबद्ध लैगरांजियन है। $\mu$ द्वैत समस्या के संबद्ध लैगरांजियन गुणक है।

प्रथम कोटि शर्तें इस प्रकार है–

$$\frac{\partial L^d}{\partial x} = p_x - \mu\frac{\partial u}{\partial x} = 0$$

$$\frac{\partial L^d}{\partial y} = p_y - \mu\frac{\partial u}{\partial y} = 0$$

$$\frac{\partial L^d}{\partial \lambda} = \overline{\mu} - \mu(x, y)$$

समीकरणों के इस निकाय से हमें हल के रूप में $x^h, y^h, \lambda^h$ इत्यादि मानों का एक समुच्चय प्राप्त होता है, जहाँ 'h' हिक्सियन (Hicksian) के लिए प्रयोग किया गया है। "हिक्सियन" प्रमुख अर्थशास्त्री जॉन हिक्स के नाम से लिया गया है। ये फलन हैं–

$$x^h = x^h\left(p_x, p_y, \bar{u}\right)$$

$$y^h = y^h\left(p_x, p_y, \bar{u}\right)$$

इन्हें हिक्सियन या प्रतिपूर्ति माँग फलन (compensated demand functions) कहते हैं।

### 4.15.2 शैफर्ड का उपप्रमेय

हम जानते हैं कि उपयोगिता अधिकतमीरण समस्या का द्वैत व्यय न्यूनतमीकरण समस्या होती है।

अब हम $E = p_x x + p_y y$ का न्यूनतमीकरण करेंगे।

जबकि $u(x, y) = \bar{u}$ हो।

इस समस्या के लिए लैगरांजियन है–

$$L^d = p_x x + p_y y + \mu\left[\bar{u} - u\left((x, y)\right)\right]$$

जहाँ $\mu$ लैगरांजियन गुणक है।

इस समस्या का हल करने पर हमें x और y के लिए दो माँग फलन प्राप्त होते है जोकि कीमतों और उपयोगिता के फलन हैं। इन्हें प्रतिपूर्ति अथवा हिक्सियन माँग फलन कहते हैं $x^h(p_x, p_y, \bar{u})$ और $y^h(p_x, p_y, \bar{u})$

इन्हें व्यय न्यूनतमीकरण समस्या के उद्देश्य फलन में प्रतिस्थापित करने पर, हम प्राप्त करते हैं–

$$E = p_x x\left(p_x, p_y, \bar{u}\right) + p_y y\left(p_x, p_y, \bar{u}\right) = e\left(p_x, p_y, \bar{u}\right)$$

यहाँ e माँग फलन है (इस स्थिति में न्यूनतम मान फलन)

यदि हम व्यय न्यूनतमीकरण समस्या पर आवरण प्रमेय का प्रयोग करें तो हम प्राप्त करते हैं।

$$\frac{\partial e}{\partial u} = \frac{\partial L}{\partial u} = \bar{u}$$

साथ ही, आवरण प्रमेय से हम पाते हैं कि

$$\frac{\partial e}{\partial p_x} = \frac{\partial L}{\partial p_x} = x\left(p_x, p_y u\right)$$

and $\frac{\partial e}{\partial p_y} = \frac{\partial L}{\partial p_y} = y(p_x, p_y u)$ है।

अभीष्टीकरण समस्या में $p_x$ और $p_y$ केवल उद्देश्य फलन में नजर आते हैं। ये दो अंतिम समीकरण अर्थात्

$$\frac{\partial e}{\partial p_x} = \frac{\partial L}{\partial p_x} = x(p_x, p_y u)$$

और $\frac{\partial e}{\partial p_y} = \frac{\partial L}{\partial p_y} = y(p_x, p_y u)$ शेफर्ड उपप्रमेय कहलाते हैं।

### हल सहित उदाहरण

**प्रश्न 1.** यह मानते हुए कि किसी उत्पादक के उच्चतम लाभ के लिए, उत्पाद की मात्रा (Q) और विज्ञान व्यय (A) के मान द्वितीय कोटि प्रतिबंध को संतुष्ट करते हैं। जबकि उत्पादक का लाभ फलन (Π) है—

$\Pi = 400 - 3Q^2 - 4Q + 2QA - 5A^2 + 48A$

Q तथा A का मान ज्ञात कीजिए।

**उत्तर—** उच्चतम लाभ के लिए प्रथम कोटि प्रतिबंध के अनुसार आंशिक अवकलज $\partial \Pi / \partial Q = \partial \Pi / \partial A = 0$.
होना चाहिए।

समीकरण $\Pi = 400 - 3Q^2 - 4Q + 2QA - 5A^2 + 48A$ का A के सापेक्ष आंशिक अवकलज Q को अचर मानते हुए होगा—

$\partial \Pi / \partial A = 2Q - 10A + 48$

इसी प्रकार समीकरण $\Pi = 400 - 3Q^2 - 4Q + 2QA - 5A^2 + 48A$ का Q के सापेक्ष आंशिक अवकलज A को अचर मानते हुए होगा—

$\partial \Pi / \partial Q = -6Q - 4 + 2A$

$\partial \Pi / \partial Q = \partial \Pi / \partial A = 0$ रखने पर, अर्थात् प्रथम कोटि प्रतिबंध द्वारा हम प्राप्त करते हैं—
2Q – 10A + 48 = 0        ...(i)
और
–6Q – 4 + 2A = 0         ...(ii)

समीकरणों (i) और (ii) को निम्न प्रकार से लिखा जा सकता है–

$Q - 5A = -24$ ...(iii)

$-3Q + A = 2$ ...(iv)

समीकरण (iv) से हम पाते हैं कि $A = 3Q + 2$ है। A के इस मान को समीकरण (iii) में रखने पर तथा Q के लिए हल करने पर हम पाते हैं कि–

$$Q - 5(2 + 3Q) = -24$$
$$Q - 10 - 15Q = -24$$
$$-14Q = 14$$
$$Q = 1$$

है।

अतः $A = 2 + 3 * 1 = 5$ है।

अतः हम प्राप्त करते हैं कि $Q = 1$ तथा $A = 5$ क्रमशः उत्पाद की मात्रा तथा विज्ञापन व्यय के वह स्तर हैं जिनके लिए प्रथम कोटि प्रतिबंध के द्वारा फर्म का लाभ उच्चतम होगा।

**प्रश्न 2. नीचे दिए गए फलन के लिए $f_8, f_{22}$ और $f_{12}$ ज्ञात कीजिए–**

$$\mathbf{f(x_1x_2) = x_1^2x_2^2 - x_1x_2 + 3x_1 - 2x_2}$$

**उत्तर–** $f_1 = \frac{\partial f}{\partial x_1} = 2x_1x_2^2 - x_2 + 3$ ...(i)

$f_2 = \frac{\partial f}{\partial x_2} = 2x_1^2x_2 - x_1 - 2$ ...(ii)

$f_8$ प्राप्त करने के लिए हम समीकरण (i) का $x_1$ के सापेक्ष आंशिक अवकलज ज्ञात करते हैं। अतः

$$f_{11} = \frac{\partial}{\partial x_1}(f_1) = 2x_2^2$$

इसी प्रकार $f_{22}$ को प्राप्त करने के लिए हम समीकरण (ii) का $x_2$ के सापेक्ष आंशिक अवकलज ज्ञात करते हैं। अतः,

$$f_{22} = \frac{\partial}{\partial x_2}(f_1) = 2x_1^2$$

क्रॉस/वज्र अवकलज $f_{12}$ प्राप्त करने के लिए हम समीकरण (ii) का $x_1$ के सापेक्ष आंशिक अवकलज ज्ञात करते हैं। ध्यान दें यंग की प्रमेय से हम देख सकते हैं कि यदि हम समीकरण (i) का $x_2$ के सापेक्ष अवकलज ज्ञात करें, तो भी हमें वहीं परिणाम प्राप्त होगा। अतः

$$f_{12} = \frac{\partial}{\partial x_1}(f_2) = \frac{\partial^2 f}{\partial x_1 x_2} = 4x_1 x_2 - 1$$

इसलिए, दिए हुए प्रश्न का हल है—

$f_{11} = 2x_2^2$
$f_{22} = 2x_1^2$
$f_{12} = 4x_1 x_2 - 1$

**प्रश्न 3.** यदि $z = 2x^3 + 4xy - y^2$ दिया है, तो $dz$ और $d^2z$ ज्ञात कीजिए।

**उत्तर— चरण 1 :** $dz$ ज्ञात करने के लिए, हमें पहले प्रथम कोटि आंशिक अवकलज क्रमश $f_x$ और $f_y$ ज्ञात करने होंगे।

दिए गए समीकरण का x के सापेक्ष आंशिक अवकलज ज्ञात करने पर हम प्राप्त करते हैं—

$$f_x = \frac{\partial z}{\partial x} = 6x^2 + 4y = 2(3x^2 + 2y) \qquad ...(i)$$

दिए गए समीकरण का y के सापेक्ष आंशिक अवकलज ज्ञात करने पर हम प्राप्त करते हैं—

$$f_y = \frac{\partial z}{\partial y} = 4x - 2y = 2(2x - y) \qquad ...(ii)$$

अब

$dz = f_x dx + f_y dy$

$dz = 2(3x^2 + 2y) dx + 2(2x - y) dy$

है।

**चरण 2 :** $d^2h$ ज्ञात करने के लिए, पहले हमें द्वितीय कोटि आंशिक अवकलज $f_{xx}, f_{xy}$ और $f_{yy}$ ज्ञात करने होंगे। $f_{xx}$ प्राप्त करने के लिए हम समीकरण (i) का x के सापेक्ष आंशिक अवकलज ज्ञात करते हैं। ऐसा करने पर हमें प्राप्त होता है—

$$f_{xx} = \frac{\partial^2 z}{\partial x^2} = \frac{\partial}{\partial x}[2(3x^2 + 2y)] = 2 * 6x = 12x$$

$f_{yy}$ प्राप्त करने के लिए हम समीकरण (ii) का y के सापेक्ष आंशिक अवकलज ज्ञात करते हैं और पाते हैं कि $f_{yy} = \dfrac{\partial^2 z}{\partial y^2} = \dfrac{\partial}{\partial y}[2(2x + y)] - 2$

$f_{xy}$ प्राप्त करने के लिए हम समीकरण (ii) का x के सापेक्ष आंशिक अवकलज करने पर प्राप्त करते हैं—

$$f_{xy} = \frac{\partial^2 z}{\partial x \partial y} = \frac{\partial}{\partial x}[2(2x - y)] = 4$$

अब—

$$d^2z = f_{xx}(dx)^2 + 2f_{xy}dxdy + f_{yy}(dy)^2$$

होता है। इस समीकरण में $f_{xx}, f_{xy}$ और $f_{yy}$ का मान रखने पर हम प्राप्त करते हैं—

$$d^2z = 12x(dx)^2 + 2*4dxdy - 2(dy)^2$$
$$d^2z = 12x(dx)^2 + 8dxdy - 2(dy)^2$$

अतः दिए हुए प्रश्न का हल है—

$$dz = 2(3x^2 + 2y)dx + 2(2x - y)dy$$
$$d^2z = 12x(dx)^2 + 8dxdy - 2(dy)^2$$

**प्रश्न 4.** नीचे दिए फलन के लिए चरम मान ज्ञात कीजिए तथा निर्धारित कीजिए कि यह एक उच्चतम है अथवा निम्नतम—

$$z = -x^2 + xy - y^2 + 2x + y$$

**उत्तर—** किसी बिंदु $(x_0, y_0)$ के एक चरम बिंदु होने के लिए, यह अनिवार्य है कि यह बिंदु प्रथम कोटि प्रतिबंधों को संतुष्ट करें।

प्रथम कोटि प्रतिबंध हैं— $f_x = f_y = 0$ or $\partial z/\partial x = \partial z/\partial y = 0$

समीकरण $z = -x^2 + xy - y^2 + 2x + y$ का x के सापेक्ष आंशिक अवकलज ज्ञात करने पर हमें प्राप्त होता है—

$$f_x = \frac{\partial z}{\partial x} = -2x + y + 2 \quad \ldots(i)$$

समीकरण $z = -x^2 + xy - y^2 + 2x + y$ का y के सापेक्ष आंशिक अवकलज ज्ञात करने पर हमें प्राप्त होता है—

$$f_y = \frac{\partial z}{\partial y} = x - 2y + 1 \quad \ldots(ii)$$

अब हम प्रथम कोटि प्रतिबंधों का प्रयोग करते हुए, समीकरणों (i) और (ii) को शून्य के बराबर रखते हैं तथा चरम बिंदु ज्ञात करने के लिए इन्हें x और y के लिए करते हैं। अतः

$-2x + y + 2 = 0$ ...(iii)

$x - 2y + 1 = 0$ ...(iv)

समीकरण (iv) को 2 से गुणा करने पर हम प्राप्त करते हैं–

$2x - 4y + 2 = 0$ ...(v)

समीकरण (iii) और समीकरण (v) का योग करने पर हम प्राप्त करते हैं–

$-2x + y + 2 + 2x - 4y + 2 = 0$

$-3y + 4 = 0$

$y = 4/3$

समीकरण (iv) में $y = 4/3$ का मान रखने पर हम $x$ का मान प्राप्त कर सकते हैं–

$x - 8/3 + 1 = 0$

$x = 11/3$

अतः $x = 8/3$ तथा $y = 4/3$ अभीष्टतम के लिए प्रथम कोटि अनिवार्य प्रतिबंध को संतुष्ट करते हैं। यह तय करने के लिए कि इस बिंदु पर द्वितीय कोटि प्रतिबंध संतुष्ट होते हैं अथवा नहीं तथा यह जानने के लिए यह बिंदु एक उच्चतम बिंदु है अथवा न्यूनतम, हमें द्वितीय कोटि आंशिक अवकलज, $f_{xx}, f_{xy}$ और $f_{yy}$ ज्ञात करने की आवश्यकता पड़ेगी।

समीकरण (i) का $x$ के सापेक्ष आंशिक अवकलज ज्ञात करने पर हमें प्राप्त होता है–

$$f_{xx} = \frac{\partial^2 z}{\partial x^2} = -2 < 0 \quad ...(vi)$$

समीकरण (ii) का $y$ के सापेक्ष आंशिक अवकलज ज्ञात करने पर हमें प्राप्त होता है–

$$f_{yy} = \frac{\partial^2 z}{\partial y^2} = -2 < 0 \quad ...(vii)$$

समीकरण (ii) का $x$ के सापेक्ष आंशिक अवकलज ज्ञात करने पर हमें प्राप्त होता है–

$$f_{xy} = \frac{\partial^2 z}{\partial x \partial y} = 1$$

अब इन मानों का प्रयोग करके हम पाते हैं कि–

$f_{xx} f_{yy} = -2 * -2 = 4; f_{xy}^2 = 1 * 1 = 1$ है, अर्थात् $f_{xx} f_{yy} > f_{xy}^2$ है। ...(viii)

समीकरणों (vi), (vii) और (viii) से हमें प्राप्त होता है कि बिंदु $x = 8/3$ तथा $y = 4/3$ पर द्वितीय कोटि प्रतिबंध संतुष्ट होते हैं तथा यह एक उच्चतम बिंदु है। इस बिंदु के संगत $z$ का अधिकतम मान (जो कि फलन का सापेक्ष अधिकतम है) $x$ और $y$ के इन चरम मानों को समीकरण $z = -x^2 + xy - y^2 + 2x + y$ में दिए गए उद्देश्य फलन में प्रतिस्थापित करके ज्ञात किया जा सकता है। यहाँ हम पाते हैं कि $z = -17/9$ है।

अतः हम पाते हैं कि $x = 8/3$, $y = 4/3$ और $z = -17/9$ एक स्थानीय उच्चतम है।

**प्रश्न 5.** द्विघातीय समघात समीकरण $Q = x_1^2 + x_2^2 - 2x_1x_2$ पर विचार कीजिए। इसे आव्यूह के रूप में लिखिए।

**उत्तर—** $Q = x_1^2 + x_2^2 - 2x_1x_2$ ...(i)

$Q$ के पदों को पुनर्व्यवस्थित करने पर समीकरण (i) को इस प्रकार लिखा जा सकता है—

$Q = x_1^2 - x_1x_2$
$\quad -x_1x_2 + x_2^2$

इस स्थिति में $a_8 = 1$, $a_{12} = a_{21} = -1$ तथा $a_{22} = 1$ है।

अतः, $A = \begin{bmatrix} 1 & -1 \\ -1 & 1 \end{bmatrix}_{2 \times 2}$ और $X = \begin{bmatrix} x_1 \\ x_2 \end{bmatrix}_{2 \times 1}$ है।

परिणामस्वरूप $Q = X' \begin{bmatrix} 1 & -1 \\ -1 & 1 \end{bmatrix} X$

**प्रश्न 6.** निश्चित कीजिए कि $Q = x_1^2 + x_2^2$ धनात्मक निश्चित है अथवा ऋणात्मक निश्चित।

**उत्तर—** $Q = x_1^2 + 0 \times x_1x_2$
$+ 0 \times x_1x_2 + x_2^2$

अतः, $A = \begin{bmatrix} 1 & 0 \\ 0 & 1 \end{bmatrix}_{2 \times 2}$ और $X = \begin{bmatrix} x_1 \\ x_2 \end{bmatrix}_{2 \times 1}$ है।

इसलिए, $|A_{11}| = 1 > 0$ और $|A_{22}| = \begin{vmatrix} 1 & 0 \\ 0 & 1 \end{vmatrix} = 1 - 0 = 1 > 0$ है।

अतः हम पाते हैं कि $Q$ धनात्मक निश्चित है।

**प्रश्न 7.** निर्धारित कीजिए कि $Q = x_1^2 + 6x_2^2 + 3x_3^2 - 2x_1x_2 - 2x_1x_2 - 4x_2x_3$ धनात्मक निश्चित है अथवा ऋणात्मक निश्चित है।

**उत्तर—** इस समीकरण को हम इस प्रकार लिख सकते हैं—

$Q = x_1^2 - x_1x_2 + 0 \times x_1x_3$

$-x_1x_2 + 6x_2^2 - 2x_2x_3$
$+ 0 \times x_1x_3 - 2x_2x_3 + 3x_3^2$

इस स्थिति में $a_8 = 1, a_{22} = 6, a_{33} = 3, a_{13} = a_{31} = 0, a_{12} = a_{21} = -1, a_{23} = a_{32} = -2$
अतः

$$A = \begin{bmatrix} 1 & -1 & 0 \\ -1 & 6 & -2 \\ 0 & -2 & 3 \end{bmatrix}_{3 \times 3}$$

$|A|$ के प्रमुख उपसारणिक इस प्रकार हैं—

$|A_{11}| = 1 > 0$

$|A_{22}| = \begin{vmatrix} 1 & -1 \\ -1 & 6 \end{vmatrix} = 6 - 1 = 5 > 0$

$|A_{33}| = \begin{vmatrix} 1 & -1 & 0 \\ -1 & 6 & -2 \\ 0 & -2 & 3 \end{vmatrix} = 1(18 - 4) + 1(-3) + 0(2 - 0) = 11 > 0$

इसलिए, दी हुई द्विघातीय समघात धनात्मक निश्चित है।

**प्रश्न 8.** फलन $z = -x_1^3 + 3x_1x_3 + 2x_2 - x_2^2 - 3x_3^2$ के चरम मान ज्ञात कीजिए।

**उत्तर**— प्रथम कोटि प्रतिबंध के लिए, हमें समीकरण $z = -x_1^3 + 3x_1x_3 + 2x_2 - x_2^2 - 3x_3^2$ के $x_1, x_2$ और $x_3$ के सापेक्ष आंशिक अवकलज ज्ञात करने होंगे और उन्हें शून्य के बराबर रखकर हल करना होगा।

$\dfrac{\partial z}{\partial x_1} = -3x_1^2 + 3x_3 = 0$

$\dfrac{\partial z}{\partial x_2} = 2 - 2x_2 = 0$

$\dfrac{\partial z}{\partial x_3} = 3x_1 - 6x_3 = 0$

इन समीकरणों को हल करने पर हमें निम्नलिखित हल प्राप्त होता है—

$(x_1^*, x_2^*, x_3^*) = \begin{cases} (0, 1, 0) \text{ implying } z^* = 1 \\ (\tfrac{1}{2}, 1, \tfrac{1}{4}) \text{ implying } z^* = \tfrac{17}{16} \end{cases}$

द्वितीय कोटि आंशिक अवकलजों को निम्नलिखित सारणिक के रूप में पुनर्व्यवस्थित किया जा सकता है—

$$|A| = \begin{vmatrix} -6x_1 & 0 & 3 \\ 0 & -2 & 0 \\ 3 & 0 & -6 \end{vmatrix}$$

$|A|$ के प्रमुख उपसारणिक हैं।

$|A_{11}| = |-6x_1|; |A_{22}| = \begin{vmatrix} -2 & 0 \\ 0 & -6 \end{vmatrix}$ और $|A_{33}| = |A|$

$x_1 = 0$ पर $|A_{11}| = 0$ है जो कि ऊपर दी द्वितीय कोटि शर्त को संतुष्ट नहीं करता। अत: (0, 1, 0) एक चरम बिंदु नहीं हो सकता।

$x_1 = 1/2$ पर $|A_{11}| = -3; |A_{22}| = 12$ तथा $|A_{33}| = -18$ है। ये उपसारणिकों के चिह्न एकांतरत: d– और + हैं। अत: $z^* = 17/16$ एक उच्चतम है।

**प्रश्न 9.** नीचे दिए फलन का चरम मान ज्ञात कीजिए—

$z = 29 - (x_1^2 + x_2^2 + x_3^2)$

**उत्तर—** प्रथम कोटि प्रतिबंध के अनुसार, चरम बिंदु के लिए नीचे दिए, प्रथम कोटि आंशिक अवकलजों पर आधारित, तीनों समीकरण एक साथ संतुष्ट हों—

$f_1 = \dfrac{\partial z}{\partial x_1} = -2x_1 = 0$

$f_2 = \dfrac{\partial z}{\partial x_2} = -2x_2 = 0$

$f_3 = \dfrac{\partial z}{\partial x_3} = -2x_3 = 0$

इन समीकरणों को हल करने पर हमें एक अद्वितीय हल $x_1^* = x_2^* = x_3^* = 0$ प्राप्त होता है। इसका अर्थ है कि z का केवल एक स्तब्ध मान है जो कि $z^* = 29$ है।

यह जानने के लिए कि क्या यह मान स्थानीय चरम मान है, हम जाँच करते हैं कि क्या यहाँ द्वितीय कोटि प्रतिबंध संतुष्ट होता है। इस फलन के लिए हैसियन सारणिक (Hessian determinant) है—

$$|A| = \begin{vmatrix} f_{11} & f_{12} & f_{13} \\ f_{12} & f_{22} & f_{23} \\ f_{13} & f_{23} & f_{33} \end{vmatrix} = \begin{vmatrix} -2 & 0 & 0 \\ 0 & -2 & 0 \\ 0 & 0 & -2 \end{vmatrix}$$

बहुचर अभीष्टीकरण

द्वितीय कोटि प्रतिबंध की जाँच के लिए, हमें इसके प्रमुख उपसारणिकों के चिह्न देखने होंगे।

ध्यान दें कि यहाँ

$$|H_{11}| = -2 < 0, |H_{22}| = \begin{vmatrix} -2 & 0 \\ 0 & -2 \end{vmatrix} = 4 > 0 \text{ और } |H_{33}| = \begin{vmatrix} -2 & 0 & 0 \\ 0 & -2 & 0 \\ 0 & 0 & -2 \end{vmatrix} = -8 < 0 \text{ है।}$$

चूँकि पहले उपसारणिक का चिह्न '–' दूसरे का '+' तथा तीसरे का पुनः '–' है, हम यह निष्कर्ष निकाल सकते हैं कि $z^* = 29$ एक उच्चतम है।

**प्रश्न 10.** यदि $x + 2y = 24$ है तो $5x^2 + 6y^2 - xy$ का अधिकतमीकरण कीजिए।

**उत्तर—** दिया हुआ उद्देश्य फलन है— $5x^2 + 6y^2 - xy$

प्रतिबंध फलन है—

$x + 2y = 24 \Rightarrow 24 - x - 2y = 0$

मान लीजिए $v = OF + \lambda CF = 5x^2 + 6y^2 - xy + \lambda(24 - x - 2y = 0)$ है।

अर्थात् $v = 5x^2 + 6y^2 - xy + 24\lambda - \lambda x - 2\lambda y$

$v_x = 10x + 0 - y + 0 - \lambda - 0 = 0$ अथवा $10x - y = \lambda$ ...(i)

$v_y = 0 + 12y - x + 0 - 0 - 2\lambda = 0$ अथवा $12y - x = 2\lambda$ ...(ii)

$\Rightarrow 20x - 2y = 12y - x \qquad x = \dfrac{2}{3}y$ ...(iii)

क्योंकि हमें $x$ और $y$ के मान स्पष्ट रूप से प्राप्त नहीं हैं अतः हम देखते हैं कि

$v_\lambda = 2u - x - 2y = 0$ ...(iv)

समीकरण (i) और (ii) से हम पाते हैं कि

$24 - \dfrac{2}{3}y - 2y = 0$ अथवा $\left(\dfrac{2}{3} + 2\right)y = 24$ अथवा $y = 9$

अतः $x = \dfrac{2}{3} \times 9 = 6$ है।

अतः दी हुई प्रतिबंधित अधिकतमीकरण $x = 6$ और $y = 9$ से प्राप्त होता है।

**प्रश्न 11.** एक उपभोक्ता का उपयोगिता फलन $u = (y+1)(x+2)$ है। यदि उसका बजट प्रतिबंध $2x + 5y = 51$ है, तो उसी $x$ और $y$ की कितनी-कितनी मात्रा का उपयोग करना चाहिए कि उसकी संतुष्टि/उपयोगिता अधिकतम हो जाए।

**उत्तर—** दिया हुआ उद्देश्य फलन है— $u = (y+1)(x+2) = xy + x + 2y + 2$

प्रतिबंध फलन है— CF : $51 - 2x - 5y = 0$

माना : उद्देश्य फलन + $\lambda$ (प्रतिबंध फलन)

जहाँ $\lambda$ लैगरांजियन गुणक है।

अर्थात् $v = xy + x + 2y + 2 + \lambda(51 - 2x - 5y) = xy + x + 2y + 2 + 51\lambda - 2\lambda x - 5\lambda y$

$v_x = y + 1 - 2\lambda - 0 = 0$ अथवा $\lambda = \dfrac{y}{2} + \dfrac{1}{2}$ ...(i)

$v_y = x + 0 + 2 + 0 + 0 - 0 - 5\lambda = 0$ और $\lambda = \dfrac{x}{5} + \dfrac{2}{5}$ ...(ii)

समीकरण $20x - 2y = 12y - x$ $x = \dfrac{2}{3}y$ और $v_\lambda = 2u - x - 2y = 0$ से हम प्राप्त करते हैं कि $\dfrac{y}{2} + \dfrac{1}{2} = \dfrac{x}{5} + \dfrac{2}{5}$ or $\dfrac{y+1}{2} = \dfrac{x+2}{5}$

$5y + 5 = 2x + 4$ or $x = \dfrac{5y+1}{2}$ ...(iii)

चूँकि कोई भी स्पष्ट हल प्राप्त नहीं हो रहा, अतः, हम $v_\lambda$ ज्ञात करते हैं—

$v_\lambda = 51 - 2x - 5y = 0$ ...(iv)

समीकरण (i) और (ii) से हम प्राप्त करते हैं कि

$\dfrac{51 - x(5y+1)}{2} - 5y = 0$ अथवा $51 - 5y - 1 - 5y = 0$ अथवा $10y = 50, y = 5$

$x = \dfrac{5y+1}{2} = \dfrac{5 \times 5 + 1}{2} = \dfrac{26}{2} = 13$

अतः, हल $x = 13, y = 5$ है, अर्थात् उपभोक्ता $x$ की 13 इकाइयों तथा $y$ की 5 इकाइयों का उपभोग करेगा।

**प्रश्न 12.** लैगरांजियन गुणक विधि के प्रयोग से दो वस्तुओं का $x$ और $y$ का संतुलन उपभोग ज्ञात कीजिए। जबकि हमें निम्नलिखित सूचना उपलब्ध है—

उपभोक्ता का उपयोगिता फलन $u = xy + 2x$ है। वस्तु $x$ की कीमत = ₹4, वस्तु $y$ की कीमत = ₹2 तथा उपभोक्ता की आमदनी = ₹60 है।

**उत्तर—** हम पहले प्रतिबंध फलन ज्ञात करते हैं। इसे इस प्रकार ज्ञात किया जा सकता है—

$xp_x + yp_y = M$       अथवा $4x + 2y = 60$ अथवा $60 - 4x - 2y = 0$

हमें उद्देश्य फलन $4 = xy + 2x$ दिया है।

लैगरांजियन गुणक के प्रयोग से, हम पाते हैं कि v: उद्देश्य फल $+\lambda$ (प्रतिबंध फलन) का मान होगा—

$v = xy + 2x + \lambda(60 - 40x - 2y) = xy + 2x + 60\lambda - 4\lambda x - 2\lambda y$

$v_x = y + 2 + 0 - 4\lambda - 0 = 0$ or $2\lambda = x$ or $\lambda = \dfrac{1}{2}x$ ...(i)

$v_y = x + 0 + 0 - 0 - 2\lambda = 0$ or $2\lambda = x$ or $\lambda = \dfrac{1}{2}x$ ...(ii)

समीकरण $5y + 5 = 2x + 4$ or $x = \dfrac{5y+1}{2}$ और $v_\lambda = 51 - 2x - 5y = 0$ से हम पाते हैं कि

$\dfrac{1}{2}x = \dfrac{y}{4} + \dfrac{1}{2}$ or $x = \dfrac{y}{2} + 1$ ...(iii)

क्योंकि हमें कोई स्पष्ट हल प्राप्त नहीं हुआ, अतः हम $v_\lambda$ का मान ज्ञात करते हैं—

$v_\lambda = 60 - 4x - 2y = 0$ ...(iv)

समीकरण (i) और (ii) से हम पाते हैं कि $60 - 4\left(\dfrac{y}{2} + 1\right) - 2y = 0$

अथवा $y = \dfrac{56}{4} = 14$

तथा $x = \dfrac{y}{2} + 1 = \dfrac{14}{2} + 1 = 8$

अतः इस प्रश्न का हल है कि $x = 8, y = 14$ है। उपभोक्ता संतुलन में होगा। (अर्थात् उसे अधिकतम संतुष्टि प्राप्त होगी जब वह वस्तु x की 8 इकाइयाँ और y की 14 इकाइयाँ खरीदता है।

**प्रश्न 13.** यदि $u = 3x^3 + 2y^2 + y^2$ है तो $du$ ज्ञात कीजिए।

**उत्तर—** संपूर्ण अवकल $du$ दिया है—

$du = f_x d_x + f_y d_y = 9x^2 d_x + (uy + 3y^2)d_y$

$= 9x^2 d_x + y(u + 3y)d_y$

**प्रश्न 14.** नीचे दिए फलनों के लिए y का संपूर्ण अवकल ज्ञात कीजिए।

(a) $u = \dfrac{x^2 - y^2}{x^2 + y^2}$

(b) $w = e^{x^2 - y^2}$

(c) $u = \log(x^2 + y^2)$

**उत्तर—** (a) $u = \dfrac{x^2 - y^2}{x^2 + y^2}$ दिया है। भागफलन नियम द्वारा हम प्राप्त करते हैं—

$$\dfrac{z(f_x d_x + f_y d_z) - w(g_u d_u + f_y d_y)}{z^2}$$

$$= \dfrac{(x^2 + y^2)d(x^2 - y^2) - (x^2 - y^2)d(x^2 + y^2)}{(x^2 + y^2)}$$

$$= \dfrac{(x^2 + y^2)(2xdx - 2ydy) - (x^2 - y^2)(2xdx + 2ydy)}{(x^2 + y^2)^2}$$

$$= \dfrac{4xy^2 dx - 4x^2 y dy}{(x^2 + y^2)^2}$$

(b) यहाँ $w = e^{x^2 - y^2}$ है।

$u = x^2 - y^2$ लेने पर $w = e^u$ तथा $dw = e^u du$ ...(i)

प्राप्त होता है।

साथ ही $du = d(x^2) - d(y^2) = 2xdx - 2ydy$ ...(ii)

समीकरण $\dfrac{1}{2}x = \dfrac{y}{4} + \dfrac{1}{2}$ or $x = \dfrac{y}{2} + 1$ और $v_\lambda = 60 - 4x - 2y = 0$ से हम पाते हैं—

$dw = e^{x^2 - y^2} \cdot (2xdx = 2ydy) = 2xe^{x^2 - y^2} dx - 2ye^{x^2 - y^2} dy$

(c) $u = \log(x^2 + y^2)$

इस प्रश्न को हम निम्नलिखित सूत्र द्वारा हल करते हैं—

$$du = f_x d_x + f_y d_y = \dfrac{1 \times xx}{(x^2 + y^2)} dx + \dfrac{1 \times 2y}{(x^2 + y^2)} dy$$

$$= \dfrac{2x}{x^2 + y^2} dx + \dfrac{2y}{(x^2 + y^2)} dy = \dfrac{2xdx + 2ydy}{(x^2 + y^2)} = \dfrac{2(xdu + ydy)}{(x^2 + y^2)}$$

**प्रश्न 15. $q - D(p, y) - 0$, माँग फलन**

**$q - S(p) = 0$, आपूर्ति फलन**

**दोनों समीकरणों को एक साथ हल करते हुए y के किसी भी दिए हुए मान के लिए, p और q के संतुलन मान ज्ञात कीजिए।**

**उत्तर**— माना दिए हुए समीकरण हैं—

$q = a + bp + \alpha y$, माँग फलन ...(i)

$q = c + dp$ आपूर्ति फलन ...(ii)

अब $q - bp = a + \alpha y$

$q - dp = c$

$$\therefore q = \frac{\begin{vmatrix} a+\alpha y & -b \\ c & -d \end{vmatrix}}{\begin{vmatrix} 1 & -b \\ 1 & -d \end{vmatrix}} = \frac{ad - \alpha yd + bc}{b-d}$$

$$= \frac{bc - ad}{b-d} - \frac{\alpha d}{b-d} y$$

$$= \frac{ad - bc}{d-b} + \frac{\alpha d}{d-b} y$$

Also, $$p = \frac{\begin{vmatrix} 1 & a+\alpha y \\ 1 & c \end{vmatrix}}{\begin{vmatrix} 1 & -b \\ 1 & -d \end{vmatrix}}$$

$$= \frac{c - a - \alpha y}{b-d} = \frac{c-d}{b-d} - \frac{\alpha}{b-d} y$$

$$= \frac{a-c}{d-b} + \frac{\alpha}{d-b} y$$

अतः, इन समीकरणों का हल है— $p = \frac{a-c}{d-b} + \frac{\alpha}{d-b} y; q = \frac{ad-bc}{d-b} + \frac{\alpha d}{d-b} y.$

अब $\frac{dp}{dy} = \frac{\alpha}{d-b}$ है : d, आपूर्ति वक्र की ढाल है जो कि सामान्यतः धनात्मक होती है; b माँग वक्र की ढाल है, इसलिए ऋणात्मक होगी। अतः, $d - b > 0$ होगा। यदि $\alpha$ धनात्मक हो (अर्थात् आय की माँग लोच धनात्मक हो), तो हम पाते हैं कि कीमत का उच्च संतुलन मान आय के उच्च मान से संबद्ध होता है।

□□

प्रश्न पत्र

## अर्थशास्त्र में गणितीय विधियाँ–II: बी.ई.सी.सी.–104

## सैम्पल पेपर-I

*नोटः प्रत्येक भाग से निर्देशानुसार प्रश्नों के उत्तर लिखें।*

### भाग–क

दीर्घ उत्तर प्रश्नः इस भाग से कोई दो प्रश्न करें।

**प्रश्न 1. नीचे दिए फलन का चरम मान ज्ञात कीजिए–**

$$z = 29 - (x_1^2 + x_2^2 + x_3^2)$$

**उत्तर**– देखें अध्याय–4, प्र.सं.–9

**प्रश्न 2. (a) एक उपभोक्ता का उपयोगिता फलन $u = (y+1)(x+2)$ है। यदि उसका बजट प्रतिबंध $2x + 5y = 51$ है, तो उसी x और y की कितनी–कितनी मात्रा का उपयोग करना चाहिए कि उसकी संतुष्टि/उपयोगिता अधिकतम हो जाए।**

**उत्तर**– देखें अध्याय–4, प्र.सं.–11

**(b) यदि आगत गुणांक है आव्यूह $A = \begin{bmatrix} 0.2 & 0.3 & 0.2 \\ 0.4 & 0.1 & 0.2 \\ 0.1 & 0.3 & 0.2 \end{bmatrix}$ और अंतिम माँग वेक्टर $\begin{bmatrix} 3 & 0 \\ 1 & 5 \\ 1 & 0 \end{bmatrix}$.**

**(a) तीन उद्योगों के समाधान उत्पादन स्तरों का पता लगाइए।**

**(b) जाँच कीजिए कि क्या सिस्टम हॉकिन्स–साइमन शर्त को संतुष्ट करता है?**

**उत्तर**– देखें अध्याय–3, प्र.सं.–34

प्रश्न 3. (a) फलन $f(x,y) = x^3y + y^4$ का आंशिक अवकलन कीजिए।
उत्तर– देखें अध्याय–1, प्र.सं.–1

(b) $z = f(w, v) = (w + 4)(3w + 2v)$ का अवकलन करें।
उत्तर– देखें अध्याय–1, प्र.सं.–3

प्रश्न 4. अवकल समीकरण $x\sqrt{1+y^2}dx = y\sqrt{1+x^2}dx$ का हल ज्ञात कीजिए।
उत्तर– देखें अध्याय–2, प्र.सं.–2

## भाग–ख

इस भाग से कोई 4 प्रश्न हल करें।

प्रश्न 5. बहुचर फलन की व्याख्या कीजिए।
उत्तर– देखें अध्याय–1, भाग–1.1

प्रश्न 6. मान लीजिए हमें माँग फलन $x_1 = p_1^{-1.5} p_2^{.4}$ तथा $x_2 = p_1^{.6} p_2^{-.7}$ दिए हैं। प्रत्यक्ष आंशिक लोच के साथ अप्रत्यक्ष आंशिक लोच दोनों प्रकार की माँग की लोच ज्ञात कीजिए। ($x_1$ और $x_2$ की माँग हैं $p_1$, $p_2$ की कीमत हैं $X_1$ और $X_2$ क्रमशः)
उत्तर– देखें अध्याय–1, प्र.सं.–10

प्रश्न 7. एक उपयुक्त उदाहरण द्वारा मार्कोव प्रक्रिया समझाएँ।
उत्तर– देखें अध्याय–3, भाग–3.19

प्रश्न 8. क्रेमर का नियम स्पष्ट करें।
उत्तर– देखें अध्याय–3, भाग–3.12

प्रश्न 9. द्विघातीय समघात की संक्षेप में विवेचना कीजिए।
उत्तर– देखें अध्याय–4, भाग–4.3

प्रश्न 10. यह मानते हुए कि किसी उत्पादक के उच्चतम लाभ के लिए, उत्पाद की मात्रा (Q) और विज्ञान व्यय (A) के मान द्वितीय कोटि प्रतिबंध को संतुष्ट करते हैं। जबकि उत्पादक का लाभ फलन (II) है–

$\Pi = 400 - 3Q^2 - 4Q + 2QA - 5A^2 + 48A$

Q तथा A का मान ज्ञात कीजिए।

उत्तर— देखें अध्याय—4 प्र.सं.—1

### भाग—ग

इस भाग के सभी प्रश्न हल करें।

**प्रश्न 11.** किन्हीं दो की व्याख्या करें—

**(a)** शैफर्ड का उपप्रमेय

उत्तर— देखें अध्याय—4, भाग—4.15

**(b)** अवकल समीकरण

उत्तर— देखें अध्याय—2, भाग—2.1

**(c)** उपभोक्ता माँग

उत्तर— देखें अध्याय—2, भाग—2.5

**प्रश्न 12.** हल करें—

**(a)** $(D^2 - 5D + 6) y = 0$

उत्तर— देखें अध्याय—2, प्र.सं.—9

**(b)** $(D^2 + 4D + 4) y = 0$

उत्तर— देखें अध्याय—2, प्र.सं.—10

---

जीवन के माधुर्य का रस लेने के लिए हमें बीती बातों को भुला देने की शक्ति अवश्य धारण करनी है।

अर्थशास्त्र में गणितीय विधियाँ–II: बी.ई.सी.सी.–104
सैम्पल पेपर-II

नोट: प्रत्येक भाग से निर्देशानुसार प्रश्नों के उत्तर लिखें।

### भाग–क

दीर्घ उत्तर प्रश्न: इस भाग से कोई दो प्रश्न करें।

प्रश्न 1. फलन $z = -x_1^3 + 3x_1x_3 + 2x_2 - x_2^2 - 3x_3^2$ के चरम मान ज्ञात कीजिए।
उत्तर– देखें अध्याय–4, प्र.सं.–8

प्रश्न 2. (a) निश्चित कीजिए कि $Q = x_1^2 + x_2^2$ धनात्मक निश्चित है अथवा ऋणात्मक निश्चित।
उत्तर– देखें अध्याय–4, प्र.सं.–6

(b) यदि $z = 2x^3 + 4xy - y^2$ दिया है, तो $dz$ और $d^2z$ ज्ञात कीजिए।
उत्तर– देखें अध्याय–4, प्र.सं.–3

प्रश्न 3. (a) फलन $z = f(x_1, x_2) = 4x_1^2 + x_1x_2 + 3x_2^2$ का अवकलन कीजिए।
उत्तर– देखें अध्याय–1, प्र.सं.–2

(b) अवकल $du$ ज्ञात करें जब $u = 3x^3 + 2y^2 + y^3$
उत्तर– देखें अध्याय–1, प्र.सं.–4

प्रश्न 4. माँग फलन $x = x(p)$ ज्ञात कीजिए यदि यह दिया हो कि $\frac{pdx}{xdp} = -1$ है। साथ ही $x$ का मान ज्ञात कीजिए यदि यह दिया हो कि जब $p = 1$ है तो $x$ का मान 5 है।

उत्तर— देखें अध्याय–2, प्र.सं.–3

### भाग–ख

इस भाग से कोई 4 प्रश्न हल करें।

**प्रश्न 5.** संपूर्ण अवकल तथा संपूर्ण अवकलज से आप क्या समझते हैं?
उत्तर— देखें अध्याय–1, भाग–1.3

**प्रश्न 6.** मान लीजिए u = (x + 7) (y + 2) एक उपयोगिता फलन है। दो वस्तुओं x और y के सापेक्ष सीमांत उपयोगिताएँ ज्ञात कीजिए यदि यह दिया है कि x की 5 और y की 3 इकाइयों का उपभोग किया गया है।
उत्तर— देखें अध्याय–1, प्र.सं.–13

**प्रश्न 7.** आव्यूहों के विभिन्न प्रकारों की विवेचना कीजिए।
उत्तर— देखें अध्याय–3, भाग–3.8

**प्रश्न 8.** आव्यूहों के व्यवकलन तथा गुणन को उदाहरण सहित समझाइए।
उत्तर— देखें अध्याय–3, भाग–3.9

**प्रश्न 9.** 'मूल्य विभेदक एकाधिकारी' पर टिप्पणी लिखिए।
उत्तर— देखें अध्याय–4, भाग–4.7

**प्रश्न 10.** नीचे दिए फलन के लिए चरम मान ज्ञात कीजिए तथा निर्धारित कीजिए कि यह एक उच्चतम है अथवा निम्नतम—

$z = -x^2 + xy - y^2 + 2x + y$

उत्तर— देखें अध्याय–4 प्र.सं.–4

### भाग–ग

इस भाग के सभी प्रश्न हल करें।

**प्रश्न 11.** किन्हीं दो की व्याख्या करें—
(a) द्वैत समस्या

उत्तर— देखें अध्याय–4, भाग–4.14

**(b) हैरो–दोमा–एक त्रिज्य निदर्शन**
उत्तर— देखें अध्याय–2, भाग–2.3

**(c) मक्कड़ जाल प्रतिमान**
उत्तर— देखें अध्याय–2, भाग–2.3

**प्रश्न 12. हल करें—**

(a) $\dfrac{dy}{dx} + xy = x^3$.

उत्तर— देखें अध्याय–2, प्र.सं.–5

(b) $\dfrac{dy}{dx} + xy = x^3 y^3$

उत्तर— देखें अध्याय–2, प्र.सं.–6

---

आप जितना कम बोलेंगे, दूसरे व्यक्ति उतना ही अधिक ध्यान से सुनेंगे।

# अर्थशास्त्र में गणितीय विधियाँ–II: बी.ई.सी.सी.–104

## गेस पेपर-I

---

*नोटः प्रत्येक भाग से निर्देशानुसार प्रश्नों के उत्तर लिखें।*

---

### भाग–क

इस भाग से कोई दो प्रश्न हल करें।

प्रश्न 1. उपयोगिता फलन इस प्रकार है : $u = (x+2)(y+1)$ जहाँ x और y दो वस्तुओं की उपयुक्त मात्राएँ हैं। x की कीमत $P_x = 4$ और y की कीमत $P_y = 6$ और उपभोक्ता की आय $m = 130$.

(a) x तथा y की इष्टतम उपयोग मात्राएँ बताएँ।

(b) लैग्रेंजियन गुणक का इष्टतम मान बताएँ।

प्रश्न 2. (a) इस समीकरण को हल करें–

$$ydx + x(1 - x^2y^4)dy = 0.$$

(b) एक वस्तु की माँग x और आपूर्ति y की कीमत p का फलन माना गया है जो निम्नलिखित है।

$x = ap + b$

$y = cp + d.$

कीमत कुछ इस प्रकार परिवर्तित होती है कि आपूर्ति की तुलना में माँग अतिरेक में कमी हो जाती है तथा इसमें कमी होने की दर माँग अतिरेक का अनुपाती होता है तो दिखाइए कि : $\frac{dy}{dt}(x-y) = -k(x-y)$

जहाँ t समय और k एक स्थिरांक है।

प्रश्न 3. (a) इस द्यूत का विशुद्ध युक्ति नैश संतुलन आकलित करें।

**खिलाड़ी – 2**

$$
\begin{array}{ccc}
 & & \text{बाएँ} \quad\quad \text{दाहिने} \\
\text{खिलाड़ी} - 1 & \begin{array}{c}\text{ऊपर} \\ \text{नीचे}\end{array} & \begin{bmatrix} (0, 0) & (3, 1) \\ (1,3) & (2, 2) \end{bmatrix}
\end{array}
$$

पहले खिलाड़ी की युक्तियाँ ऊपर/नीचे और दूसरे की बाएँ/दाहिने है।

**(b)** इस द्यूत का मिश्रित युक्ति संतुलन ज्ञात करें–

**खिलाड़ी – 2**

$$
\begin{array}{ccc}
 & & \text{बाएँ} \quad\quad \text{दाहिने} \\
\text{खिलाड़ी} - 1 & \begin{array}{c}\text{ऊपर} \\ \text{नीचे}\end{array} & \begin{bmatrix} 1, -1) & (-1, 1) \\ (-1, 1) & (1, -1) \end{bmatrix}
\end{array}
$$

प्रश्न 4. एक द्वि उद्योगीय अर्थव्यवस्था है। पहला उद्योग एक रुपए योग्य वस्तु के उत्पाद के लिए 10 पैसे का अपना तथा उत्पाद 60 पैसे का दूसरे उद्योग के उत्पाद का प्रयोग करता है। दूसरा उद्योग अपने उत्पाद का प्रयोग नहीं करता किंतु पहले उद्योग के उत्पाद पर 50 पैसे खर्च कर एक रुपए योग्य वस्तु का उत्पादन करता है।

**(a)** इस अर्थव्यवस्था का आदान आव्यूह और आदान–उत्पाद आव्यूह समीकरण बनाएँ।

**(b)** क्रेमर के नियम का प्रयोग कर उत्पादन स्तरों का आकलन करें।

## भाग–ख

इस भाग से 4 प्रश्न हल करें।

प्रश्न 5. रॉय की सर्वसमिका समझाइए।

प्रश्न 6. संपूर्ण अवकल से आप क्या समझते हैं?

प्रश्न 7. उद्देश्य फलन और प्रतिबंध की संकल्पनाओं की व्याख्या कीजिए।

प्रश्न 8. पश्च प्ररोधन विधि द्वारा इस द्यूत का समाधान करें–

खिलाड़ी – 2

| | | बाएँ | दाहिने |
|---|---|---|---|
| खिलाड़ी – 1 | ऊपर | (2, 2) | (–1, –1) |
| | नीचे | (0,4) | (0, 4) |

प्रश्न 9. किसी प्रतिबंधित अभीष्टीकरण समस्या का हल प्राप्त करने के लिए प्रतिस्थापन विधि की रूपरेखा का वर्णन कीजिए।

प्रश्न 10. परिवेशित हेसियन क्या है?

## भाग–ग

सभी प्रश्न हल करें।

प्रश्न 11. किन्हीं दो की व्याख्या करें–

(a) प्रबल युक्ति

(b) सतत फलन/अविछिन्न फलन

(c) द्विघात फलन

प्रश्न 12. हल करें–

(a) $\lim_{x \to 4} \frac{x^2 - 16}{(x+4)^2}$

(b) समाकलन करें– $\int \frac{1}{2} x^2 dx$

दूसरों को खुशी देना सर्वोत्तम दान है।

# अर्थशास्त्र में गणितीय विधियाँ–II: बी.ई.सी.सी.–104

## गेस पेपर-II

*नोटः प्रत्येक भाग से निर्देशानुसार प्रश्नों के उत्तर लिखें।*

### भाग–क

इस भाग से कोई दो प्रश्नों के उत्तर दीजिए।

प्रश्न 1. (a) कोई द्वि–उत्पाद फर्म निम्नलिखित माँग और लागत फलनों का सामना करती हैं।

$q_1 = 40 - 2p_1 - p_2$, $q_2 = 35 - p_1 - p_2$, $C = q_1^2 + 2q_2^2 + 10$

(i) प्रथम–कोटि स्थितियों (शर्तों) को संतुष्ट करने वाले उत्पादन स्तरों का पता लगाइए।

(ii) उच्चिष्ठ मुनाफा क्या है?

(b) $Z = xy$, (अधिकतम मूल्य ज्ञात करें) बशर्ते कि $x + 2y = 2$.

प्रश्न 2. (a) यदि आगत (input) आव्यूह और अंतिम–माँग सदिश हो।

$$A = \begin{bmatrix} 0.05 & 0.25 & 0.34 \\ 0.33 & 0.10 & 0.12 \\ 0.19 & 0.30 & 0 \end{bmatrix} \quad D = \begin{bmatrix} 1800 \\ 200 \\ 900 \end{bmatrix}$$

(i) अवयवों 0.33, 0, और 200 के आर्थिक अर्थ का वर्णन कीजिए।

(ii) क्या ऊपर दिए गए आँकड़े हॉकिन्स–साइमन शर्त को संतुष्ट करते हैं?

(b) आव्यूहों के प्रयोग से माकोर्व प्रक्रमों को कैसे समझा जा सकता है? वर्णन कीजिए।

प्रश्न 3. कॉबवेब मॉडल के लिए माँग और आपूर्ति, निम्न प्रकार है। संतुलन कीमत का पता लगाइए और निर्धारण कीजिए कि क्या संतुलन स्थिर है या नहीं–

(a) $Q_{dt} = 18 - 3P_t$ $\qquad Q_{st} = -3 + 4P_{t-1}$

(b) $Q_{dt} = 19 - 6P_t$ $\qquad Q_{st} = 6P_{t-1} - 5$

प्रश्न 4. (a) निम्नलिखित गेम का विशुद्ध कार्यनीति नैश संतुलन ज्ञात कीजिए–

खिलाड़ी 2

| खिलाड़ी 1 | | बाएँ | दाएँ |
|---|---|---|---|
| | ऊपर | 5, 1 | 4, 4 |
| | नीचे | 9, – 1 | 0, 0 |

(b) निम्नलिखित गेम का मिश्रित कार्यनीति नैश संतुलन ज्ञात कीजिए–

खिलाड़ी 2

| खिलाड़ी 1 | | बाएँ | दाएँ |
|---|---|---|---|
| | ऊपर | –5, –5 | 25, 0 |
| | नीचे | 0, 15 | 10, 10 |

## भाग–ख

इस भाग से किन्हीं चार प्रश्नों के उत्तर दीजिए।

प्रश्न 5. शेफर्ड लेम्मा का निर्देशन कीजिए।

प्रश्न 6. प्रतिबंधित न्यूनतम के लिए द्वितीय कोटि पर्याप्त शर्तें बताइए।

प्रश्न 7. संक्षेप में बताइए कि उपभोक्ता संतुलन, लैगरांजियन गुणक विधि के प्रयोग द्वारा किस प्रकार प्राप्त किया जा सकता है।

प्रश्न 8. गैर–रैखिक प्रोग्रामन में कुहॅ–टक्कर (**Kuhn-Tucker**) शर्त का वर्णन कीजिए। गैर–रैखिक प्रोग्रामन किस आधार पर इष्टतमकारी (**optimisation**) की क्लासिकी विधियों का विस्तार है?

प्रश्न 9. रैखिक प्रोग्रामन समस्या की स्थापना कीजिए और इसके द्वैत (dual) को व्यक्त कीजिए। सिम्पलेक्स प्रसमुच्चय विधि को रेखांकित कीजिए।

प्रश्न 10. निम्नलिखित समीकरण को हल करने के लिए क्रेमर नियम का प्रयोग करें—

$4x + 3y - 2z = 1$
$x + 2y = 6$
$3x + z = 4$

भाग—ग

इस भाग के सभी प्रश्नों को हल कीजिए—

प्रश्न 11. किन्हीं दो का वर्णन कीजिए—

(a) पश्च आगमन

(b) सदिश (वेक्टर)

(c) अवकल समीकरण

प्रश्न 12. किन्हीं दो को हल कीजिए—

(a) यदि $A = \begin{bmatrix} 7 & -1 \\ 6 & 9 \end{bmatrix}$ $B = \begin{bmatrix} 8 & 3 \\ 6 & 1 \end{bmatrix}$ ज्ञात कीजिए $B - A$.

(b) यदि हो $q = \dfrac{(1 - V^2)}{(1 - V)}$ ज्ञात कीजिए $\lim\limits_{V \to L} q$.

(c) हल कीजिए $\int \dfrac{3dx}{x}$.

अर्थशास्त्र में गणितीय विधियाँ–II: बी.ई.सी.सी.–104
दिसम्बर, 2020

नोट: प्रत्येक भाग से निर्देशानुसार प्रश्नों के उत्तर लिखें।

### भाग–क

नोट: इस भाग से किन्हीं दो प्रश्नों के उत्तर दीजिए।

**प्रश्न 1.** (क) समझाइए कैसे आव्यूहों के उपयोग से मार्कोव प्रक्रिया को समझा जा सकता है।

(ख) आगत आव्यूह तथा अंतिम माँग सदिश दिए गए हैं:

$$A = \begin{bmatrix} 0.05 & 0.25 & 0.34 \\ 0.33 & 0.10 & 0.12 \\ 0.19 & 0.30 & 0 \end{bmatrix}$$

$$D = \begin{bmatrix} 1800 \\ 200 \\ 900 \end{bmatrix}$$

(i) अवयवों 0.34, 0.19 तथा 900 के आर्थिक अर्थ समझाइए।
(ii) क्या उपर्युक्त में हॉकिन्स–साइमन शर्त संतुष्ट होता है?

**प्रश्न 2.** दो वस्तुओं के माँग फलन दिए गए हैं:

$P_x = 320 - 4x + 2y$
तथा $P_y = 106 + 2x - 20y$

(क) व्यापक कुल राजस्व का समीकरण लिखिए।

(ख) ज्ञात कीजिए $x$ तथा $y$ के मूल्यों का जिस पर लाभ अभीष्टतम होगा। अधिकतम लाभ ज्ञात कीजिए। राजस्व के मूल्य भी ज्ञात करें जब लाभ अधिकतम हो।

प्रश्न 3. K और L के मूल्यों का निर्धारण करें जो लागत फलन $C = 3K + 5L$ को न्यूनतम करते हों जब उत्पादन प्रतिबंध हो $250 = 10K^{0.5} L^{0.5}$ । न्यूनतम लागत भी ज्ञात कीजिए।

प्रश्न 4. निम्नलिखित के सभी द्वितीय कोटि आंशिक अवकलज ज्ञात कीजिए:
(i) $Z = 2x^2 + 3xy + 5$
(ii) $Q = 10 L^{0.7} K^{0.3}$
यह सत्यापित कीजिए कि आड़ा द्वितीय कोटि आंशिक अवकलज समान हैं।

भाग–ख

नोट: इस भाग से किन्हीं चार प्रश्नों के उत्तर दीजिए।

प्रश्न 5. क्रेमर नियम का प्रयोग करते हुए निम्नलिखित समीकरण प्रणाली को हल कीजिए:
$4x + 3y - 2z = 1$
$x + 2y = 8$
$3x + z = 6$

प्रश्न 6. रॉय के सर्वसमिका को सिद्ध कीजिए।

प्रश्न 7. निम्नलिखित आव्यूहों का प्रतिलोम ज्ञात कीजिए:

(क) $\begin{bmatrix} 2 & 3 \\ 3 & 2 \end{bmatrix}$

(ख) $\begin{bmatrix} 2 & 3 \\ 4 & 8 \end{bmatrix}$

प्रश्न 8. निम्नलिखित अवकल समीकरणों को हल कीजिए:

(क) $\dfrac{dy}{dx} - 7y = 7 \quad y(0) = 7$

(ख) $dy + (3x^2 y - e^{-x^2}) dx = 0$

प्रश्न 9. (क) कुल अवकलज की संकल्पना समझाइए।
(ख) $dz$ ज्ञात कीजिए जब:
$Z = 3x^4 + 2y^2 + y^3$

**प्रश्न 10.** किसी उद्देश्य फलन के द्वैत से आप क्या समझते हैं? द्वैत में गुणांकों की आप कैसे व्याख्या करेंगे?

भाग—ग

*नोट:* इस भाग से सभी प्रश्नों के उत्तर दीजिए।

**प्रश्न 11.** निम्नलिखित समझाइए:
(क) सदिशों की लाम्बिकता
(ख) न्यूनतम व्यय फलन

**प्रश्न 12.** दर्शाइए कि:

$$\begin{vmatrix} a_{11} & a_{12} & a_{13} \\ a_{21} & a_{22} & a_{23} \\ a_{31} & a_{32} & a_{33} \end{vmatrix} = (-1) \begin{vmatrix} a_{11} & a_{12} & a_{13} \\ a_{31} & a_{32} & a_{33} \\ a_{21} & a_{22} & a_{23} \end{vmatrix}$$

अर्थशास्त्र में गणितीय विधियाँ–II: बी.ई.सी.सी.–104
दिसम्बर, 2021

नोट: प्रत्येक भाग से निर्देशानुसार प्रश्नों के उत्तर दीजिए।

### भाग–क

नोट: इस भाग से किन्हीं दो प्रश्नों के उत्तर दीजिए।

**प्रश्न 1.** एक उपभोक्ता का निम्नलिखित उपयोगिता फलन है—

$$u(x,y) = x^{\alpha} y^{\beta}$$

जहाँ $x$ तथा $y$ दो सामग्रियों के परिमाण हैं, जिनकी कीमतें $p_x$ तथा $p_y$ हैं, तथा उपभोक्ता की आय M है।

(क) $x$ तथा $y$ के माँग फलन ज्ञात कीजिए।
(ख) इनके समरूप व्यय फलन को भी ज्ञात कीजिए।
**उत्तर—** देखें अध्याय–4, भाग–4.14.1, 4.14.2 की तरह

**प्रश्न 2.** (क) आगत–लागत आव्यूह A तथा अंतिम माँग सदिश D नीचे दिए गए हैं। लियोन्टिफ प्रणाली हल कीजिए तथा उत्पादन आव्यूह X ज्ञात कीजिए—

$$A = \begin{bmatrix} 0.2 & 0.3 \\ 0.4 & 0.1 \end{bmatrix}$$

$$D = \begin{bmatrix} 130 \\ 80 \end{bmatrix}$$

(ख) क्या उपर्युक्त लियोन्टिफ प्रणाली हॉकिन्स–साइमन शर्तों को पूरा करती है?
**उत्तर—** देखें अध्याय–3, प्र.सं.–20, 31, 34 की तरह

**प्रश्न 3.** उद्देश्य फलन $Z = f(x_1, x_2, x_3)$ को लीजिए। इष्टतम के लिए द्वितीयक कोटि की शर्तें ज्ञात कीजिए।
**उत्तर—** देखें अध्याय–4, भाग–4.5.2

**प्रश्न 4.** बहुचरीय फलन के संदर्भ में शृंखला नियम की व्याख्या उपयुक्त उदाहरणों के साथ कीजिए।

**उत्तर—** देखें अध्याय–1, भाग– 1.4

## भाग–ख

**नोट:** इस भाग से किन्हीं चार प्रश्नों के उत्तर दीजिए।

**प्रश्न 5.** अवकल समीकरणों को हल कीजिए—

**(क)** $3y^2 dy - x\, dx = 0$

**उत्तर—** $3y^2 dy - x\, dx = 0$

$3y^2 dy = x\, dx$

दोनों पक्षों का समाकलन करने पर

$\int 3y^2 dy = \int x\, dx$

$\dfrac{3y^3}{3} = \dfrac{x^2}{2} + C$

$y^3 = \dfrac{x^2}{2} + C$

**(ख)** $2x\, dy + y\, dx = 0$

**उत्तर—** $2x\, dy + y\, dx = 0$

$2x\, dy = -y\, dx$

$2\dfrac{1}{y} dy = -\dfrac{1}{x} dx$

दोनों पक्षों का समाकलन करने पर

$2\int \dfrac{1}{y} dy = -\int \dfrac{1}{x} dx$

$2\log y = -\log x + C$

$2\log y \times \log x = C.$

प्रश्न 6. मार्कोव प्रक्रिया को उपयुक्त उदाहरण के साथ समझाइए।
उत्तर— देखें अध्याय—3, भाग—3.19

प्रश्न 7. दिया गया है उत्पादन फलन : $Q = AL^{\alpha}K^{\beta}$. दर्शाइए कि $\alpha$ तथा $\beta$ श्रम तथा पूँजी के संदर्भ में उत्पादन के आंशिक लोच हैं।
उत्तर— देखें अध्याय—1 प्र.सं.—17 की तरह

प्रश्न 8. निम्नलिखित की व्याख्या कीजिए—
(क) अप्रत्यक्ष उपयोगिता फलन
उत्तर— देखें अध्याय—4, भाग—4.13.1

(ख) राय की सर्वसमिक
उत्तर— देखें अध्याय—4, भाग—4.13.2

प्रश्न 9. निम्नलिखित आव्यूह का व्युत्क्रम ज्ञात कीजिए—

$$\begin{bmatrix} 7 & -8 & 5 \\ 4 & 3 & -2 \\ 5 & 2 & 4 \end{bmatrix}$$

उत्तर— देखें अध्याय—3 प्र.सं.—26 की तरह

प्रश्न 10. क्रेमर नियम को उपयुक्त उदाहरण की सहायता से समझाइए।
उत्तर— देखें अध्याय—3, भाग—3.12

भाग—ग

नोट: इस भाग से सभी प्रश्नों के उत्तर दीजिए।
प्रश्न 11. निम्नलिखित को समझाइए—
(क) सारणिक (Determinant)
उत्तर— देखें अध्याय—3, भाग—3.11

(ख) आव्यूह का एडजगेट (Adjugate)
उत्तर— देखें अध्याय—3, भाग—3.10

**प्रश्न 12.** यदि $A = \begin{bmatrix} 7 & -1 \\ 6 & 9 \end{bmatrix}$ एवं $B = \begin{bmatrix} 8 & 3 \\ 6 & 1 \end{bmatrix}$ है, तो ज्ञात कीजिए—

**(क) B-A**

उत्तर— $B - A = \begin{bmatrix} 8 & 3 \\ 6 & 1 \end{bmatrix} - \begin{bmatrix} 7 & -1 \\ 6 & 9 \end{bmatrix}$

$= \begin{bmatrix} 8-7 & 3-(-1) \\ 6-6 & 1-9 \end{bmatrix} = \begin{bmatrix} 1 & 4 \\ 0 & -8 \end{bmatrix}$

**(ख) A'-B'**

उत्तर— $A' = \begin{bmatrix} 7 & 6 \\ -1 & 9 \end{bmatrix}$

$B' = \begin{bmatrix} 8 & 6 \\ 3 & 1 \end{bmatrix}$

$A' - B' = \begin{bmatrix} 7 & 6 \\ -1 & 9 \end{bmatrix} - \begin{bmatrix} 8 & 6 \\ 3 & 1 \end{bmatrix}$

$= \begin{bmatrix} 7-8 & 6-6 \\ -1-3 & 9-1 \end{bmatrix} = \begin{bmatrix} -1 & 0 \\ -4 & 8 \end{bmatrix}$

**Feedback is the breakfast of Champions.**
Ken Blanchard

You can Help other students.
"Inform any error or mistake in this book."

We and Universe
will reward you for Your Kind act.

# Email at : feedback@gullybaba.com
# or
# WhatsApp on 9350849407

www.ingramcontent.com/pod-product-compliance
Lightning Source LLC
LaVergne TN
LVHW021813060526
838201LV00058B/3370
* 9 7 8 9 3 9 0 4 7 9 2 6 9 *